基本判例に学ぶ
刑法各論

山口　厚

成文堂

はしがき

　本書は、昨年刊行した『基本判例に学ぶ刑法総論』の姉妹編である。
　法律学の学修における判例の重要性は申すまでもないことである。とくにこのことは、刑法各論、すなわち個別の犯罪類型に関する解釈を学ぶ上で一層当てはまる。刑法の有権解釈を示す判例を学ぶことは、法規の法文自体を学ぶことに準じる意味を有するから、それは当然のことであるといえよう。もちろん、判例について確かな理解を得た上で、さらにそれに対する批判的な検討が要請されることも多言を要しない。
　本書は、刑法各論の基本判例を素材にし、それを事案に即して検討することを通じて刑法各論を学ぼうとするものである。本書では、学修上重要度の高い犯罪類型について、基本となる判例を採り上げ、それを、解説を参考にしながら学ぶことで、刑法各論の重要部分について基本的な理解が得られることを狙っている。刑法各論の解釈論は、それを具体的な事実に当てはめることができるようになることを目指す以上、抽象論としてではなく、具体的な事案に当てはめられた形で学ぶ必要があると思われる。また、判例に示された事実の把握、そして法的論理をたどることを通じて、法的思考力の涵養も可能となろう。こうした筆者の意図がどの程度本書の叙述において実現可能となっているかは読者の方々のご判断に委ねるほかはないが、筆者としては、読者の方々が本書を利用することによって、刑法についての理解を少しでも深めていただくことができれば幸いである。
　本書の出版に当たっては、前著に引き続き、成文堂の阿部耕一社長に温かなご配慮をいただいた。また、土子三男取締役にはさまざまな機会に本書の執筆を励ましていただき、さらに、編集部の田中伸治氏にも大変にお世話になった。これらの方々に厚くお礼を申し上げたい。

　2011（平成23）年8月

　　　　　　　　　　　　　　　　　　　　　　　　山　口　　厚

目　次

はしがき
凡　例

第1章　生命・身体・自由に対する罪 …………………… 1
　I　はじめに ………………………………………………… 1
　II　人の生命と胎児の保護 ………………………………… 2
　III　遺棄罪 …………………………………………………… 6
　IV　暴行罪・傷害罪 ………………………………………… 9
　V　逮捕監禁罪・略取誘拐罪 ……………………………… 12
　VI　強姦罪・強制わいせつ罪 ……………………………… 17
　VII　住居侵入罪 ……………………………………………… 21

第2章　名誉・信用・業務に対する罪 …………………… 31
　I　はじめに ………………………………………………… 31
　II　名誉毀損罪 ……………………………………………… 31
　III　信用毀損罪 ……………………………………………… 49

第3章　財産犯1（窃盗罪・強盗罪） …………………… 59
　I　はじめに ………………………………………………… 59
　II　窃盗罪の諸問題 ………………………………………… 60
　　1　客　体　60
　　2　占　有　62
　　3　保護法益　66
　　4　占有の取得　69
　　5　不法領得の意思　71

- III 不動産侵奪罪 …………………………………………………… *76*
- IV 親族間の犯罪に関する特例 ……………………………………… *81*
- V 強盗罪の諸問題 …………………………………………………… *83*
    - 1 強 取 *83*
    - 2 不法利得 *95*
- VI 事後強盗罪 ………………………………………………………… *98*
- VII 強盗致死傷罪 ……………………………………………………… *104*

第4章 財産犯2（詐欺罪・恐喝罪） …………………………… *107*

- I はじめに …………………………………………………………… *107*
- II 錯　誤 ……………………………………………………………… *108*
- III 客　体 ……………………………………………………………… *112*
- IV 交付行為 …………………………………………………………… *115*
- V 詐欺罪成立の限界 ………………………………………………… *131*
- VI 権利行使と財産犯の成否 ………………………………………… *148*

第5章 財産犯3（横領罪・背任罪） …………………………… *151*

- I はじめに …………………………………………………………… *151*
- II 横領罪の諸問題 …………………………………………………… *152*
    - 1 占 有 *152*
    - 2 他人の物 *156*
    - 3 横 領 *161*
    - 4 共 犯 *166*
- III 背任罪の諸問題 …………………………………………………… *171*
    - 1 事務処理者 *171*
    - 2 図利加害目的 *174*
    - 3 財産上の損害 *176*
    - 4 共 犯 *183*
- IV 横領罪と背任罪の区別 …………………………………………… *186*

第 6 章　財産犯 4（その他の財産犯） ……… 197
- I　はじめに ……… 197
- II　盗品等に関する罪 ……… 198
  - 1　保護法益・罪質　*198*
  - 2　行為類型　*202*
  - 3　親族等の間の犯罪　*203*
- III　毀棄罪 ……… 204
  - 1　文　書　*204*
  - 2　建造物　*206*
  - 3　毀　棄　*215*

第 7 章　放火罪 ……… 219
- I　はじめに ……… 219
- II　客　体 ……… 219
- III　放　火 ……… 231
- IV　公共の危険 ……… 232

第 8 章　偽造罪 ……… 239
- I　はじめに ……… 239
- II　文書の意義 ……… 240
- III　偽造の意義 ……… 247
- IV　公文書の有形偽造・無形偽造 ……… 248
- V　私文書偽造の諸問題 ……… 258

第 9 章　国家作用に対する罪 ……… 275
- I　はじめに ……… 275
- II　公務執行妨害罪 ……… 276
- III　公務員職権濫用罪 ……… 289
- IV　賄賂罪 ……… 305

事項索引 ……………………………………………………………… 323

判例索引 ……………………………………………………………… 325

凡　例

1　法令名略語

法令名の略語は原則として，有斐閣『六法全書（平成23年版）』巻末の「法令名略語」によった。

2　判例集の略記

刑　録　　大審院刑事判決録
刑　集　　大審院・最高裁判所刑事判例集
高刑集　　高等裁判所刑事判例集
下刑集　　下級裁判所刑事判例集
裁集刑　　最高裁判所裁判集刑事
刑　月　　刑事裁判月報
新　聞　　法律新聞
裁　特　　高等裁判所刑事裁判特報
判　特　　高等裁判所刑事判決特報
東高刑時報　　東京高等裁判所刑事裁判特報
判　時　　判例時報
判　タ　　判例タイムズ

第1章　生命・身体・自由に対する罪

［人の生命と胎児の保護］
1　最決昭和 63・2・29 刑集 42 巻 2 号 314 頁
［遺棄罪］
2　最決昭和 63・1・19 刑集 42 巻 1 号 1 頁
［暴行罪・傷害罪］
3　最決昭和 39・1・28 刑集 18 巻 1 号 31 頁
4　最決平成 17・3・29 刑集 59 巻 2 号 54 頁
［逮捕監禁罪・略取誘拐罪］
5　最決昭和 33・3・19 刑集 12 巻 4 号 636 頁
6　最決昭和 62・3・24 刑集 41 巻 2 号 173 頁
［強姦罪・強制わいせつ罪］
7　最判昭和 45・1・29 刑集 24 巻 1 号 1 頁
8　最決平成 20・1・22 刑集 62 巻 1 号 1 頁
［住居侵入罪］
9　最判平成 20・4・11 刑集 62 巻 5 号 1217 頁
10　最判昭和 58・4・8 刑集 37 巻 3 号 215 頁

I　はじめに

　刑法各則の罪は，その保護法益に従い，個人的法益に対する罪，社会的法益に対する罪，国家的法益に対する罪に区分される。個人的法益に対する罪は，さらに，生命に対する罪，身体に対する罪，自由に対する罪，人格的法益に対する罪，信用及び業務に対する罪，財産に対する罪に分かれる。本章では，個人的法益に対する罪のうち，生命に対する罪，身体に対する罪，自由に対する罪に関する重要判例について検討を加えることにする。

II 人の生命と胎児の保護

1 最決昭和63・2・29刑集42巻2号314頁

[事　案]
　決定理由参照

[決定理由]
　「一，二審判決の認定によれば，被告人らが業務上の過失により有毒なメチル水銀を含む工場廃水を工場外に排出していたところ，被害者の一人とされているAは，出生に先立つ胎児段階において，母親が右メチル水銀によつて汚染された魚介類を摂食したため，胎内で右メチル水銀の影響を受けて脳の形成に異常を来し，その後，出生はしたものの，健全な成育を妨げられた上，一二歳九か月にしていわゆる水俣病に起因する栄養失調・脱水症により死亡したというのである。ところで，弁護人Pの所論は，右のとおりAに病変の発生した時期が出生前の胎児段階であつた点をとらえ，出生して人となつた後の同人に対する関係においては業務上過失致死傷罪は成立しない旨主張する。しかし，現行刑法上，胎児は，堕胎の罪において独立の行為客体として特別に規定されている場合を除き，母体の一部を構成するものと取り扱われていると解されるから，業務上過失致死罪の成否を論ずるに当たつては，胎児に病変を発生させることは，人である母体の一部に対するものとして，人に病変を発生させることにほかならない。そして，胎児が出生し人となつた後，右病変に起因して死亡するに至つた場合は，結局，人に病変を発生させて人に死の結果をもたらしたことに帰するから，病変の発生時において客体が人であることを要するとの立場を採ると否とにかかわらず，同罪が成立するものと解するのが相当である。したがつて，本件においても，前記事実関係のもとでは，Aを被害者とする業務上過失致死罪が成立するというべきであるから，これを肯定した原判断は，その結論において正当である。」

解説

1　本件は熊本水俣病事件と呼ばれているが，そこで問題となっているのが，母体を通じて胎児が過失行為により傷害を受け，出生後それに基づいて傷害又は致死の結果が生じるといういわゆる胎児性致死傷の事案について（業務上）過失致死傷罪が成立するかということである。胎児が重い病変のために出生に至らず母体内で死亡した場合には，過失堕胎罪は不可罰だから犯罪とはならず，また，胎児の出産期に先立つ母体外への人工的排出がない限り堕胎罪は成立せず[1]，胎児傷害それ自体は処罰の対象とならないことから，出生後の人に対する（業務上）過失致死傷罪の成否だけが問題となるのである。過失行為と傷害・死亡との間に因果関係が認められれば（業務上）過失致死傷罪が成立するといえるか，上記の堕胎罪の規制のあり方との整合性を考慮する必要はないかが議論の対象となる。

2　本件の第1審判決（熊本地判昭和54・3・22刑月11巻3号168頁）は，「業務上過失致死罪が成立するには，構成要件要素としての客体である「人」の存在が必要であり，通常，これが実行行為の際に存在するのを常態とする。しかしながら，構成要件要素としての客体である「人」の存在が欠如する場合に業務上過失致死罪が成立しないとされるのは，客体である「人」が絶対的に存在しないため，究極において，構成要件的結果である致死の結果が発生する危険性が全くないからである。」「ところで，胎児性水俣病は，母体の胎盤から移行したメチル水銀化合物が，形成中の胎児の脳等に蓄積して病変を生じさせ，これによる障害が出生後にもおよぶものであるから，胎児の脳等に病変を生じさせた時点においては，構成要件要素としての客体である「人」は未だ存在していないといわざるを得ないのであるが，元来，胎児には「人」の機能の萌芽があつて，それが，出生の際，「人」の完全な機能となるよう順調に発育する能力があり，通常の妊娠期間経過後，「人」としての機能を完全に備え，分娩により母体外に出るものであるから，胎児に対し有害な外部からの侵害行為を加え，「人」の機能の萌芽に障害を生じさせた場合には，出生後「人」となつてから，これに対して業務上過失致死罪の構

---

[1] 大判明治44・12・8刑録17輯2183頁など参照。

成要件的結果である致死の結果を発生させる危険性が十分に存在することになる。」「従つて，このように人に対する致死の結果が発生する危険性が存在する場合には，実行行為の際に客体である「人」が現存していなければならないわけではなく，人に対する致死の結果が発生した時点で客体である「人」が存在するのであるから，これをもつて足りると解すべきである。業務上過失致死罪において，その実行行為に際して，客体である「人」が存在しているのが常態ではあるけれども，実行行為の際に客体である「人」が存在することを要件とするものではない。」として，業務上過失致死罪の成立を肯定した。

　第1審判決は，要するに，過失行為の際に客体である「人」が存在するのは通常のことであるにすぎず，それが存在しなくても，人に対する致死の結果が生じ，過失行為の際に致死の結果が発生する危険性が存在すればよく，したがって，業務上過失致死罪が成立するというのである。しかしながら，これに対しては，過失犯が成立するためには法益侵害を生じさせたことが必要であるが，法益侵害を生じさせるとは，事前に存在する客体（保護法益）を侵害することを意味し，すでに侵害された客体（保護法益）を生じさせればよいとはいえないのではないかという指摘が可能となる。すなわち，人を殺すとは，生きている人の生命を奪うことであり，単に死体を生み出すことではないのではないかということである。後者でよいとすれば，堕胎行為の結果，胎児が母体内で死亡して母体外に排出された場合でも，死体を生じさせたとして，殺人罪（199条）が成立することになってしまうであろう。さらに，母親が過って転倒するなどし，流産した場合には，過失堕胎としては不可罰であるが，過失致死罪（210条）が成立することになってしまうことになる。

　3　このような問題を抱えた第1審判決と異なり，控訴審判決（福岡高判昭和57・9・6高刑集35巻2号85頁）は，「被告人らの本件業務上過失排水行為はAが胎生八か月となるまでに終つたものではなく，とくに，その侵害は発病可能な右時点を過ぎ，いわゆる一部露出の時点まで，継続的に母体を介して及んでいたものと認められる。そうすると，一度露出の時点まで包括的に加害が認められる限り，もはや人に対する過失傷害として欠くところがない

ので，右傷害に基づき死亡した同人に対する業務上過失致死罪を是認することも可能である。」として，業務上過失致死罪の成立を認めた。

　胎児は母体から一部露出すると人になるというのが判例[2]・通説だから，控訴審判決は，過失行為による侵害は母体を介して人になるまで継続しており，したがって，人に対する侵害を認めることができるという理由で業務上過失致死罪の成立を肯定した。これは，法益侵害を認めるためには存在する客体（保護法益）に対する侵害が必要だとする指摘に応えるものとなっている。しかし，このように考えるとしても，胎児が人となるのは一部露出の時点であるから，その時点から母体から分離するまでの間に，母体を介した侵害が作用し，症状を悪化させたことが必要となるが，そのような作用の立証が可能であるか疑問があろう。

　4　最高裁は，第1審判決・控訴審判決とも異なる理由・論理によって業務上過失致死罪の成立を肯定した。すなわち，人（母体）の一部である胎児に病変（傷害）を生じさせ，出生後その病変（傷害）に基づいて人が死亡したのであるから，人に病変（傷害）を生じさせて人を死亡させたといえ，病変を生じさせる客体が人であることを要するとしても，業務上過失致死罪は成立するというのである。

　このような最高裁の構成によれば，母親が不注意から胎児に傷害を負わせて流産したような場合には，胎児がその一部であるとされる自分自身に対する傷害は処罰の対象にはならず，したがって，過失致死罪の処罰範囲に含まれないことになろう。しかしながら，まず，胎児が母体の一部であると解することに疑問がある。最高裁も，堕胎罪において，母親自体が堕胎罪の主体となることからも明らかなように，胎児は母体の一部ではないことは認めざるをえないところであるが，このことは，刑法においては，胎児は母体と区別され，母体の一部でないと解されていることを意味するのではないかということが問題となるであろう。また，この理解によれば，従来不可罰であることが当然だと考えられてきた胎児傷害が母体に対する傷害罪・過失傷害罪として処罰の対象となってしまうように思われる。このような結論を承認す

---

[2] 大判大正8・12・13刑録25輯1367頁。

ることができるかは問題となろう。さらに，最高裁によれば，当初の傷害が生じる客体（母親）と死亡する客体（出生した子）とが異なることは問題とならないとされている。これは，事実の錯誤において，被害者の相違を重要と考えない抽象的法定符合説の論理[3]をさらに，錯誤論を超えて客観的要件にまで及ぼしたものと理解することができる。これは，被害者の違いを無視することはできないとして，法定的符合説に従いつつも抽象的法定符合説に反対する立場（具体的法定符合説）からは支持しえない論理であるが，抽象的法定符合説の論理を採用する立場からも，論理一貫性の問題は別として，錯誤論を超えてその論理を客観的要件にまで適用することを承認しうるかは問題となろう。

5　なお，本決定の後，交通事故による妊娠中の女性を負傷させ，胎児に傷害を負わせた事案について，胎児を女性の一部として業務上過失傷害罪の成立を肯定した判決も現れている[4]。

III　遺棄罪

2　最決昭和63・1・19刑集42巻1号1頁

[事　案]
　決定理由参照

[決定理由]
　「保護者遺棄致死の点につき職権により検討すると，原判決の是認する第一審判決の認定によれば，被告人は，産婦人科医師として，妊婦の依頼を受け，自ら開業する医院で妊娠第二六週に入つた胎児の堕胎を行つたものであるところ，右堕胎により出生した未熟児（推定体重一〇〇〇グラム弱）に保育器等の未熟児医療設備の整つた病院の医療を受けさせれば，同児が短期間内に死亡することはなく，むしろ生育する可能性のあることを認識し，かつ，右

---

[3] 最判昭和53・7・28刑集32巻5号1068頁参照。
[4] 岐阜地判平成14・12・17判例集未登載（警察学論集56巻2号203頁）。

の医療を受けさせるための措置をとることが迅速容易にできたにもかかわらず，同児を保育器もない自己の医院内に放置したまま，生存に必要な処置を何らとらなかつた結果，出生の約五四時間後に同児を死亡するに至らしめたというのであり，右の事実関係のもとにおいて，被告人に対し業務上堕胎罪に併せて保護者遺棄致死罪の成立を認めた原判断は，正当としてこれを肯認することができる。」

解　説

1　本件では，被告人が業務上堕胎罪（214条）を犯した後，それによって出生した未熟児を放棄し，そのことによって死亡させたとして保護者遺棄致死罪（219条）の成立が肯定されている。

遺棄罪は，判例[5]及び多数説によれば，生命及び身体に対する危険犯であるが，本件のように，未熟児に生命の危険が認められる場合には，遺棄罪を生命に対する危険犯と解する少数説を採っても，そのことによって結論が異なるものではない。また，判例によれば，保護責任者遺棄罪（218条）における遺棄には，単純遺棄罪（217条）とは異なり，単なる置去りも含まれると解されているが[6]，本件では，「生存に必要な保護」をしないことから保護責任者不保護罪（218条）が成立し，その結果的加重犯としての保護責任者不保護致死罪（219条）が成立することになるものと思われる（本決定のいう保護者遺棄致死罪とはその趣旨であると思われる）。

2　保護責任者不保護罪が成立するためには，本件についていえば，「幼年者」「を保護する責任のある者」が「生存に必要な保護」をしないことが必要である。

本件の客体である未熟児は，母体保護法上人工妊娠中絶のできない時期に堕胎により出生したものであり，短時間内に死亡することはなく，（どの程度かは問題であろうが）生育可能性も認められる以上，いかなる意味でも人であり[7]，したがって「幼年者」であるといえる。

---

[5] 大判大正4・5・21刑録21輯670頁。
[6] 最判昭和34・7・24刑集13巻8号1163頁。
[7] 生命持続可能性（生育可能性）のない，母体外に排出された嬰児は人として保護されないという

本件の被告人は，①妊婦に依頼されて自分の医院で堕胎を行った医師であること，②出生した未熟児は短時間内に死亡せず，生育可能性があることを認識していたこと，③必要な医療を受けさせるための措置をとることが迅速容易にできたこと，さらには，④出生した未熟児を引き取って自分の医院に放置したことから，未熟児に対する保護責任者であるとされているものと思われる。まず，①業務上堕胎という違法な先行行為によって未熟児として出生させ，生命の危険を生じさせたという事実，さらには，④生育可能性が認められる時期に母親を帰宅させ，未熟児を引き取ったという事実が保護責任を基礎付ける事情として重要だと思われる。また，未熟児の生存に必要な措置を行うには専門的知識が必要であり，②未熟児が生存しており生育の可能性もあるとの認識があれば，③そのような医療措置をとることを迅速かつ容易になしうるといった事情も重要であると考えられる。判例においては，危険を創出する先行行為に加えて，被害者を支配している場合には作為義務が認められているように解される[8]が（もちろん，それらの事情がなければ作為義務が生じないということまでは意味しない），本決定にもそうした傾向が窺われるといえる。

本件で「生存に必要な保護」とは，未熟児医療を施すことであり，被告人の医院ではそれが不可能であったから，そうした設備を備えた病院に搬送することを意味している。本件では，未熟児は54時間程度生存していたとのことであるから，そうした病院に搬送すれば，生育可能性の程度は不明であるが，少なくとも短時間で死亡することは避けられたものと認められるといえよう。それにもかかわらず，そうした保護措置をとらずにいたことが保護責任者不保護罪を構成するのである。

さらに，本件では，不保護の結果として未熟児は死亡している。本件未熟児に生育可能性があるとしてもその程度は不明である。また，被告人が認識した生育可能性の程度は高いとはいえないとしても，保護責任者不保護罪の結果的加重犯が成立するためには，必要な保護を施していれば生育したであろうことの認定[9]までは不要であり，必要な保護を施していれば短時間で死

学説については，山口厚『刑法各論［第2版］』27頁以下（2010年）参照。
[8] 比較的最近の判例では，最決平成17・7・4刑集59巻6号403頁など。

亡しなかったことが認定できれば足りると思われる。生命保続可能性・生育可能性（子供が大きく育っていく）という概念は母体保護法の人工妊娠中絶の限界を画する概念としては重要であるが，遺棄罪の関係では，生命をどの程度維持できるかが問題であり，有意な程度に延命が可能であれば十分であると解されるのである。

3　最後に，本件では，堕胎の結果，胎児が未熟児として出生したため，業務上堕胎罪に加えて保護者遺棄致死罪の成立が肯定されている。このことは，業務上堕胎の結果としての死といえても，胎児が未熟児として一旦出生した上，それに延命可能性が認められる以上，遺棄罪等，人に対する罪の成立が否定されるものでないということを前提とするものと思われる。

Ⅳ　暴行罪・傷害罪

3　最決昭和39・1・28刑集18巻1号31頁

[事　案]

　被告人は，かねてその成立を期待していた店舗借入れの交渉が思うように進捗せず，交渉相手のPから「やくざ者には店を貸さない」といわれたのを聞き気分がむしゃくしゃしたので飲酒酩酊し，店舗借入れの交渉に尽力してくれているQ，R等まで自分を騙しているのではないかと邪推したが，同人等にあたる訳にもいかないので，つい，内妻のAに対し「お前もお前だ，Pに自分の亭主が馬鹿にされたら，出刃庖丁位持って文句をいって来い」というと，Aが「私も面白くない。それ位のことはいってきてやる」と本気になって行きそうになり，とめてもきかないので，同女を思い止まらせるためにその目の前で日本刀を抜いて振り廻して脅そうと考え，立ち上って同女の目の前で日本刀の抜き身を何回か上下に振っているうちに力が入ってAの腹に刀が突き刺さり，その結果Aは死亡した。

---

[9] 不作為犯における因果関係については，最決平成元・12・15刑集43巻13号879頁を参照。

[決定理由]

「原判決が，判示のような事情のもとに，狭い四畳半の室内で被害者を脅かすために日本刀の抜き身を数回振り廻すが如きは，とりもなおさず同人に対する暴行というべきである旨判断したことは正当である」。

解　説

1　本件で，被告人はAを日本刀で刺そうとしていたわけではない。したがって，Aの目の前で日本刀の抜き身を振り回す行為が暴行といえなければ，被告人については過失致死罪（210条）が成立するにすぎない。これが暴行となるのであれば，被告人には暴行罪（208条）が成立し，その結果Aが傷害を負った後に死亡しているから，暴行罪の結果的加重犯としての傷害罪（204条）[10]，そして傷害罪の結果的加重犯としての傷害致死罪（205条）が成立することになる。

2　判例によれば，暴行とは人の身体に対する不法な一切の攻撃方法を含み，その性質上傷害の結果をもたらすものであることを要しないとされている[11]。したがって，相手に塩を振りかけるような行為であっても，暴行罪が成立しうるとされる[12]。また，身体に対する攻撃方法に限定はないから，身辺近くで大太鼓等を連打して（頭脳の感覚が鈍り意識朦朧とした気分を与え，脳貧血を起こさせて息詰まる程度に達するまで）大きな音を立てることも暴行といえるのである[13]。

3　本決定は，日本刀の抜き身を振り回すこと自体が暴行罪となると解しており，日本刀を相手に接触させること，その意思があることは必要ないとしている。判例はこのような立場を採っており，したがって，人に当てるつもりがなくとも，人の数歩手前を狙って投石する行為も暴行罪となり[14]，石

---

[10] 傷害罪が暴行罪の結果的加重犯であるということは，初学者にまま誤解されているように，傷害が発生し，犯人に暴行の故意があればよいというのではなく，客観的に暴行罪が成立することが必要となることを意味する。
[11] 大判昭和8・4・15刑集12巻427頁。
[12] 福岡高判昭和46・10・11刑月3巻10号1311頁。
[13] 最判昭和29・8・20刑集8巻8号1277頁。
[14] 命中しなくとも暴行罪が成立する（仙台高判昭和30・12・8裁特2巻24号1267頁参照）。

が相手に当たって傷害を負わせれば傷害罪となるのである[15]。すなわち，傷害の危険性が認められる投石等の行為については，石等を相手に接触させて傷害を生じさせる意思（傷害の故意）がなくとも，それ自体について暴行罪となり，傷害の結果が生じれば，暴行罪の結果的加重犯としての傷害罪が成立することになるのである。

なお，本件以前に，犯人がBに対して日本刀を突きつけて脅迫し，同人から金員を強取しようとしたが，Bが日本刀にしがみつき救いを求めたため，その目的を果たさなかったが，犯人がその刀を引いたことによりBに傷害を負わせたという事案について，日本刀を突きつける行為自体が暴行であり，Bの負傷は暴行による結果といえるとして強盗傷人罪（240条）の成立を肯定した判例がある[16]。

4 最決平成17・3・29刑集59巻2号54頁

[事 案]

決定理由参照

[決定理由]

「原判決の是認する第1審判決の認定によれば，被告人は，自宅の中で隣家に最も近い位置にある台所の隣家に面した窓の一部を開け，窓際及びその付近にラジオ及び複数の目覚まし時計を置き，約1年半の間にわたり，隣家の被害者らに向けて，精神的ストレスによる障害を生じさせるかもしれないことを認識しながら，連日朝から深夜ないし翌未明まで，上記ラジオの音声及び目覚まし時計のアラーム音を大音量で鳴らし続けるなどして，同人に精神的ストレスを与え，よって，同人に全治不詳の慢性頭痛症，睡眠障害，耳鳴り症の傷害を負わせたというのである。以上のような事実関係の下において，被告人の行為が傷害罪の実行行為に当たるとして，同罪の成立を認めた原判断は正当である。」

---

[15] 東京高判昭和25・6・10高刑集3巻2号222頁。
[16] 最決昭和28・2・19刑集7巻2号280頁。

解　説

1　判例は，傷害の意義について，人の健康状態の不良変更[17]又は人の身体の生理的機能の毀損[18]をいうと解している。傷害は暴行によって生じることが多いであろうが，暴行によらずに傷害が生じることもある。暴行によらずに病毒を他人に感染させる場合などがその例である[19]。

2　本件では，音によって慢性頭痛症，睡眠障害，耳鳴り症の傷害を負わせたのであるが，音の物理的作用自体によってこれらの傷害を生じさせたのではなく，音によって精神的ストレスを与え，それによって上記傷害をもたらしたものである。したがって，大太鼓等を連打することにより意識朦朧とした状態にする場合[20]とは異なり，本件は暴行によらない傷害の事例であるといえよう。

V　逮捕監禁罪・略取誘拐罪

5　最決昭和33・3・19刑集12巻4号636頁

[事　案]

　被告人は接客婦として雇入れたAが被告人方から逃げたので連れ戻そうと考え，同女に対してP病院に入院中の同女の母の許まで行くにすぎないように話をしてその旨誤信させたうえ，あらかじめQ市の被告人宅まで直行するようにいいふくめて雇ったKの運転するタクシーに乗りこませ，被告人もこれに陪乗してから運転手Kに発車を命じ，よって同車を同所からR村S○○番地S派出所附近まで疾走させ，その間同女を右車内から脱出不可能な状態においた。AはタクシーがSバス停前の三叉路を左折しなければならないのにQ市に向かって疾走を続けたため，Aが欺罔されたことに気付きKに停車を求め，被告人はQ市に直行することを要求し，Kが措

---

[17] 大判明治45・6・20刑録18輯896頁。したがって，頭髪の切断は傷害罪ではなく，暴行罪となる。
[18] 最判昭和27・6・6刑集6巻6号795頁。
[19] 前出注（18）最判昭和27・6・6。
[20] 前出注（13）最判昭和29・8・20参照。この場合には，暴行と認めることができる。

置に迷い自動車の速度を時速25キロメートルに減速して進行中，S派出所付近でAが車外に逃げ出したのである。

[決定理由]

「刑法二二〇条一項にいう「監禁」とは，人を一定の区域場所から脱出できないようにしてその自由を拘束することをいい，その方法は，必ずしも所論のように暴行又は脅迫による場合のみに限らず，偽計によつて被害者の錯誤を利用する場合をも含むものと解するを相当とする。されば，原判決が右と同旨に出で，第一審判決第三摘示の被告人の所為を不法監禁罪に当るとしたのはまことに正当である。」

解説

1　刑法220条が規定する逮捕・監禁罪は，一定の場所からの移動の自由を保護法益としている。本決定は，監禁とは，「人を一定の区域場所から脱出できないようにしてその自由を拘束すること」をいうと理解している。本件では，疾走中の自動車の車外に出ることは危険であるため，そこから心理的に脱出できないことが監禁となるのである。すなわち，脱出不可能であるというためには，ドアに施錠されており開けることができないというように物理的に不可能である場合ばかりではなく，物理的に不可能ではないかもしれないが，心理的に不可能といえる場合も含まれるのである。疾走するバイクの荷台に乗車させた事例についても，本件と同様に，心理的に脱出が不可能であるため，監禁罪が成立することになる[21]。

なお，逮捕も監禁も，一定の場所からの移動の自由を侵害する点において共通しているが，逮捕は被害者に直接的な強制力を加えるような場合をいい，監禁はそれ以外の場合をいう。いずれにしても，両方とも，刑法220条という同一の法文に規定されたものであるから，両者を厳密に区別する実益に乏しいといえる。

2　本件で監禁となるのは，タクシーから下車できないことであるが，本

---

[21] 最決昭和38・4・18刑集17巻3号248頁。

件の特殊性は，被害者Aは無理矢理乗車させられたのではなく，行き先について欺かれて錯誤に陥り，乗車することに同意したということである。一般に，疾走するタクシーに乗車している乗客は走行中下車できないが，そのことに同意している以上，監禁罪が成立することはない。同意が欺罔によって得られた本件のような場合について，行き先が違うことに気がついて，下車するため停車を求めた時点以降についてのみについて監禁罪が成立するのか，騙されて最初に乗車した時点から監禁罪が成立するのかが問題となるのである。

　本決定は，当初の乗車時からAがタクシーから下車した時点までの間，タクシー内に監禁されていたとする第1審判決を前提としているといえる。騙されなかったならば同意をしなかったであろうという場合に同意の有効性を否定する判例の立場[22]によれば，タクシーに乗車する（そして，車内に留まる）ことについてのAの同意は無効だから，同意なく疾走するタクシー車内に留まらざるをえない状態が作り出されていたことを監禁と解することができることになるのである。移動しようと思ったが移動できなかったときにだけ監禁罪の成立を肯定する見解[23]によれば，Aが下車するためにタクシーの停車を求めた時点以降についてだけ監禁罪が成立することになるが，判例はそのような立場は採っていないこととなる。

6　最決昭和62・3・24刑集41巻2号173頁

[事　案]

　被告人は，相互銀行社長を身代金目的で拐取し，同銀行幹部に身代金3億円を要求したが，潜伏場所が警察にわかり逮捕されたため，目的を遂げなかった。

---

[22] 最判昭和33・11・21刑集12巻15号3519頁。
[23] 山口・前出注（7）83頁以下参照。このような見解については，客観的に移動不可能な状況にある者が，騙されて移動しようとする意思が生じない場合についても一切監禁罪の成立を否定することが妥当か問題となろう。

[決定理由]

「刑法二二五条の二にいう「近親其他被拐取者の安否を憂慮する者」には，単なる同情から被拐取者の安否を気づかうにすぎないとみられる第三者は含まれないが，被拐取者の近親でなくとも，被拐取者の安否を親身になつて憂慮するのが社会通念上当然とみられる特別な関係にある者はこれに含まれるものと解するのが相当である。本件のように，相互銀行の代表取締役社長が拐取された場合における同銀行幹部らは，被拐取者の安否を親身になつて憂慮するのが社会通念上当然とみられる特別な関係にある者に当たるというべきであるから，本件銀行の幹部らが同条にいう「近親其他被拐取者の安否を憂慮する者」に当たるとした原判断の結論は正当である。」

解 説

1 略取誘拐罪における略取・誘拐（まとめて，「拐取」という）とは，人をその生活環境から不法に離脱させて，犯人自身又は第三者の実力支配下に移すことを意味する。暴行又は脅迫を手段とする場合が略取であり，欺罔又は誘惑を手段とする場合が誘拐である。

本件は身代金目的拐取の事案である。これは刑法 225 条の 2 で処罰されているが（同条 1 項が身代金目的拐取罪，同 2 項が身代金要求罪を規定している），昭和 39 年に同条が追加される以前は，身代金目的拐取は営利目的拐取罪（225 条）[24] として，身代金要求は恐喝罪（249 条）として処罰されていた。身代金目的拐取罪の成立要件には一定の限定があるため，同罪の成立を認めることができない事案については営利目的拐取罪・恐喝罪の適用をなお肯定する余地はあるが，本決定に窺われるように，成立要件である「安否を憂慮する者」の意義が次第に緩やかに解釈されるようになったため，実際上その余地はほぼなくなっているということができる。

2 身代金目的拐取罪は，被拐取者の「安否を憂慮する者」の憂慮に乗じ

---

[24] 最決昭和 37・11・21 刑集 16 巻 11 号 1570 頁は，営利目的拐取罪における営利目的の意義を「誘拐行為によって財産上の利益を得ることを動機とする場合をいう」としている（その利益は，被誘拐者自身の負担によって得られるものに限らず，誘拐行為に対して第三者から報酬として受ける財産上の利益をも包含する）。

て財物を交付させること（拐取罪の場合には目的の内容であり，要求罪の場合には実行行為に係わる要件である）を重要な成立要件としている。この理解の広狭によって，身代金目的拐取罪の成立範囲が大きく異なることになるからである。

本決定以前の下級審裁判例には，パチンコ店の経営者を身代金目的で略取し，従業員に身代金を要求して，その交付を受けたという事案について，「安否を憂慮する者」とは，被拐取者との間の特別な人間関係により，被拐取者の生命，身体又は自由に対する危険を近親者と同程度に親身になって心配する者をいい，被拐取者に対する危険を回避するためにはいかなる財産的犠牲もいとわない，被拐取者の危険と財産的な犠牲をはかりにかけるまでもなく危険の回避を選択すると通常考えられる程度の人間関係が必要であり，単に被拐取者又は近親者等の苦境に同情する心情から心配するにすぎない者はこれに当たらないとして，当該事案についてみると，「互いに必要とする範囲で結合された人間関係であり，その中心は従業員と雇主という経済的利害に基づく結合関係」にすぎないとして，身代金目的拐取罪の成立を否定したものがあった[25]。

これに対し，本決定は，相互銀行社長と銀行幹部の間の関係について，「被拐取者の安否を親身になつて憂慮するのが社会通念上当然とみられる特別な関係」にあるという理由で，銀行幹部は「安否を憂慮する者」に当たるとの判断を示している。憂慮するのが「社会通念上当然」というのは，実際にどのような人間関係があり，どの程度実際に憂慮していたかが問題ではなく，「社会通念」からして憂慮するのが当然と思われることで足りるということを意味するものと解される。これによって，「安否を憂慮する者」の範囲が相当拡張されることになった。憂慮するような関係にないと思われる者に身代金を要求するために人を拐取してもおよそ意味がないから，身代金を要求するような相手といえる者は「安否を憂慮する者」と実際上いえるといっても過言ではないであろう。本決定の後，銀行行員を拐取して銀行頭取から身代金を得ようとした事案において，頭取は行員の安否を親身になって憂慮するのが社会通念上当然とみられる特別な関係にあるとして，身代金目的

---

[25] 大阪地判昭和51・10・25刑月8巻9＝10号435頁。営利目的拐取罪と恐喝罪が成立するとされた。

拐取罪の成立を肯定した下級審裁判例があるが[26]，そこには，本決定の考えがさらに明確に現れているといえる。

VI　強姦罪・強制わいせつ罪

7　最判昭和45・1・29刑集24巻1号1頁

[事　案]

判決理由参照

[判決理由]

「刑法一七六条前段のいわゆる強制わいせつ罪が成立するためには，その行為が犯人の性欲を刺戟興奮させまたは満足させるという性的意図のもとに行なわれることを要し，婦女を脅迫し裸にして撮影する行為であつても，これが専らその婦女に報復し，または，これを侮辱し，虐待する目的に出たときは，強要罪その他の罪を構成するのは格別，強制わいせつの罪は成立しないものというべきである。本件第一審判決は，被告人は，内妻Pが本件被害者A女の手引により東京方面に逃げたものと信じ，これを詰問すべく判示日時，判示アパート内の自室にAを呼び出し，同所で右Pと共にAに対し「よくも俺を騙したな，俺は東京の病院に行つていたけれど何もかも捨ててあんたに仕返しに来た。硫酸もある。お前の顔に硫酸をかければ醜くなる。」……と申し向けるなどして，約二時間にわたり右Aを脅迫し，同女が許しを請うのに対し同女の裸体写真を撮つてその仕返しをしようと考え，「五分間裸で立つておれ。」と申し向け，畏怖している同女をして裸体にさせてこれを写真撮影したとの事実を認定し，これを刑法一七六条前段の強制わいせつ罪にあたると判示し，弁護人の主張に対し，「成程本件は前記判示のとおり報復の目的で行われたものであることが認められるが，強制わいせつ罪の被害法益は，相手の性的自由であり，同罪はこれの侵害を処罰する趣旨

---

[26] 東京地判平成4・6・19判タ806号227頁。

である点に鑑みれば，行為者の性欲を興奮，刺戟，満足させる目的に出たことを要する所謂目的犯と解すべきではなく，報復，侮辱のためになされても同罪が成立するものと解するのが相当である」旨判示しているのである。そして，右判決に対する控訴審たる原審の判決もまた，弁護人の法令適用の誤りをいう論旨に対し，「報復侮辱の手段とはいえ，本件のような裸体写真の撮影を行なつた被告人に，その性欲を刺戟興奮させる意図が全くなかつたとは俄かに断定し難いものがあるのみならず，たとえかかる目的意思がなかつたとしても本罪が成立することは，原判決がその理由中に説示するとおりであるから，論旨は採用することができない。」と判示して，第一審判決の前示判断を是認しているのである。

してみれば，性欲を刺戟興奮させ，または満足させる等の性的意図がなくても強制わいせつ罪が成立するとした第一審判決および原判決は，ともに刑法一七六条の解釈適用を誤つたものである。」（なお，本判決には「行為者（犯人）がいかなる目的・意図で行為に出たか，行為者自身の性欲をいたずらに興奮または刺激させたか否か，行為者自身または第三者の性的しゆう恥心を害したか否かは，何ら結論に影響を及ぼすものではない」とする入江俊郎裁判官の反対意見，それに同調する長部謹吾裁判官の反対意見が付されている。）

解　説

1　本判決は，強制わいせつ罪（176条）が成立するためには，わいせつ行為が「犯人の性欲を刺戟興奮させまたは満足させるという性的意図」で行われることを必要とし，そのような「性的意図」によるのではなく，「専らその婦女に報復し，または，これを侮辱し，虐待する目的」で行われた場合には，同罪は成立しないとしている。すなわち，本件では，被告人がAを脅迫し裸にして同女を撮影したのであり，それはAの性的自由を害する行為であるが，本判決は，強制わいせつ罪が成立するためには，そのような法益侵害がもたらされただけでは足りず，「性的意図」が伴っていなければならないというのである。そのような「性的意図」が欠ける場合には，強要罪（223条）等が成立するにすぎないとされる。

2　問題は，強制わいせつ罪が成立するためには，性的自由という法益の

侵害があるだけでは足りず，本判決のいうように，「性的意図」がある場合に限られるのかということである。犯人の意図がいかなるものであれ，脅迫により裸にされて撮影されたAの性的自由が侵害されたことには変わりがない。「性的意図」といった法益侵害とは関係しない，しかも明文にない要件を要求する根拠があるかが問われることになろう。本判決に付された反対意見は，そうした処罰の限定に根拠がないとしているのである。これに対し，本判決は「性的意図」が要求される根拠について何も語るところがない。

学説では，本判決と同様に，強制わいせつ罪について「性的意図」を成立要件として要求する見解は少数であり，多数の見解は，「性的意図」といった，被害者の性的自由という法益の侵害と関係のない要件を要求する理由はないと解している[27]。

本判決の後，女性を従業員として働かせる目的で同女を全裸にして写真撮影をしたという事案について，「強制わいせつの意図」があったとして強制わいせつ致傷罪（181条1項）の成立を認めた下級審裁判例があるが[28]，そこでは，そのような意図はわいせつ行為の認識から肯定されている。これは，実質的には本判決の立場を否定したものであるといえよう。こうした裁判例や学説の動向を考えると，本判決に現在どの程度の先例的価値があるか疑問があるように思われる。

8　最決平成20・1・22刑集62巻1号1頁

[事　案]

決定理由参照

[決定理由]

「原判決及びその是認する第1審判決の認定によれば，被告人は，深夜，被害者宅に侵入し，就寝中の被害者が熟睡のため心神喪失状態であることに乗じ，その下着の上から陰部を手指でもてあそび，もって，人の心神喪失に

---

[27] 山口・前出注（7）108頁参照。
[28] 東京地判昭和62・9・16判時1294号143頁。

乗じてわいせつな行為をしたが，これに気付いて覚せいした被害者が，被告人に対し，「お前，だれやねん。」などと強い口調で問いただすとともに，被告人着用のＴシャツ背部を両手でつかんだところ，被告人は，その場から逃走するため，被害者を引きずったり，自己の上半身を左右に激しくひねるなどし，その結果，被害者に対し，右中指挫創，右足第１趾挫創の傷害を負わせたというのである。

　上記事実関係によれば，被告人は，被害者が覚せいし，被告人のＴシャツをつかむなどしたことによって，わいせつな行為を行う意思を喪失した後に，その場から逃走するため，被害者に対して暴行を加えたものであるが，被告人のこのような暴行は，上記準強制わいせつ行為に随伴するものといえるから，これによって生じた上記被害者の傷害について強制わいせつ致傷罪が成立するというべきであり，これと同旨の原判断は正当である。」

解　説

1　強制わいせつ罪（176条）・準強制わいせつ罪（178条１項）又はこれらの未遂罪を犯し，「よって人を死傷させた」場合に強制わいせつ致死傷罪が成立する（181条１項）。本決定でも問題となるのが，いかなる行為から致死傷の結果が生じた場合に同罪が成立することになるのかということである（基本犯が強姦罪（177条）・準強姦罪（178条２項）又はこれらの未遂犯である強姦致死傷罪（181条２項）についても同様のことが問題となる）。わいせつ行為自体，あるいは，わいせつ行為の手段である暴行[29]によって致死傷の結果が生じた場合に強制わいせつ致死傷罪が成立することに異論はないが，本決定の事案でもそうであるように，それ以外の原因行為によって致死傷の結果が生じた場合にも同罪の成立を認めることができるかが問われることになる。

2　判例は，強姦の事案において，共犯者の１名により強姦された後，他の共犯者による強姦の危険を感じた被害者が逃走して救助を求める際に転倒して傷害を負った場合に強姦致傷罪が成立すると解している[30]ばかりでは

---

[29] 脅迫から致死傷の結果が生じたようにみえる事案では，脅迫を用いることによる，被害者を利用する暴行の間接正犯から致死傷の結果が生じた場合であると理解することができよう。
[30] 最決昭和46・9・22刑集25巻6号769頁。

なく，当初より，わいせつ行為に随伴する行為から致死傷の結果が生じた場合であっても強制わいせつ致死傷罪が成立すると解してきた[31]。そして，随伴行為から致死傷が生じるということの意味を，基本行為が未遂に終わった後，逃走のため傷害を負わせた場合も含むと理解していたのである[32]。このような理解からすると，本決定が認めるように，準強制わいせつ行為が終了した後に逃走のため傷害を負わせた事案について，強制わいせつ致傷罪が成立することになろう。

Ⅶ　住居侵入罪

9　最判平成 20・4・11 刑集 62 巻 5 号 1217 頁

[事　案]
　被告人らは，「自衛隊イラク派兵反対」などと記載したビラを，防衛庁（当時）立川宿舎の各室玄関ドアの新聞受けに投かんする目的で，午前 11 時 30 分過ぎころから午後 0 時ころまでの間，立川宿舎の敷地内に立ち入った上，分担して，集合住宅各棟 1 階出入口から 4 階の各室玄関前まで立ち入り，各室玄関ドアの新聞受けに上記ビラを投かんするなどした（平成 16 年 1 月 17 日には被告人 A・B・C の 3 名により 4 棟［3 号棟，5 号棟，6 号棟，7 号棟］においてビラの投かんが行われ，平成 16 年 2 月 22 日には被告人 B・C の 2 名により 3 棟［3 号棟，5 号棟，7 号棟］においてビラの投かんが行われている）。この事実について，被告人らは住居侵入罪を犯したとして起訴された。
　立川宿舎の敷地は，南北に細長い長方形（以下「南側敷地」という）の北端に東西に細長い長方形（以下「北側敷地」という）が西側に伸びる形で付いた逆 L 字形をしており，南側敷地の東側，北側敷地の東側と北側が，一般道路に面し，南側敷地の西側，北側敷地の西側と南側の西半分が，自衛隊東立川駐屯地と接している。南側敷地の南半分（北半分は空き地）には，南から北へ順に 1 号棟ないし 8 号棟の集合住宅（鉄筋 4 階建て，各階 6 室）が建っている。北

---

[31] 大判明治 44・6・29 刑録 17 輯 1330 頁。
[32] 前出注（31）大判明治 44・6・29。

側敷地には9号棟，10号棟の集合住宅が建っている。1号棟ないし8号棟の敷地は，約1.5mから2m程度の鉄製フェンス等で囲まれているが，東側のフェンスは，各号棟の北側通路に通じる出入口となる部分がそれぞれ幅約5mから約9m程度にわたって開口しており，各開口部に門扉はない。同フェンスの各号棟の北側通路に通じる出入口となる各開口部左のフェンス部分に，いずれも，「宿舎地域内の禁止事項　一　関係者以外，地域内に立ち入ること　一　ビラ貼り・配り等の宣伝活動（略）一　その他，人に迷惑をかける行為　管理者」と印刷されてビニールカバーが掛けられた禁止事項表示板（A3判大）が設置されている（9号棟及び10号棟の敷地にも同様の禁止事項表示板が設置されている）。

各号棟には3か所（10号棟は4か所）の階段があって，その1階には，北側に各階段に通じる門扉のない出入口があり，そこには，それぞれ集合郵便受けが設置されている。各階段に面して各階2室ずつの玄関があり，各室玄関ドアには新聞受けが設置されている。各号棟の1階出入口にある掲示板又は集合郵便受けの上部の壁等には，前記禁止事項表示板と同じ文言が印刷された禁止事項表示物（A4判大）が掲示されていた。

立川宿舎は，防衛庁（当時）の職員及びその家族が居住するための国が設置する宿舎である（本件当時，1号棟ないし8号棟は，ほぼ全室に居住者が入居していた）。国家公務員宿舎法，同法施行令等により，敷地及び5号棟ないし8号棟は陸上自衛隊東立川駐屯地業務隊長の管理，1号棟ないし4号棟は航空自衛隊第1補給処立川支処長の管理となっており，9号棟，10号棟は防衛庁契約本部ないし同庁技術研究本部第3研究所の管理下にある。

被告人らは，反戦平和を課題とし，示威運動，駅頭情報宣伝活動，駐屯地に対する申入れ活動等を行っている「立川自衛隊監視テント村」（以下「テント村」という）の構成員として活動している者である。テント村は，平成15年夏に関連法律が成立して自衛隊のイラク派遣が迫ってきたころから，これに反対する活動として，駅頭情報宣伝活動やデモを積極的に行うようになり，自衛官及びその家族に向けて，平成15年10月中ころ，同年11月終わりころ，同年12月13日と月1回の割合で，自衛隊のイラク派遣に反対し，かつ，自衛官に対しイラク派兵に反対するよう促し，自衛官のためのホ

ットラインの存在を知らせる内容の A4 判大のビラを，立川宿舎の各号棟の 1 階出入口の集合郵便受け又は各室玄関ドアの新聞受けに投かんした。前記平成 15 年 12 月 13 日のビラの投かん後，陸上自衛隊東立川駐屯地業務隊長の職務を補佐する同業務隊厚生科長，航空自衛隊第 1 補給処立川支処長の職務を補佐する同支処業務課長ら立川宿舎の管理業務に携わっていた者は，連絡を取り合った上，管理者の意を受けて，それぞれの管理部分ごとに分担するなどして，禁止事項表示板を立川宿舎の敷地の一般道路に面するフェンスの各号棟の出入口となる各開口部のすぐわきのフェンス部分に設置し，禁止事項表示物を各号棟の 1 階出入口に掲示した。また，そのころ，平成 15 年 12 月 13 日のビラの投かんについて，立川宿舎の管理業務に携わっていた者により管理者の意を受けて警察に住居侵入の被害届が提出された。本件で起訴された 2 回のビラ投かん（立入り）については，立川宿舎の管理業務に携わっていた者により管理者の意を受けて警察に住居侵入の被害届が提出されている。

［判決理由］

「(1) ……，被告人らは，立川宿舎の敷地内に入り込み，各号棟の 1 階出入口から各室玄関前まで立ち入ったものであり，当該立入りについて刑法 130 条前段の罪に問われているので，まず，被告人らが立ち入った場所が同条にいう「人の住居」，「人の看守する邸宅」，「人の看守する建造物」のいずれかに当たるのかを検討する。

(2) ……立川宿舎の各号棟の構造及び出入口の状況，その敷地と周辺土地や道路との囲障等の状況，その管理の状況等によれば，各号棟の 1 階出入口から各室玄関前までの部分は，居住用の建物である宿舎の各号棟の建物の一部であり，宿舎管理者の管理に係るものであるから，居住用の建物の一部として刑法 130 条にいう「人の看守する邸宅」に当たるものと解され，また，各号棟の敷地のうち建築物が建築されている部分を除く部分は，各号棟の建物に接してその周辺に存在し，かつ，管理者が外部との境界に門塀等の囲障を設置することにより，これが各号棟の建物の付属地として建物利用のために供されるものであることを明示していると認められるから，上記部分

は、「人の看守する邸宅」の囲にょう地として、邸宅侵入罪の客体になるものというべきである（最高裁昭和49年（あ）第736号同51年3月4日第一小法廷判決・刑集30巻2号79頁参照）。

（3）そして、刑法130条前段にいう「侵入し」とは、他人の看守する邸宅等に管理権者の意思に反して立ち入ることをいうものであるところ（最高裁昭和55年（あ）第906号同58年4月8日第二小法廷判決・刑集37巻3号215頁参照）、立川宿舎の管理権者は、……であり、被告人らの立入りがこれらの管理権者の意思に反するものであったことは、……事実関係から明らかである。

（4）そうすると、被告人らの本件立川宿舎の敷地及び各号棟の1階出入口から各室玄関前までへの立入りは、刑法130条前段に該当するものと解すべきである。なお、本件被告人らの立入りの態様、程度は……事実関係のとおりであって、管理者からその都度被害届が提出されていることなどに照らすと、所論のように法益侵害の程度が極めて軽微なものであったなどということもできない。」

解　説

1　住居侵入罪（130条）は一定の客体への不法な侵入について成立する。その客体は、人の住居、人の看守する邸宅・建造物・船舶である。住居は、人の起臥寝食（起居）に使用される場所、あるいはそれよりもやや広く、人の日常生活に利用される場所などと理解され、それが人の住居と認められれば、そのことによって保護の対象となる。それに対し、人の住居以外の客体（邸宅・建造物・船舶）については、それが人の看守するものであることが必要となる（このうち、邸宅とは居住用の建造物で住居以外のものをいい、建造物とは住居・邸宅以外の建物を広く含む）。看守とは、建物等を事実上管理・支配するための人的・物的設備を施すことをいい、門衛・守衛を配置したり、ドアに施錠したりすることがその例である。

2　住居と邸宅については、両者の関係が問題となる。本件宿舎の各室が住居であることには問題がないが、宿舎の共用部分については問題があった。本件の第1審判決（東京地八王子支判平成16・12・16判時1892号150頁）は、宿舎の共用部分は敷地とともに、住居に当たると解していた。これに対

し，本判決は，宿舎の共用部分は「人の看守する邸宅」に当たるとの判断を示している（敷地の扱いについては3で取り上げる）。これは，集合住宅の共用部分についての取扱いを示すものとして重要であるといえよう。もっとも，本件は賃貸住宅である公務員宿舎についての事案であり，分譲マンション等については異なって解する余地がある（後出注（44）参照）。本判決によれば，居住用の本件建物は全体として邸宅であるが，そのうち実際に居住に供されている部分が住居と解されることになる。

3　住居，邸宅，建造物については，建物自体だけでなく，建物に付属する付属地（囲繞地）も侵入の客体に含まれる[33]。客体に含まれる囲繞地とは，建物に接してその周辺に存在する付属地であり，管理者が門塀等を設置することにより，建物の付属地として建物利用のために供されるものであることが明示されているものをいう[34]。建物の囲繞地を刑法130条の客体とするのは，この部分への侵入によって建造物自体への侵入若しくはこれに準ずる程度に建造物利用の平穏が害され又は脅かされることからこれを保護しようとする趣旨に他ならないとされている[35]。

邸宅の囲繞地は「邸宅」に含まれ[36]，建造物の囲繞地は「建造物」に含まれることになる[37]。問題は，住居の囲繞地である。本件宿舎の各室は住居であるが，本判決によれば，宿舎の共用部分すなわち各室以外の部分は邸宅であり，いわば各号棟は全体として邸宅であって，その内部に住居が含まれているともいえる。そうすると本件宿舎の敷地は邸宅の敷地・囲繞地ということになる。本判決も邸宅の囲繞地であり，邸宅に含まれると解しているのである。なお，戸建て住宅の敷地については，住宅自体は住居であり，その敷地は「住居」に含まれると理解する余地がなお残されているように思われる（その場合には，敷地は人が看守するものである必要はないことになり，この点に，敷地自体が邸宅に含まれると解する場合との相違がある）。

---

[33] 最大判昭和25・9・27刑集4巻9号1783頁，最大判昭和44・4・2刑集23巻5号685頁。
[34] 最判昭和51・3・4刑集30巻2号79頁［東大地震研事件］。
[35] 前出注（34）最判昭和51・3・4。
[36] 大判昭和7・4・21刑集11巻407頁。
[37] 前出注（34）最判昭和51・3・4。

本件敷地が邸宅の囲繞地として客体になりうるのだとすると，それは人が看守するものであることが必要となる。本判決も認定しているように，「各号棟の建物に接してその周辺に存在し，かつ，管理者が外部との境界に門塀等の囲障を設置することにより，これが各号棟の建物の付属地として建物利用のために供されるものであることを明示している」ことが囲繞地として保護されるためには必要となるが[38]，本件敷地には周囲にフェンスがあり，立入禁止の掲示が掲出されている。このような場合には，フェンスに開口部があり，そこに施錠等がなされていないとしても，なお「人の看守」が認められることになるのである。

4 なお，本判決後，警察署の塀について，建物の利用に供されている工作物であり，建造物の一部であると認めた判例が出されている[39]。建造物の敷地を侵入の客体から除外するならともかく，それを含める以上，そのこととの均衡上も，塀を客体から除く実質的理由はないであろう。

5 さらに，本判決は，侵入の意義についても判断している。この点については，判例10の解説において扱うことにする。

10　最判昭和 58・4・8 刑集 37 巻 3 号 215 頁

[事　案]

判決理由参照

[判決理由]

「刑法一三〇条前段にいう「侵入シ」とは，他人の看守する建造物等に管理権者の意思に反して立ち入ることをいうと解すべきであるから，管理権者が予め立入り拒否の意思を積極的に明示していない場合であつても，該建造物の性質，使用目的，管理状況，管理権者の態度，立入りの目的などからみて，現に行われた立入り行為を管理権者が容認していないと合理的に判断されるときは，他に犯罪の成立を阻却すべき事情が認められない以上，同条の罪の成立を免れないというべきである。

---

[38] 前出注（34）最判昭和 51・3・4 参照。
[39] 最決平成 21・7・13 刑集 63 巻 6 号 590 頁。

ところで，原判決は，被告人らが，全逓の春季闘争の一環として，多数のビラを貼付する目的で，大槌郵便局局舎内に管理権者であるＰ局長の事前の了解を受けることなく立ち入つたものであること，局舎等におけるビラ貼りは，郵政省庁舎管理規程によると，法令等に定めのある場合のほかは，管理権者が禁止すべき事項とされていること，被告人らは，夜間，多人数で土足のまま局舎内に立ち入り，縦約二五糎，横約九糎大の西洋紙に「大巾賃上げ」「スト権奪還」などとガリ版印刷をしたビラ約一〇〇〇枚を局舎の各所に乱雑に貼付したものであり，被告人らの右ビラ貼りは，右庁舎管理規程に反し，前記Ｐ局長の許諾しないものであることが明らかであること，右ビラ貼りは，その規模等からみて外形上軽犯罪法違反に該当する程度の評価が可能であり，それが組合の闘争手段としてなされたものであるとはいえ，庁舎施設の管理権を害し，組合活動の正当性を超えた疑いがあるから，管理権者としては，このような目的による立入りを受忍する義務はなく，これを拒否できるものと考えられること，組合のビラ貼りについては，東北郵政局から警戒するよう指示されていたこともあつて，前記Ｐ局長は，当夜，Ｑ局長代理と交代で局舎に立ち寄り，局舎の外側からビラ貼りを警戒していたが，被告人らが局舎内に立ち入りビラ貼りをしているのを確認するや，右局長代理とともに局舎に入り被告人らに退去を求めたことなどを認定している。これらの事実によれば，記録上他に特段の事情の認められない本件においては，被告人らの本件局舎内への立入りは管理権者である右局長の意思に反するものであり，被告人らもこれを認識していたものと認定するのが合理的である。局舎の宿直員が被告人らの立入りを許諾したことがあるとしても，右宿直員は管理権者から右許諾の権限を授与されていたわけではないから，右宿直員の許諾は右認定に影響を及ぼすものではない。
　しかるに，原判決は，Ｐ局長が，被告人らのビラ貼り目的による局舎内への立入りを予測しながら，事前にこれを阻止するための具体的措置をとらなかつたということなどから，本件においては，被告人らの立入りを拒否する管理権者の意思が外部に表明されていたとはいえないとし，被告人らの所為は，結局，管理権者の意思に反したといえないから，建造物侵入罪の構成要件に該当しないとしているのであつて，右は，ひつきよう，法令の解釈適用

を誤つたか，重大な事実誤認をした疑いがあり，原判決の右違法は，判決に影響を及ぼし，かつ，これを破棄しなければ著しく正義に反するものと認められる。」

解説

1 本判決では，住居侵入罪における侵入の意義が問題となっている。その理解の前提として，学説では，住居侵入罪の保護法益も問題とされ，住居の平穏を保護法益とする平穏説と住居権を保護法益とする住居権説とが対立している[40]。大審院は住居権説を採っていたと解されるが[41]，最高裁は平穏説とも思われる理解に基づく判示を行ってきた[42]。しかし，保護法益自体について判示することは必ずしも必要なく，必要となるのは，争われた問題の解決に際して基礎とされる視点であったにすぎないと解することができる。本件で問題となっている，侵入の意義についても同様である。

本判決は，管理権者の意思に反する立入りを侵入と解している。これは，保護法益に関する住居権説の立場と整合性があるが，学説における平穏説の論者の多くも，管理権者・住居権者の意思に反する立入りが平穏を害するとして同様の結論を採用しているため，保護法益の理解に関する相違と侵入の意義の理解とは直接的な関係に立たないかの様相を示しているともいえよう[43]。両者の関係の理解については議論の余地があるが，いずれにせよ，本判決自体は，保護法益の理解について判断を示しているのではなく，あくまでも侵入の意義について判断を示しているにとどまるのである。

すでにみた判例 9 も，本判決を引用して，立川宿舎の管理権者の意思に反する立入りを侵入と解していた。なお，判例 9 では，指定された公務員が管理する公務員宿舎が問題となっていたため，管理権者は明確であり，その意思に反するか否かの判断に困難はなかったといえる。これに対し，一般の集

---

[40] 山口・前出注（7）116 頁以下参照。
[41] 大判大正 7・12・6 刑録 24 輯 1506 頁など。
[42] 最決昭和 49・5・31 裁集刑 192 号 571 頁［王子病院事件］，前出注（34）最判昭和 51・3・4 参照。
[43] もっとも，平穏説を論理的に徹底して，管理権者の意思に反しても平穏を害さないため，住居侵入罪の成立を否定する見解も主張されている。

合住宅については，誰の意思を基準として侵入を判断するかが問題となるが，判例は，近時，管理組合が管理するマンションについて，管理組合の意思に反する立入りを侵入と解する旨の判断を行った[44]。

2　本判決は，「管理権者が予め立入り拒否の意思を積極的に明示していない場合であつても，該建造物の性質，使用目的，管理状況，管理権者の態度，立入りの目的などからみて，現に行われた立入り行為を管理権者が容認していないと合理的に判断されるときは，他に犯罪の成立を阻却すべき事情が認められない以上，同条の罪の成立を免れない」としている。このように，管理権者の推定される意思に反する立入りも侵入といいうることになる。現金自動預払機が設置された銀行支店出張所へ，現金自動預払機利用客のカードの暗唱番号等を盗撮する目的で立ち入った事案において，判例は，その立入りは「管理権者である銀行支店長の意思に反するものであることは明らかであるから，その立入りの外観が一般の現金自動預払機利用客のそれと特に異なるものでなくても，建造物侵入罪が成立する」としている[45]。ここにおいては，外観上明らかでないとしても，管理権者の意思に反する立入りについては，それを侵入と解する判例の立場が明確に示されているといえよう。

---

[44] 最判平成 21・11・30 刑集 63 巻 9 号 1765 頁。なお，本判決は分譲マンションの共用部分が邸宅，住居のいずれに当たるかについての判断を避けている。
[45] 最決平成 19・7・2 刑集 61 巻 5 号 379 頁。

第 2 章　名誉・信用・業務に対する罪

［名誉毀損罪］
1　最決昭和 58・11・1 刑集 37 巻 9 号 1341 頁
2　最判昭和 56・4・16 刑集 35 巻 3 号 84 頁
3　最大判昭和 44・6・25 刑集 23 巻 7 号 975 頁

［信用毀損罪］
4　最判平成 15・3・11 刑集 57 巻 3 号 293 頁

［業務妨害罪］
5　最決昭和 62・3・12 刑集 41 巻 2 号 140 頁
6　最決昭和 59・3・23 刑集 38 巻 5 号 2030 頁
7　最決昭和 59・4・27 刑集 38 巻 6 号 2584 頁

I　はじめに

　本章では，名誉に対する罪，信用に対する罪，業務に対する罪を取り扱う。
　名誉に対する罪としては，名誉毀損罪と侮辱罪があるが，両者の保護法益，真実性の証明の特則の解釈等，問題が多い。信用に対する罪と業務に対する罪とは，前者が後者の一部と同一の法文に規定されるなど関連性があるが，信用の概念，業務の概念等について重要な判例が出されているところである。

II　名誉毀損罪

1　最決昭和 58・11・1 刑集 37 巻 9 号 1341 頁

［事　案］

　被告人は，かねてから知人の交通事故に関し，相手方から損害賠償交渉の委任を受けている A 保険株式会社の顧問弁護士 B と交渉を続けていたとこ

ろ，同人及び右A保険関係者に圧迫を加えて上記交渉を有利に進めようと企て，ほか数名と共謀の上，昭和57年7月30日午前2時30分ころから午前3時30分ころまでの間，大阪市北区所在のC不動産株式会社所有管理にかかるDビル1階北側玄関柱に，管理者の許諾を受けないで，「Eの関連会社であるAは，悪徳B弁護士と結託して被害者を弾圧している，両社は責任を取れ！」と記載したビラ12枚を糊で貼付した。

［決定理由］

「刑法二三一条にいう「人」には法人も含まれると解すべきであり（大審院大正一四年（れ）第二一三八号同一五年三月二四日判決・刑集五巻三号一一七頁参照），原判決の是認する第一審判決が本件A保険株式会社を被害者とする侮辱罪の成立を認めたのは，相当である。」

裁判官中村治朗の補足意見 「法廷意見は，刑法二三一条の侮辱罪の保護法益を同法二三〇条の名誉毀損罪のそれと同じく客観的な社会的名誉，すなわち人が自己の人格に対する社会的評価について有する利益としてとらえ，自然人以外の法人等についても自然人と同様の社会的名誉の存在を認めてこれに対する侮辱罪の成立を肯定すべきであるとする大審院判例の見解を支持するものであるのに対し，団藤，谷口両裁判官は，侮辱罪の保護法益を社会的名誉と区別された人の主観的名誉感情（ないし意識）としてとらえ，このような名誉感情をもたない法人等に対する侮辱罪の成立は否定されるべきであるとして，これと反対の立場をとられる。私は，右意見の説くところにも傾聴すべき点が少なからず存していることを認めるのに吝かでないが，前記大審院判例の見解を否定しなければならないほどの強い理由を見出すことができないので，法廷意見に同調したいと考える。以下，これについての私見の要旨を略述する。

名誉は，人と人との交渉過程から生れる人の人格に対する他者の評価の集積として客観的な存在を有し，かつ，かかるものとしてその人に帰属せしめられる価値たる性質をもつものであり，他方名誉感情は，このような事実の反映として人の心裡に生ずる情動ないし意識という主観的な存在であつて，両者は一応それぞれ別個のものとしてとらえることができるものではある

が，一般的にみて，両者の間にはいわば楯の両面というに近い密接な関係があることに加えて，名誉感情は，人の人格と深いつながりをもつ感情ないし意識であるとはいえ，右に述べたように，客観的な存在である社会的評価の反映としていわば後者を前提として成立するという性格を多分に帯有するものであることを考えると，法が，社会的名誉と切り離して名誉感情というような主観的なものを独立の法益としてとらえ，専ら又は主としてこれを保護する目的で法的規制を施していると認めるためには，そう考えざるをえないような特段の強い理由が看取される場合であることが必要ではないかと思う。このような見地から刑法二三一条の侮辱罪に関する規定をみると，同条が，その直前の二三〇条の規定する名誉毀損罪の場合と異なり，専ら又は主として社会的名誉と区別された名誉感情を保護の対象としていると解さなければならないような，特段の強い理由があるとは思えない。かえつて右二三一条が，侮辱罪の成立要件として名誉毀損罪と同様に行為の公然性を要求し，事実の摘示の有無のみを両者の区別の要点とするにとどまっているところからみれば，むしろ侮辱罪も名誉毀損の場合と同じく人の社会的名誉を保護法益として眼中に置いているとみるのが妥当であるように思われる。

　これに反対する意見は，名誉毀損罪と侮辱罪との間には法定刑の著しい懸隔があり，このような差別の理由を専ら事実摘示の有無という行為態様の相違のみに置くことは，その合理性の説明として不十分といわざるをえず，むしろ保護法益の相違に差別の理由を求めるのが妥当であるといい，また，右の事実の摘示の点についても，この場合の事実がどの範囲のものを指すのかが不明確で，仮に大審院判例のいう「他人の社会的地位を害するに足るべき具体的事実」に限られるとすれば，侮辱罪における行為の内容をなすのは，結局対象者の人格的価値に対する侮辱者の主観的な否定的評価の表明という性質のものにすぎないこととなり，被侮辱者の社会的名誉に対する侵害としては極めて微弱で意義の薄いものとならざるをえず，このような法益侵害行為をとりあげて刑罰の対象とする合理的根拠は薄弱といわざるをえないと論ずる。

　確かに，右の指摘がもつともな点を含んでいることは，否定し難い。しかしながら，一般に社会的評価を低下させると認められるような具体的，特定

的な事実（このような事実のみが真実性の立証の対象となりうる適性を有する。）の摘示を伴う場合と異なり，このような客観的根拠を示さない単なる主観的な評価の言明にすぎないような言辞であつても，それが公然となされる場合には，それによって被侮辱者に対する社会的評価にマイナスの効果ないし影響が生ずることは否定し難いところであり，少なくとも一般的にはそう受けとられているのではないかと思われる。そしてそうであればこそ，被侮辱者は，余人を交えないでされる単なる面前侮辱の場合に比していつそう深く傷つくこととなるものと思う。そうであるとすれば，この場合に特に法が右のような社会的評価の毀損の面を捨象して，専ら又は主として名誉感情の面のみを侮辱罪の保護法益としてとらえていると解さなければならない特段の強い理由があるとはいえず，右の社会的名誉の毀損の程度が事実の摘示を伴う名誉毀損罪の場合に比して遥かに低いために前記のような法定刑の隔差を設けたものと解することも十分に可能であり，それがしかし合理性を欠くものとは思われない（なお，名誉感情説は，侮辱罪の要件として公然性が要求されている理由として，一般に公然侮辱行為の場合が名誉感情を侵害する程度が大きいからであると説明するが，上に述べたとおり，それはそのために被侮辱者が自己に対する社会的評価にマイナスが生ずると受けとるからであると思われ，そうだとすると，むしろ端的にその要因をなす社会的評価の毀損それ自体を法益侵害としてとらえてしかるべきではないかとの反論も出されよう。）。

　（なお，以上の議論は，社会的名誉と名誉感情との併存が認められる自然人の場合には，法適用上の技術的な面を離れてはあまり多くの実際上の意義をもたないが，本件におけるように自然人以外の法人等主観的名誉感情をもたない者に対する行為の場合には，これについて侮辱罪が成立するかどうかという重要な問題を生ずるのであり，否定説の背後には，法人等については侮辱罪の成立を認めるだけの必要性が乏しいとの考慮も働いているのではないかと思われるので，この点について一言しておきたい。私は，現代社会においては，法人等の団体は，その構成員を離れた社会的存在を有し，かつ，固有の活動を営んでおり，かかるものとして独自の価値主体たりうるものであつて，自己に対するさまざまな面からの社会的評価に対してはそれなりの

関心と利益を有すると認められるから，これを自然人の場合と同様に独自の保護法益としてとらえることは，決して無意味とはいえないと思う。そしてこのことは，営利法人の場合も同様であつて，その主たる目的が経済的活動であるからといつて，その者の支払能力その他の経済力に対する評価等直接その経済活動に影響を与えるもののみがその関心事であり，これのみを考慮すれば足りるとはいちがいにいいきれないものがあるのではないかと考える。もつとも，これらの点は，ひとり侮辱罪に限らず名誉毀損罪についても生ずる問題であつて，法人等についてもこれらの罪を認めるべきかどうかは立法論としては大いに問題とされてよいであろうが，もとよりこれは別個の問題である。）」

裁判官団藤重光の意見 「侮辱罪（刑法二三一条）の保護法益を名誉毀損罪（同法二三〇条）のそれと同じく客観的な社会的名誉（人格的価値の社会による承認・評価）とみるか，それとも主観的な名誉感情とみるかについては，学説の対立があるが，通説および大審院の判例が前説を採つているのに対して，わたくしはかねてから後説を支持している（団藤・刑法綱要・各論四一三頁以下）。

けだし，何よりもまず，名誉毀損罪の法定刑が三年以下の懲役・禁錮を含む相当に重いものであるのに対して，侮辱罪のそれが単なる拘留・科料にとどまつていることは，事実摘示の有無というような行為態様の相違だけでは説明が困難であつて，より本質的な保護法益そのものの相違にその根拠を求めなければならないのである。のみならず，侮辱罪の規定では「事実を摘示せずして」ではなく「事実を摘示せずと雖も」とされているのであるから，行為態様の相違としての事実摘示の有無ということも，文理上どこまで強く主張されうるか，疑問の余地がないわけではない。しかも，実際に，侮辱罪の事案の多くは，なんらかの意味における事実の摘示を伴つているのである（現に本件もそうである。）。そこで，事実摘示の有無に両罪の区別を求める立場からは，「事実」の意味を限定する以外にないのであつて，大審院の判例によれば，たとえば，「侮辱罪は事実を摘示せずして他人の社会的地位を軽蔑する犯人自己の抽象的判断」を公然発表するものであるのに対して，名誉毀損罪は「他人の社会的地位を害するに足るべき具体的事実」を公然告知する

ものであるとされる（大審院大正一五年七月五日判決・刑集五巻三〇三頁）。この判旨を突きつめて考えれば，「他人の社会的地位を害するに足るべき具体的事実」にかぎつて両条にいう「事実」にあたるものとし，「他人の社会的地位を軽蔑する犯人自己の抽象的判断」を支えるにすぎない程度の事実は，ここにいう「事実」にはあたらないものと解するわけであろう。したがつて，事実摘示の有無という標準も，その限界はかなり微妙なものになる。さらにいえば，「他人の社会的地位を軽蔑する抽象的判断」の公然発表という行為は，社会的名誉そのものを保護法益とみるかぎり，保護法益の侵害に対して遠い危険性を有するだけの，きわめて間接的な関係に立つにすぎないことになる。わたくしは，もつと端的な保護法益を他に求めることができるとすれば，それによるべきものと考える。そうして，名誉感情を保護法益とみる考え方が，この点ではるかにすぐれているとおもうのである。

　もちろん，名誉感情という主観的なものを保護法益とすることについては，被害者の名誉感情の個人差の問題や証明の問題がある。しかし，前者は行為の定型性の見地から解決されるべきであり，後者は——名誉毀損罪における社会的名誉についていわれているのと同様——名誉感情の現実の侵害を要件としないことによつて解決されるべきである（団藤・前掲四一四頁）。刑法二三一条の規定が公然性を要件としていること，しかも面前性を要件としていないことも，名誉感情を侮辱罪の保護法益とみることに対する本質的な批判となるものではない。

　このようにして，わたくしは名誉感情を侮辱罪の保護法益と解するのであつて，この見地からすれば，法人を被害者とする侮辱罪の成立は当然に否定されるべきことになる。わたくしは，人の社会的地位を侮辱罪の保護法益と解する前記大審院判例，ひいては人格を有する団体を被害者として侮辱罪の成立をみとめる大審院判例（大審院大正一五年三月二四日判決・刑集五巻一一七頁）は，変更されるべきものと考えるのである。

　したがつて，私見においては，原判決の支持する第一審判決がBに対する関係においてのみならずA保険株式会社に対する関係においても侮辱罪の成立をみとめたのは，刑法二三一条の解釈適用を誤つたものといわなければならないが，わたくしも谷口裁判官の意見と同趣旨において，原判決が破

棄しなければいちじるしく正義に反するものとはいえず（刑訴法四一一条），結局，上告は棄却を免れないものと考える。」

裁判官谷口正孝の意見　「一　刑法二三一条所定の侮辱罪の保護法益を，名誉感情・名誉意識すなわち人の社会的価値に関する主観的評価と考えるか，それとも名声すなわち人の社会的価値に関する社会的評価と解するかについては争いのあるところである。思うに，侮辱行為は相手の名誉感情を侵害すると同時に人の社会的評価をも低下させることになるであろうから，現行法がそのいずれの面に着眼して規定されているかは，学説のいうように専ら現行法の解釈として確定されるべきことであり，その際右二三一条の法文の構成と同二三〇条一項の名誉毀損罪との比照が問題となるであろう。

二　ところで，判例は一貫して「刑法第二三一条所定の侮辱罪は，事実を摘示せずして，他人の社会的地位を軽蔑する犯人自己の抽象的判断を，公然発表するによりて成立するものなるに反し，同法第二三〇条第一項所定の名誉毀損罪は，他人の社会的地位を害するに足るべき具体的事実を，公然告知することによりて成立する」（大審院大正一五年七月五日判決・刑集五巻八号三〇三頁その他）として，刑法二三〇条一項所定の名誉毀損罪も同二三一条所定の侮辱罪も，ともに人の価値に対する社会的評価，すなわち名声を保護法益とするものと考えてきた。両罪のちがいは，専らその手段の相違，すなわち事実を摘示するか，しないかのちがいということになる。私としても，侮辱罪の保護法益を人の価値に対する社会的評価と解することについて相応の理由のあることを認めるのに吝かではない。

三　然し，右二三一条が相手方の面前における侮辱を処罰せず，名誉毀損罪におけると同様に公然性をその要件としていることを理由に侮辱罪の保護法益を右のように解すべきであるとすることには疑問を感ずる。なるほど相手方の面前における侮辱は，公然侮辱の場合に比べて相手方の名誉感情をより大きく侵害する場合もあろう。然し，公然性を要件としているからといって直ちに侮辱罪の保護法益を右の如く理解しなければならないわけのものではなく，相手方の面前における侮辱はわれわれの社会生活上とかくありがちのことであるとして，その行為に可罰性を認めず，公然侮辱という例外的な場合に限ってその可罰性を認めたものと説明することも十分可能である。

次に，侮辱罪の保護法益を名誉感情・名誉意識だと考えると，名誉感情・名誉意識というのは完全に本人の主観の問題であり，それには高慢なうぬぼれや勝手な自尊心もあるはずで，かような不合理な意識までを刑法で保護する必要があるかは疑問であるとする主張がある。名誉感情・名誉意識に対する侵害はモラルの問題であるとするわけである。極めて傾聴すべき見解である。たしかに，名誉感情・名誉意識というのは完全に本人の主観の問題ではある。然し，公然侮辱するというのは日常一般的なことではない。名誉感情・名誉意識がたとえ高慢なうぬぼれや勝手な自尊心であつたにせよ，現に人の持つている感情を右のように日常一般的な方法によらずに侵害することをモラルの問題として処理してよいかどうかについてはやはり疑問がある。可罰的違法性があるものとしても決して不当とはいえまい。侮辱罪の保護法益を人の社会的価値に関する社会的評価としなければ可罰的違法性を導くことができないものとは考えられない。けだし，そのように構成してみても，人の社会的価値に関する社会的評価の侵害は抽象的危険犯として構成せざるをえないわけで，その実質的危険の有無は極めて微妙なものがあるのにかかわらず，その場合には可罰的違法性を認めるのに異論のないことが対照されてよい。

　さらに，名誉毀損罪と侮辱罪との保護法益を同じく人の社会的価値に関する社会的評価であると考え，両罪のちがいを専ら事実の摘示の有無に求める場合，両罪に対する法定刑の極めて顕著なちがいをどのように説明するのか。私は，名誉毀損罪が人の社会的価値に関する社会的評価といういわば客観的なものであるのに対し，侮辱罪が名誉感情・名誉意識という主観の問題と解することによつて，両罪の間に可罰性の程度のちがいがあり，そのことが両罪の法定刑の右の如きちがいを導いているのだと考える。

　以上の次第であつて，私は多数意見と異なり，侮辱罪の保護法益を名誉感情・名誉意識と理解する。

　団藤裁判官の所説に賛成する所以である。

　四　私のこのような理解に従えば，本件において法人を被害者とする侮辱罪は成立しないことになる。（従つて又幼者等に対する同罪の成立も否定される場合がある。このような場合こそはモラルの問題として解決すればよ

く，しかも，侮辱罪は非犯罪化の方向に向うべきものであると考えるので，私はそれでよいと思う。）然し，本件については，第一審判決判示のBを被害者とする侮辱罪及び軽犯罪法一条三三号の罪の成立は肯定されるので，第一審判決がA保険株式会社を被害者とする同罪の成立を認め，原判決がこれを肯認した違法は未だ刑訴法四一一条一号に該当するものとは考えられない。上告は棄却されるべきである。」

解 説

1 名誉に対する罪には名誉毀損罪（230条）と侮辱罪（231条）がある。名誉毀損罪の客体・保護法益は「人の名誉」であるが，これは，人に対する社会的評価（事実的名誉[1]・外部的名誉[2]）である。本件で問題となっているのは，侮辱罪の保護法益である。侮辱罪は，その法定刑が拘留又は科料と異例に軽くなっている[3]が，保護法益は名誉毀損罪と同じであり，侵害態様が異なるにすぎないと解するのか，それとも，保護法益自体が異なっていると理解するのかが争われているのである。

本決定の法廷意見は刑法231条の「人」には法人も含まれると述べるにすぎないが，本決定に付された補足意見及び意見で詳細に述べられているように，その前提として，侮辱罪の保護法益は名誉毀損罪と同様に人に対する社会的評価であるという理解が存在しているといえる。なぜなら，団藤裁判官及び谷口裁判官の意見に述べられているように，侮辱罪の保護法益を名誉感情と解するのであれば，法人にはそのようなものはないから，法人は侮辱罪の保護対象から除外されるべきこととなるからである。

2 侮辱罪の刑が著しく軽いことが侮辱罪の保護法益を名誉感情と解する決定的な論拠と思われる。その根拠については団藤裁判官及び谷口裁判官の

---

[1] これは現に存在する評価であり，虚名も含む。これに対して，人の真価に対応した評価を規範的名誉という。
[2] これは，人についての外部的な社会的評価をいい，自分自身についての名誉感情である主観的名誉とは異なる。
[3] 法定刑が拘留・科料のみであるのは，刑法典に規定された犯罪としては侮辱罪だけであり，同罪については教唆・幇助は処罰の対象とならない（64条参照）。

意見において詳述されている。しかし，学説の多数の見解は法廷意見同様侮辱罪の保護法益は人に対する社会的名誉であり，名誉毀損罪と同じだと解している。その根拠については，中村裁判官の補足意見において述べられているが，その根拠として重要なのが，侮辱罪と名誉毀損罪とで保護法益が異なるとすると，名誉毀損罪が成立する事案については侮辱罪も観念的競合で成立することになるが，そのように解することが必要なのか疑問があること，さらに，刑法230条の2によって名誉毀損罪の成立が否定されても，侮辱罪は成立することになり，公共の利害に関する事実の摘示については一定の要件で免責を与えるという同条の趣旨が没却されてしまうことである。

　本決定の法廷意見の理解によれば，侮辱罪も名誉毀損罪と保護法益においては異ならないことになり，その違いは事実の摘示の有無にあることになる。事実の摘示があったといえるためには，単に人に対する消極的な評価が示されるだけでなく，そのような評価を支える具体的事実が示されていることが必要である。どの程度の事実であれば具体的といえるかも限界線上の事例では問題となりうるが，それは，230条の2の規定を考慮すると，真実性の証明の対象となりうる程度に具体性を備えた事実であるということが考えられるであろう。

2　最判昭和56・4・16刑集35巻3号84頁

[事　案]

　判決理由参照

[判決理由]

　「所論にかんがみ，職権をもって調査すると，原判決が維持する第一審判決の認定事実の要旨は，

　「株式会社月刊ペン社の編集局長である被告人は，同社発行の月刊誌『月刊ペン』誌上で連続特集を組み，諸般の面から宗教法人Aを批判するにあたり，同会における象徴的存在とみられる会長Bの私的行動をもとりあげ，第一　昭和五一年三月号の同誌上に，『四重五重の大罪犯すA』との見出しのもとに，『Bの金脈もさることながら，とくに女性関係において，彼がき

わめて華やかで，しかも，その雑多な関係が病的であり色情狂的でさえあるという情報が，有力消息筋から執拗に流れてくるのは，一体全体，どういうことか，ということである。……』などとする記事を執筆掲載し，また，第二　同年四月号誌上に，『極悪の大罪犯すAの実相』との見出しのもとに，『彼にはれっきとした芸者のめかけT子が赤坂にいる。……そもそもB好みの女性のタイプというのは，1　やせがたで　2　プロポーションがよく　3　インテリ風──のタイプだとされている。なるほど，そういわれてみるとお手付き情婦として，二人とも公明党議員として国会に送りこんだというT子とM子も，こういうタイプの女性である。もっとも，現在は二人とも落選中で，再選の見込みは公明党内部の意見でもなさそうである。……』旨，右にいう落選中の前国会議員T子はA会員Cであり，同M子は同会員Dであることを世人に容易に推認させるような表現の記事を執筆掲載したうえ，右雑誌各約三万部を多数の者に販売・頒布し，もって公然事実を摘示して，右三月号の記事によりB及びAの，四月号の記事によりB，C，D及びAの各名誉を毀損した。」

というのであり，第一審裁判所は，右の認定事実に刑法二三〇条一項を適用し，被告人に有罪の判決を言い渡した。

そうして，原審弁護人が，「被告人は，宗教界の刷新という公益目的のもとに公共の利害に関する事実を公表したものであるから，事実の真実性の立証を許さないまま名誉毀損の成立を認めた第一審判決は審理不尽である。」旨主張したのに対し，原判決は，被告人の摘示した事実は，Aの教義批判の一環，例証としての指導者の醜聞の摘示であつたにしても，Bらの私生活上の不倫な男女関係の醜聞を内容とすること，その表現方法が不当な侮辱的，嘲笑的なものであること，不確実な噂，風聞をそのまま取り入れた文体であること，他人の文章を適切な調査もしないでそのまま転写していることなどの諸点にかんがみ，刑法二三〇条ノ二第一項にいう「公共ノ利害ニ関スル事実」にあたらないというべきであり，したがつて，いわゆる公益目的の有無及び事実の真否を問うまでもなく，被告人につき名誉毀損罪の成立を認めた第一審判決は相当である，として右主張を排斥した。

ところで，被告人が「月刊ペン」誌上に摘示した事実の中に，私人の私生

活上の行状，とりわけ一般的には公表をはばかるような異性関係の醜聞に属するものが含まれていることは，一，二審判決の指摘するとおりである。しかしながら，私人の私生活上の行状であつても，そのたずさわる社会的活動の性質及びこれを通じて社会に及ぼす影響力の程度などのいかんによっては，その社会的活動に対する批判ないし評価の一資料として，刑法二三〇条ノ二第一項にいう「公共ノ利害ニ関スル事実」にあたる場合があると解すべきである。

　本件についてこれをみると，被告人が執筆・掲載した前記の記事は，多数の信徒を擁するわが国有数の宗教団体であるAの教義ないしあり方を批判しその誤りを指摘するにあたり，その例証として，同会のB会長（当時）の女性関係が乱脈をきわめており，同会長と関係のあつた女性二名が同会長によつて国会に送り込まれていることなどの事実を摘示したものであることが，右記事を含む被告人の「月刊ペン」誌上の論説全体の記載に照らして明白であるところ，記録によれば，同会長は，同会において，その教義を身をもつて実践すべき信仰上のほぼ絶対的な指導者であつて，公私を問わずその言動が信徒の精神生活等に重大な影響を与える立場にあつたばかりでなく，右宗教上の地位を背景とした直接・間接の政治的活動等を通じ，社会一般に対しても少なからぬ影響を及ぼしていたこと，同会長の醜聞の相手方とされる女性二名も，同会婦人部の幹部で元国会議員という有力な会員であつたことなどの事実が明らかである。

　このような本件の事実関係を前提として検討すると，被告人によつて摘示されたB会長らの前記のような行状は，刑法二三〇条ノ二第一項にいう「公共ノ利害ニ関スル事実」にあたると解するのが相当であつて，これを一宗教団体内部における単なる私的な出来事であるということはできない。なお，右にいう「公共ノ利害ニ関スル事実」にあたるか否かは，摘示された事実自体の内容・性質に照らして客観的に判断されるべきものであり，これを摘示する際の表現方法や事実調査の程度などは，同条にいわゆる公益目的の有無の認定等に関して考慮されるべきことがらであつて，摘示された事実が「公共ノ利害ニ関スル事実」にあたるか否かの判断を左右するものではないと解するのが相当である。

そうすると，これと異なり，被告人によって摘示された事実が刑法二三〇条ノ二第一項にいう「公共ノ利害ニ関スル事実」に該当しないとの見解のもとに，公益目的の有無及び事実の真否等を問うまでもなく，被告人につき名誉毀損罪の成立を肯定することができるものとした原判決及びその是認する第一審判決には，法令の解釈適用を誤り審理不尽に陥つた違法があるといわなければならず，右違法は判決に影響を及ぼすことが明らかであつて，原判決及び第一審判決を破棄しなければ著しく正義に反するものと認められる。」

解　説

1　本件（月刊ペン事件）では，刑法230条の2が定める真実性の証明による免責規定の適否が問題となっている。同条は「人格権としての個人の名誉の保護と，憲法二一条による正当な言論の保障との調和」を図るために[4]，「公共の利害に関する場合の特例」として規定された。同条1項は，摘示された事実の公共性，目的の公共性が認められる場合に[5]，摘示事実について真実性の証明を許し，真実であった場合には名誉毀損罪による処罰を否定している（なお，同条2項は，「公訴が提起されるに至っていない人の犯罪行為に関する事実」について，その公共性があるものとみなし，同条3項は，「公務員又は公選による公務員の候補者に関する事実」について，その公共性と目的の公益性があるものとみなしている）。本件で問題となっているのは，私人の私生活上の行状が「公共の利害に関する事実」といえるかということである。

2　ある事実が「公共の利害に関する」というためには，その事実が一般の多数人の利害に関係するものであることが必要である。事実自体にこのような公共性が認められる場合ばかりではなく，その事実が公共性のある事実について評価・判断するための資料となる場合も含まれると理解することができる。本件で問題となっている人の私生活上の行状といった事実について，それ自体が一般の多数人の利害に関係するということは通常考えがたいことであろう。そうした事実に関心・興味があることはあるかもしれない

---

[4] 最大判昭和44・6・25刑集23巻7号975頁参照。
[5] 事実の公共性，目的の公益性が認められる場合にだけ真実性の証明が許されるというのが通説的な理解である。山口厚『刑法各論[第2版]』142頁（2010年）参照。

が，利害に関するとまではいえないと思われる。こうしたことから，私生活上の行状についてはおよそ「公共の利害に関する事実」といえないのかが本件では問題となっている。

　本判決は，「私人の私生活上の行状であつても，そのたずさわる社会的活動の性質及びこれを通じて社会に及ぼす影響力の程度などのいかんによつては，その社会的活動に対する批判ないし評価の一資料として，刑法二三〇条ノ二第一項にいう「公共ノ利害ニ関スル事実」にあたる場合があると解すべきである」とした。すなわち，私生活上の行状自体には公共性はないが，その人が「たずさわる社会的活動の性質及びこれを通じて社会に及ぼす影響力の程度」によっては，公共性が認められることに疑問のない，その人の社会的活動に対する「批判ないし評価の一資料」として「公共の利害に関する事実」に当たりうるというのである。すなわち，公共性のある事実についての判断・評価資料として公共性が認められることになるというわけである。

　3　本件摘示事実の対象とされた宗教団体の会長であるBは，本判決によれば，「同会において，その教義を身をもって実践すべき信仰上のほぼ絶対的な指導者であつて，公私を問わずその言動が信徒の精神生活等に重大な影響を与える立場にあつたばかりでなく，右宗教上の地位を背景とした直接・間接の政治的活動等を通じ，社会一般に対しても少なからぬ影響を及ぼしていた」とされる。すなわち，「教義を身をもって実践すべき信仰上のほぼ絶対的な指導者」であるという特殊な立場から，「公私を問わずその言動が信徒の精神生活等に重大な影響を与える立場にあつた」ため（社会的活動の性質），私生活上の行状であっても単なる私事として評価することはできず，しかも，「宗教上の地位を背景とした直接・間接の政治的活動等を通じ，社会一般に対しても少なからぬ影響を及ぼしていた」ことから（社会に及ぼす影響力），私生活上の行状であっても，そうした地位にある者に対する評価の資料として公共性を持ちうるというわけである。ここでは，Bの立場・地位・活動の重要性から事実の公共性はかなり厳格に判断されているといえよう。

　これに対して，宗教団体の会員であり元国会議員であるC及びDについては，「同会婦人部の幹部で元国会議員という有力な会員であつた」という

点への言及があるのみである。要するに，C及びDは国会議員ではなく，宗教団体の幹部であり有力な会員であるというだけで，C及びDに対する摘示事実の公共性が認められている。Bに言及する以上はC及びDにも言及せざるをえないことから，Bに対する摘示事実の関係でその公共性がC及びDの摘示事実にも不可避的に及ぶとまではいえないのではなかろうか。なぜなら，Bへの言及がC及びDの利益侵害をも正当化する一種の権利だとまでいえるかに疑問があるからである。そうだとすると，C及びDとの関係では，事実の公共性はかなり緩やかに捉えられているのではないか，私生活上の事実についてもかなり広い範囲で公共性が認められることになってしまっているのではないかという疑問が生じうるように思われる。

4　本判決は，「「公共ノ利害ニ関スル事実」にあたるか否かは，摘示された事実自体の内容・性質に照らして客観的に判断されるべきものであり，これを摘示する際の表現方法や事実調査の程度などは，同条にいわゆる公益目的の有無の認定等に関して考慮されるべきことがらであつて，摘示された事実が「公共ノ利害ニ関スル事実」にあたるか否かの判断を左右するものではない」との判断を示している。この点も重要である。真実性の証明ができたときに事実調査の程度を問題として名誉毀損罪の成立を肯定すべきではないであろうし，また，表現方法が侮辱的であるなどということは，事実内容とは係わらないから，上記の事情は，そうでなければ真実性の証明がなされて名誉毀損罪として処罰されないはずの行為をただちに可罰的にするものと解されるべきではないと思われる。

3　最大判昭和 44・6・25 刑集 23 巻 7 号 975 頁

[事　案]

判決理由参照

[判決理由]

「所論にかんがみ職権をもつて検討すると，原判決が維持した第一審判示事実の要旨は，

「被告人は，その発行する昭和三八年二月一八日付『夕刊和歌山時事』に，

『吸血鬼A'の罪業』と題し，A'ことA本人または同人の指示のもとに同人経営のB特だね新聞の記者が和歌山市役所土木部の某課長に向かつて『出すものを出せば目をつむつてやるんだが，チビリくさるのでやつたるんや』と聞こえよがしの捨てせりふを吐いたうえ，今度は上層の某主幹に向かつて『しかし魚心あれば水心ということもある，どうだ，お前にも汚職の疑いがあるが，一つ席を変えて一杯やりながら話をつけるか』と凄んだ旨の記事を掲載，頒布し，もつて公然事実を摘示して右Aの名誉を毀損した。」というのであり，第一審判決は，右の認定事実に刑法二三〇条一項を適用し，被告人に対し有罪の言渡しをした。

　そして，原審弁護人が「被告人は証明可能な程度の資料，根拠をもつて事実を真実と確信したから，被告人には名誉毀損の故意が阻却され，犯罪は成立しない。」旨を主張したのに対し，原判決は，「被告人の摘示した事実につき真実であることの証明がない以上，被告人において真実であると誤信していたとしても，故意を阻却せず，名誉毀損罪の刑責を免れることができないことは，すでに最高裁判所の判例（昭和三四年五月七日第一小法廷判決，刑集一三巻五号六四一頁）の趣旨とするところである」と判示して，右主張を排斥し，被告人が真実であると誤信したことにつき相当の理由があつたとしても名誉毀損の罪責を免れえない旨を明らかにしている。

　しかし，刑法二三〇条ノ二の規定は，人格権としての個人の名誉の保護と，憲法二一条による正当な言論の保障との調和をはかつたものというべきであり，これら両者間の調和と均衡を考慮するならば，たとい刑法二三〇条ノ二第一項にいう事実が真実であることの証明がない場合でも，行為者がその事実を真実であると誤信し，その誤信したことについて，確実な資料，根拠に照らし相当の理由があるときは，犯罪の故意がなく，名誉毀損の罪は成立しないものと解するのが相当である。これと異なり，右のような誤信があつたとしても，およそ事実が真実であることの証明がない以上名誉毀損の罪責を免れることがないとした当裁判所の前記判例（昭和三三年（あ）第二六九八号同三四年五月七日第一小法廷判決，刑集一三巻五号六四一頁）は，これを変更すべきものと認める。したがつて，原判決の前記判断は法令の解釈適用を誤つたものといわなければならない。

ところで，前記認定事実に相応する公訴事実に関し，被告人側の申請にかかる証人Ｃが同公訴事実の記事内容に関する情報を和歌山市役所の職員から聞きこみこれを被告人に提供した旨を証言したのに対し，これが伝聞証拠であることを理由に検察官から異議の申立があり，第一審はこれを認め，異議のあつた部分全部につきこれを排除する旨の決定をし，その結果，被告人は，右公訴事実につき，いまだ右記事の内容が真実であることの証明がなく，また，被告人が真実であると信ずるにつき相当の理由があつたと認めることはできないものとして，前記有罪判決を受けるに至つており，原判決も，右の結論を支持していることが明らかである。

　しかし，第一審において，弁護人が「本件は，その動機，目的において公益をはかるためにやむなくなされたものであり，刑法二三〇条ノ二の適用によつて，当然無罪たるべきものである。」旨の意見を述べたうえ，前記公訴事実につき証人Ｃを申請し，第一審が，立証趣旨になんらの制限を加えることなく，同証人を採用している等記録にあらわれた本件の経過からみれば，Ｃ証人の立証趣旨は，被告人が本件記事内容を真実であると誤信したことにつき相当の理由があつたことをも含むものと解するのが相当である。

　してみれば，前記Ｃの証言中第一審が証拠排除の決定をした前記部分は，本件記事内容が真実であるかどうかの点については伝聞証拠であるが，被告人が本件記事内容を真実であると誤信したことにつき相当の理由があつたかどうかの点については伝聞証拠とはいえないから，第一審は，伝聞証拠の意義に関する法令の解釈を誤り，排除してはならない証拠を排除した違法があり，これを是認した原判決には法令の解釈を誤り審理不尽に陥つた違法があるものといわなければならない。

　されば，本件においては，被告人が本件記事内容を真実であると誤信したことにつき，確実な資料，根拠に照らし相当な理由があつたかどうかを慎重に審理検討したうえ刑法二三〇条ノ二第一項の免責があるかどうかを判断すべきであつたので，右に判示した原判決の各違法は判決に影響を及ぼすことが明らかであり，これを破棄しなければいちじるしく正義に反するものといわなければならない。」

解説

1 刑法230条の2の真実性の証明による免責規定は，本判決もいうように，「人格権としての個人の名誉の保護と，憲法二一条による正当な言論の保障との調和をはかつたもの」である。摘示事実について公共性と摘示目的に公益性が認められる場合，摘示された事実の真実性の証明が許され，真実性が証明されたときに，名誉毀損罪の成立が否定されることになる。問題は，被告人が摘示した事実が真実であると思っていたが，そうでなかった（真実性の証明ができなかった）場合（真実性の誤信）の取扱いである。

真実性の誤信は，真実性の証明によって免責される根拠の理解から解決されるべきものとなる。すなわち，真実性の証明による免責の根拠が，政策的な処罰阻却であるにすぎないとすれば，真実性の証明に失敗した場合には，免責は認められないことになる。本判決中に言及されている最判昭和34・5・7刑集13巻5号641頁は，まさしくそのような立法者の理解に立脚して免責を否定していたのである。

これに対し，原審弁護人は，「証明可能な程度の資料，根拠をもつて事実を真実と確信したから，被告人には名誉毀損の故意が阻却され，犯罪は成立しない」として真実性の誤信の場合にも免責を認める旧団藤説[6]に基づく主張を行い，原判決は前出最判昭和34・5・7に従って，これを排斥していた。旧団藤説は，刑法230条の2の免責規定は「訴訟法的規定」であり，実体法上の要件は「証明が可能な程度の真実」を意味すると解し，これは「構成要件該当性阻却事由」であるから，この認識がある場合には（違法性阻却事由に該当する事実の認識があるときには故意が阻却されることと同様に）故意が阻却されるとしていたのである。なお，「証明が可能な程度」とは，「客観的な資料によって健全な常識をもつ者が認定できる程度」をいうとされ，このような客観的資料を認識した場合に故意が阻却されることになるわけである。

2 本判決は，前出最判昭和34・5・7を変更し，真実性の誤信の場合であっても，「行為者がその事実を真実であると誤信し，その誤信したことについて，確実な資料，根拠に照らし相当の理由があるときは，犯罪の故意が

---

[6] 団藤重光『刑法と刑事訴訟法との交錯』84頁以下（1950年）。

なく，名誉毀損の罪は成立しないものと解するのが相当である」とした。これは，真実性の誤信の場合に故意を否定することによって免責を認めるという点で旧団藤説と共通であるが，旧団藤説では，「客観的な資料によって健全な常識をもつ者が認定できる程度」の客観的資料の認識があったとき免責が認められるのに対して，本判決は真実性の誤信自体についての相当性を問題として，「確実な資料，根拠に照らし」誤信したことが相当であったかを問題とする点に特徴がある。これは，旧団藤説の免責基準をさらに厳格化した上で，その考えを採り入れたものということができよう。このような本判決の免責基準に対しては，「確実な資料，根拠」があれば真実性の証明ができたはずではないか，真実性の証明に失敗したということは「確実な資料，根拠」がなかったことを意味するのではないか，すなわち，真実性の証明に失敗した場合に，本判決の基準によって免責されることがあるのだろうかという疑問が生じうると思われる。

III 信用毀損罪

4 最判平成 15・3・11 刑集 57 巻 3 号 293 頁

[事　案]
　判決理由参照

[判決理由]
　「所論は，原判決の刑法 233 条にいう「信用」の意義に関する判断が，同条の解釈を誤り，所論引用の大審院の各判例に違反するというのである。
　しかし，上記所論は，次のとおり，理由がない。
　1　原判決の是認する第 1 審判決の認定によると，被告人は，コンビニエンスストアで買った紙パック入りオレンジジュースに次亜塩素酸イオン等を成分とする家庭用洗剤を注入した上，警察官に対して，上記コンビニエンスストアで買った紙パック入りオレンジジュースに異物が混入していた旨虚偽の申告をし，警察職員からその旨の発表を受けた報道機関をして，上記コン

ビニエンスストアで異物の混入されたオレンジジュースが陳列，販売されていたことを報道させたというのである。

　そうすると，被告人は，粗悪な商品を販売しているという虚偽の風説を流布して，上記コンビニエンスストアが販売する商品の品質に対する社会的な信頼を毀損したというべきところ，原判決は，刑法233条にいう「信用」には，人の支払能力又は支払意思に対する社会的な信頼のほか，販売する商品の品質等に対する社会的な信頼が含まれるとして，被告人の上記行為につき同条が定める信用毀損罪の成立を認めた。

　2　所論引用の大審院の判例のうち，大審院大正5年（れ）第2605号同年12月18日判決・刑録22輯1909頁及び大審院昭和8年（れ）第75号同年4月12日判決・刑集12巻5号413頁は，人の支払能力又は支払意思に対する社会的な信頼を毀損しない限り，信用毀損罪は成立しないとしたものであるから，原判決は，上記大審院の各判例と相反する判断をしたものといわなければならない。

　しかし，刑法233条が定める信用毀損罪は，経済的な側面における人の社会的な評価を保護するものであり，同条にいう「信用」は，人の支払能力又は支払意思に対する社会的な信頼に限定されるべきものではなく，販売される商品の品質に対する社会的な信頼も含むと解するのが相当であるから，これと異なる上記大審院の各判例は，いずれもこれを変更し，原判決を維持すべきである。」

解　説

　1　本件では，刑法233条の信用毀損罪における「信用」の意義が問題となっている。本判決でも言及されているように，かつての判例[7]及び通説は，信用とは人の支払能力又は支払意思に対する社会的な信頼を意味すると解していた。本判決は，そのような大審院判例を変更して，信用とは，「人の支払能力又は支払意思に対する社会的な信頼に限定されるべきものではなく，販売される商品の品質に対する社会的な信頼も含む」と解するに至っ

---

[7] 大判大正5・12・18刑録22輯1909頁，大判昭和8・4・12刑集12巻413頁など。

た。

2　本件は，コンビニエンスストアが販売する商品の品質に対する社会的な信頼を毀損したという事案である。本判決は，信用毀損罪は「経済的な側面における人の社会的な評価」を保護するものであるとの理解から，信用の意義を従来の判例よりも広く解釈することによって，信用毀損罪の成立を肯定した。

人の名誉については，現にある社会的評価であれば，それがたとえ誤った評価であった（虚名）としても，保護されるのが原則である。「公共の利害に関する事実」について，それが真実である一定の場合に処罰を否定するという例外が認められているにすぎない。これに対し，信用については，虚偽の風説の流布又は偽計によらなければその毀損を処罰することはできず，真実の言明であれば，それによって見せかけの誤った信用が害されても処罰されることはないのである。すなわち，経済活動に係わる場面では，名誉とは異なり，「虚名」保護の原則は妥当せず，むしろ，事実が明らかにされることにより，人に対する正しい評価が形成されることが期待されるといえる[8]。本罪の趣旨からしても，本判決が認めるように，信用は「経済的な側面における人の社会的評価」として広く捉えることが妥当であり，「販売される商品の品質に対する社会的な信頼」も含まれると解されるべきことになろう。

IV　業務妨害罪

5　最決昭和62・3・12刑集41巻2号140頁

[事　案]

被告人らは，新潟県議会総務文教委員会の開催を妨げようなどとして，新潟県庁舎本館2階の第3委員会室に，警備員の制止を無視して，約200名の組合員とともに相次いで侵入し，総務文教委員会開会に備えて同室内の所

---

[8]　したがって，信用を名誉として保護することには疑問があるといえよう。すなわち，真実の摘示なので信用毀損罪は成立しないが，名誉毀損罪は成立すると解するのでは，信用の保護を限定的なものとしている趣旨に反するのではないかが問題となるのである。

定の位置に着席していた自民党委員に対し，大声で罵声を浴びせ，委員席に置いてあったプラスチック製の名札で机を叩くなどして，委員長の再三の退室要求も無視して同室内を占拠し，同委員長をして，当面委員会の開会が困難なものと判断せしめて他の委員とともに同室から退室することを余儀なくさせるなどし，さらにその後も同室を占拠して，総務文教委員会における第83号議案の採決等を一時不能にした。

［決定理由］
　「原判決の是認する第一審判決の認定によれば，本件において妨害の対象となつた職務は，新潟県議会総務文教委員会の条例案採決等の事務であり，なんら被告人らに対して強制力を行使する権力的公務ではないのであるから，右職務が威力業務妨害罪にいう「業務」に当たるとした原判断は，正当である（最高裁昭和三一年（あ）第三〇一五号同三五年一一月一八日第二小法廷判決・刑集一四巻一三号一七一三頁，同昭和三六年（あ）第八二三号同四一年一一月三〇日大法廷判決・刑集二〇巻九号一〇七六頁参照）。」

解　説
　1　本件で問題となっているのは，公務が業務妨害罪の規定（233条・234条・234条の2）によって保護されるかということである。公務については，暴行・脅迫という侵害性の高い手段による妨害についての処罰規定が置かれているが（95条1項・公務執行妨害罪），これに対して，業務妨害罪は虚偽の風説の流布・偽計・威力といったそれよりも侵害性の低い手段による妨害を処罰しているから，それとの関係で公務の保護をどのように考えるかが問題となるわけである。すなわち，公務もすべて業務として保護されるのだとすると，公務執行妨害罪の固有の意義が失われることになるのではないかが疑問となってくるのである（95条1項と233条・234条の法定刑の上限と下限は同じである。公務執行妨害罪には禁錮刑が選択刑として規定されている点に違いがあるにすぎない）。要するに，公務は業務一般よりも限定的な保護が与えられていると解するべきなのではないか，その保護の範囲はどのようなものと考えられるかが問われることになる。

2 この問題に対する対応については，判例は顕著な変遷をみせている。大審院判例では，まず，偽計による裁判所の競売妨害の事案について偽計業務妨害罪の成立が肯定されたが[9]，小学校長が保管する教育勅語謄本等を隠匿した事案については，公務は業務に含まれないとして，偽計業務妨害罪の成立は否定された[10]。なお，公務員でない[11]郵便集配人による郵便業務については，公務執行妨害罪は成立せず，威力業務妨害罪が成立するとされていた[12]。最高裁判例では，武装警察官の職務に対する妨害の事案について，業務には公務は含まれないとして威力業務妨害罪の成立を否定したものがあるが[13]，本決定でも引用されている判例（最決昭和35・11・18刑集14巻13号1713頁）では，国鉄（当時）の貨車運行業務を妨害した事案について，事業の内容は民営鉄道と異ならないから，公務も業務に含まれ，威力業務妨害罪が成立するとされ，これは，国鉄（当時）の連絡船運航業務を妨害した事案についても踏襲された[14]。

本決定は，妨害の対象となった県議会委員会の条例案採択等の事務について，「被告人らに対して強制力を行使する権力的公務」ではないから，威力業務妨害罪の業務に当たり，同罪が成立するとした。すなわち，「被告人らに対して強制力を行使する権力的公務」については，暴行・脅迫に至らない妨害はそうした強制力によって排除することが期待できるので，業務妨害罪の対象となる業務には含まれないが，そうでない公務については業務妨害罪の規定によって保護されるというものと解されるのである。

本決定のこうした基準はその後の最高裁判例に引き継がれており，威力業務妨害罪のみならず，偽計業務妨害罪においても適用されている（公職選挙法上の立候補届出受理事務を偽計及び威力によって妨害した事案に関する最決平成12・2・17刑集54巻2号38頁）。さらに同様の立場を採った判例として最決平成14・9・30刑集56巻7号395頁（段ボール小屋を撤去する環境整備工事を威力に

---

[9] 大判明治42・2・19刑録15輯120頁。
[10] 大判大正4・5・21刑録21輯663頁［教育勅語事件］。
[11] この理解は最判昭和35・3・1刑集14巻3号209頁により変更された。
[12] 大判大正8・4・2刑録25輯375頁。
[13] 最大判昭和26・7・18刑集5巻8号1491頁。
[14] 本決定も引用する最大判昭和41・11・30刑集20巻9号1076頁［摩周丸事件］。

よって妨害した事案）がある。

　なお，「強制力を行使する権力的公務」における「強制力」とはどのようなことをいうのかが問題となりうる。妨害を実力で排除できる場合が想定されていることは明らかであるが，たとえば，国税調査官には税務調査のため質問検査権が与えられており，それを拒んだり妨げたりする者に対しては刑罰が科されているところ，このようないわば間接強制の場合でもよいかということである。下級審裁判例にはそれを否定したものがある[15]。

　3　さらに，本決定の立場から，一般的には「強制力を行使する権力的公務」を担当する公務員に対する妨害であっても，強制力を行使する場面以外の公務[16]や，偽計による妨害がなければ本来遂行されたはずの公務[17]については，なお，業務妨害罪の成立を肯定することが排除されるわけではないと思われる。

6　最決昭和 59・3・23 刑集 38 巻 5 号 2030 頁

［事　案］

　決定理由参照

［決定理由］

　「原判決の是認する第一審判決によれば，被告人は，弁護士である被害者の勤務する弁護士事務所において，同人が携行する訟廷日誌，訴訟記録等在中の鞄を奪い取り，これを二か月余りの間自宅に隠匿し，同人の弁護士活動を困難にさせたというのである。右のように，弁護士業務にとつて重要な書類が在中する鞄を奪取し隠匿する行為は，被害者の意思を制圧するに足りる勢力を用いたものということができるから，刑法二三四条にいう「威力ヲ用ヒ」た場合にあたり，被告人の本件所為につき，威力業務妨害罪が成立するとした第一審判決を是認した原判断は，正当である。」

---

[15] 京都地判昭和 61・5・23 判タ 608 号 137 頁。
[16] 税務調査のための出張行為に関する大阪高判昭和 63・9・29 判時 1306 号 138 頁［前出京都地判昭和 61・5・23 の控訴審判決］参照。
[17] 犯罪予告の虚偽通報により警察官を出動させた事案に関する東京高判平成 21・3・12 判タ 1304 号 302 頁参照。

解　説

1　業務妨害罪における妨害手段として法定されているのは，虚偽の風説の流布，偽計（以上，233条），威力（234条）及び電子計算機損壊等の行為（234条の2）である。電子計算機損壊等業務妨害罪は妨害によってその効果が及ぶ範囲が広いことが想定されているために法定刑が5年以下の懲役又は100万円以下の罰金と他の業務妨害罪と比べて加重されているが，233条及び234条の法定刑は3年以下の懲役又は50万円以下の罰金と同じになっている。ここで，これらの妨害手段の意義が問題となる。

2　妨害手段としての威力については，暴行に至らないものが想定されており，「被害者の自由［の］制圧」（商家の周りに板囲いをした事案に関する大判大正9・2・26刑録26輯82頁），「被害者の自由意思を制圧するに足る犯人側の勢力」（役員室に侵入して団体交渉を強要した事案に関する最判昭和28・1・30刑集7巻1号128頁），「一定の行為の必然的結果として，人の意思を制圧するような勢力」（貨車に積載された石炭を落下させた事案に関する最判昭和32・2・21刑集11巻2号877頁）などと解釈されてきた。

本決定も，弁護士の鞄を「奪取し隠匿する行為」を「被害者の意思を制圧するに足りる勢力」であるとしている。もっとも，鞄を奪取する行為は，脅迫を用いるなど，その態様次第では，確かに「被害者の意思を制圧する」ことがあるかもしれないが，隠匿自体はいかなる意味で「被害者の意思を制圧する」といえるのか疑問があるといえよう。判例は，電子計算機損壊等業務妨害罪という特殊な行為類型を別とすれば，業務妨害に向けた行為がなされた場合，偽計にも威力にも当たらないとして可罰性を否定することを実際上認めないのではないかと思われる。すなわち，近年の判例・裁判例では，威力は公然と行われる妨害行為として広く理解され，偽計は非公然となされる妨害行為と解釈されているように思われるのであり，こうした立場は本決定にも如実に表れているように思われる。

3　本件で，鞄の奪取・隠匿行為が窃盗罪（235条）で起訴・処罰されていないのは，窃盗罪の成立要件である不法領得の意思を認めることが困難だからだと思われる。それは，目的物を単に隠匿する目的でそれを奪取する場合には，判例の一般的理解によれば，不法領得の意思が否定され，窃盗罪の成

立を認めることができないからである[18]。そこで，威力業務妨害罪として本件が起訴され処罰されることになったものと思われる。ここに，業務妨害罪が財産犯を補完する機能を果たしていることをみることができる。

7　最決昭和59・4・27刑集38巻6号2584頁

[事　案]

決定理由参照

[決定理由]

「なお，日本電信電話公社の架設する電話回線において，発信側電話機に対する課金装置を作動させるため受信側から発信側に送出される応答信号は，有線電気通信法二条一項にいう「符号」にあたり，応答信号の送出を阻害する機能を有するマジックホンと称する電気機器を加入電話回線に取り付け使用して，応答信号の送出を妨害するとともに発信側電話機に対する課金装置の作動を不能にした行為が，有線電気通信妨害罪（同法二一条）及び偽計業務妨害罪にあたるとした原判断は，正当である。」

[解　説]

1　本件では，発信側電話機に対する課金のため，受信側電話機から送出される応答信号の送出を阻止するマジックホンを受信側電話機に取り付けて，課金装置の作動を不能にし，電話会社の課金業務を妨害したことが偽計業務妨害罪に当たるかが問題となっている。判例6の解説でも述べたように，近時の判例・裁判例は，偽計の意義を相手方の錯誤又は不知の状態を利用すること，さらには不当に相手方を困惑させる手段術策を用いること[19]のみならず，非公然となされる妨害手段を広く含むものと解しており，本決定はそうした判例・裁判例の流れの中に位置付けて理解することができる。

---

[18] 小学校長が保管する教育勅語謄本等を隠匿した事案について窃盗罪の成立を否定した前出注（10）大判大正4・5・21参照。
[19] 料理店に無言電話をかけ電話の発着信を不能にした事案に関する東京高判昭和48・8・7高刑集26巻3号322頁参照。

2 本決定では，課金装置の作動を不能にするといういわば外形的な妨害の事実に言及されており，この点を重視する学説の理解もある[20]。すなわち，外形的な妨害を要求することによって，妨害の意義，さらには業務妨害罪の成立範囲を限定しようとするのである。しかし，弁当業者の弁当が不衛生であるといった虚偽の情報を伝えて客離れを生じさせるような事案についても業務妨害罪の成立には疑問があるとされることはなかったことからわかるように，「外形的妨害」を常に要求しうるかには疑問の余地があり，また，そのような観点からする業務妨害罪の限定に根拠があるのか問題となりうるように思われる。

---

[20] 山口・前出注（5）168頁参照。

第3章　財産犯1（窃盗罪・強盗罪）

［窃盗罪の諸問題］
- **1**　最判昭和 25・8・29 刑集 4 巻 9 号 1585 頁
- **2**　最決平成 16・8・25 刑集 58 巻 6 号 515 頁
- **3**　最判昭和 41・4・8 刑集 20 巻 4 号 207 頁
- **4**　最決平成元・7・7 刑集 43 巻 7 号 607 頁
- **5**　最決平成 19・4・13 刑集 61 巻 3 号 340 頁
- **6**　最決昭和 55・10・30 刑集 34 巻 5 号 357 頁
- **7**　最決平成 16・11・30 刑集 58 巻 8 号 1005 頁

［不動産侵奪罪］
- **8**　最決平成 11・12・9 刑集 53 巻 9 号 1117 頁
- **9**　最決平成 12・12・15 刑集 54 巻 9 号 1049 頁

［親族間の犯罪に関する特例］
- **10**　最決平成 20・2・18 刑集 62 巻 2 号 37 頁

［強盗罪の諸問題］
- **11**　最判昭和 24・2・8 刑集 3 巻 2 号 75 頁
- **12**　最決昭和 61・11・18 刑集 40 巻 7 号 523 頁
- **13**　東京高判平成 20・3・19 判タ 1274 号 342 頁
- **14**　最判昭和 32・9・13 刑集 11 巻 9 号 2263 頁

［事後強盗罪］
- **15**　最決昭和 54・11・19 刑集 33 巻 7 号 710 頁
- **16**　最判平成 16・12・10 刑集 58 巻 9 号 1047 頁
- **17**　大阪高判昭和 62・7・17 判時 1253 号 141 頁

［強盗致死傷罪］
- **18**　最判昭和 24・5・28 刑集 3 巻 6 号 873 頁

I　はじめに

　本章では，財産犯のうち，窃盗罪と強盗罪の解釈に関する諸問題を取り扱う。まず，窃盗罪について，客体の意義，占有の概念，窃取の意義，不法領得の意思について解説を加え，次いで，客体が不動産である不動産侵奪罪について検討を加える。そして，他の犯罪についても準用されている，親族間の犯罪に関する特例を扱う。次いで，強盗罪の関係では，強取の意義，2項

強盗罪に係る不法利得の意義について解説し，さらに，事後強盗罪と強盗致死傷罪について解説を加えることにする。

II　窃盗罪の諸問題

1　客　体

1　最判昭和 25・8・29 刑集 4 巻 9 号 1585 頁

[事　案]

　被告人らは，昭和 22 年 11 月 13 日夜，政党 A 北海道地方委員会事務所を襲って同党の情報を収集することについて謀議し，このため暴力を用いることもやむをえないと考えて情報資料を強取しようと決意し，共謀の上，翌 14 日午前 1 時ころ前記委員会事務所に赴き，同事務所に侵入して，事務所の宿直員 B 及び C の両名の手足を麻縄で縛りつけ，さらにその場にあった布地，マフラー等で猿轡をはめ，抵抗しようとする B の頭部，顔面等を殴打して同人に約 2 週間の安静を必要とする右頭部筋膜下血腫，鼻骨部，左顔面部打撲傷，左眼球結膜下出血及び両手根骨部擦過創を負わせ，その間，上記事務所内を物色して書類庫等から同委員会書記長 D 保管の中央指令綴一冊外書類印鑑等，数十点を強取した。

[判決理由]

　「強，窃盗罪において奪取行為の目的となる財物とは，財産権殊に所有権の目的となり得べき物を言い，それが金銭的乃至経済的価値を有するや否やは問うところではない。それゆえ，原判決の引用する証拠によつて認められる原判示の所論中央指令綴一冊外書類印鑑等数十点は，もとより強，窃盗罪の客体たる財物に当るものと言わなければならない。」

[解　説]

　1　本件は強盗致傷罪（240 条）の事案であり，本判決は強盗罪（236 条）

の客体である財物の意義について判示しているが、判決理由中で述べられているように、その趣旨は窃盗罪 (235条) についても同様に妥当し、さらには、詐欺罪 (246条) や恐喝罪 (249条) など「財物」「物」を客体とする財産犯罪一般にその理解を及ぼすことができるものと考えられる。

　財物の意義に関しては、有体性を要求する有体性説とそれを不要とする管理可能性説が存在し、旧刑法の窃盗罪における「所有物」の意義については、可動性・管理可能性があるもので足りるとして、電気の盗用について窃盗罪の成立を肯定した大審院判例が存在したが (大判明治36・5・21刑録9輯874頁。同判決には学説上異論があったため、現行刑法を制定するに当たり、電気窃盗を処罰するための規定が245条として明文化された)、現在の実務は有体性説を暗黙の前提としていると理解することができる。学説における通説的な立場も有体性説に立っている。

　本判決は、財物を財産権、ことに所有権の目的となりうる物をいい、金銭的・経済的価値は問わないとして広く捉えている。確かに、知人からの思い出の手紙等、金銭的価値や経済的価値を認めがたい物についても、所有者本人にとって意義が認められる限り、窃取・強取等から保護されるに値する。したがって、財物の範囲を広く捉えること自体は正当だといえよう。こうした見地から、支払呈示期間経過後の (小切手法上無効な) 線引小切手や消印済収入印紙等も財物に当たると解されている (最決昭和29・6・1刑集8巻6号787頁、最決昭和30・8・9刑集9巻9号2008頁など)。

　もっとも、本判決では、財物の要件として金銭的・経済的価値は不要とされているが、しかしながら、価値の大小が刑事裁判実務で全く考慮されていないというわけではない。なぜなら、メモ1枚、ちり紙13枚、はずれ馬券、パンフレット入り封筒などについて価値の僅少性を理由に財物性を否定した裁判例があるからである (大阪高判昭和43・3・4下刑集10巻3号225頁、東京高判昭和45・4・6東高刑事報21巻4号152頁、札幌簡判昭和51・12・6刑月8巻11＝12号525頁、東京高判昭和54・3・29東高刑事報30巻3号55頁)。このような理解によれば、金品をスリ取ろうとしたところ、街で配布されているポケットティッシュを取ったにとどまるような場合には、窃盗既遂罪ではなく、窃盗未遂罪が成立するにとどまることになる。

2　占　有

2　最決平成 16・8・25 刑集 58 巻 6 号 515 頁

[事　案]

決定理由参照

[決定理由]

「所論にかんがみ，本件における窃盗罪の成否につき，職権で判断する。

1　原判決の認定及び記録によれば，本件の事実関係は，次のとおりである。

(1) 被害者は，本件当日午後 3 時 30 分ころから，大阪府内の私鉄駅近くの公園において，ベンチに座り，傍らに自身のポシェット (以下「本件ポシェット」という。) を置いて，友人と話をするなどしていた。

(2) 被告人は，前刑出所後いわゆるホームレス生活をし，置き引きで金を得るなどしていたものであるが，午後 5 時 40 分ころ，上記公園のベンチに座った際に，隣のベンチで被害者らが本件ポシェットをベンチ上に置いたまま話し込んでいるのを見掛け，もし置き忘れたら持ち去ろうと考えて，本を読むふりをしながら様子をうかがっていた。

(3) 被害者は，午後 6 時 20 分ころ，本件ポシェットをベンチ上に置き忘れたまま，友人を駅の改札口まで送るため，友人と共にその場を離れた。被告人は，被害者らがもう少し離れたら本件ポシェットを取ろうと思って注視していたところ，被害者らは，置き忘れに全く気付かないまま，駅の方向に向かって歩いて行った。

(4) 被告人は，被害者らが，公園出口にある横断歩道橋を上り，上記ベンチから約 27m の距離にあるその階段踊り場まで行ったのを見たとき，自身の周りに人もいなかったことから，今だと思って本件ポシェットを取上げ，それを持ってその場を離れ，公園内の公衆トイレ内に入り，本件ポシェットを開けて中から現金を抜き取った。

(5) 他方，被害者は，上記歩道橋を渡り，約 200m 離れた私鉄駅の改札

口付近まで2分ほど歩いたところで，本件ポシェットを置き忘れたことに気付き，上記ベンチの所まで走って戻ったものの，既に本件ポシェットは無くなっていた。

(6) 午後6時24分ころ，被害者の跡を追って公園に戻ってきた友人が，機転を利かせて自身の携帯電話で本件ポシェットの中にあるはずの被害者の携帯電話に架電したため，トイレ内で携帯電話が鳴り始め，被告人は，慌ててトイレから出たが，被害者に問い詰められて犯行を認め，通報により駆けつけた警察官に引き渡された。

2 以上のとおり，被告人が本件ポシェットを領得したのは，被害者がこれを置き忘れてベンチから約27mしか離れていない場所まで歩いて行った時点であったことなど本件の事実関係の下では，その時点において，被害者が本件ポシェットのことを一時的に失念したまま現場から立ち去りつつあったことを考慮しても，被害者の本件ポシェットに対する占有はなお失われておらず，被告人の本件領得行為は窃盗罪に当たるというべきであるから，原判断は結論において正当である。」

解説

1 窃盗罪（235条）は，他人が占有する財物をその客体としている。すなわち，他人の財物を他人が占有していることがその成立要件となる。財物を直接手にしている場合や自宅等の閉鎖された支配領域内に財物を置いている場合[1]には占有が認められることに疑問の余地はないが，占有を肯定しうる範囲がどこまで及ぶかについては必ずしも自明ではない。占有の有無は，財物に対する客観的な支配（占有の事実）と支配意思（占有の意思）とを総合して，社会通念に従って判断するほかはないと思われる。判例も，「刑法上の占有は人が物を実力的に支配する関係であつて，その支配の態様は物の形状その他の具体的事情によつて一様ではないが，必ずしも物の現実の所持又は監視を必要とするものではなく，物が占有者の支配力の及ぶ場所に存在するを以て足りると解すべきである。しかして，その物がなお占有者の支配内に

---

[1] 自宅内にある物については，その所在を見失っても占有は肯定される。大判大正15・10・8刑集5巻440頁参照。

あるというを得るか否かは通常人ならば何人も首肯するであろうところの社会通念によつて決するの外はない」としている[2]。

2 本件では，犯人による占有取得時に，所有者が置き忘れた財物に対して占有を有していたかが問題となっているが，本決定は置き忘れた財物と所有者との場所的離隔の程度が，その時点で約27メートルとわずかであること（したがって，置き忘れた時点からの時間的離隔もわずかである）から占有を肯定している。これは，置き忘れに気付き，短時間内に財物を確保する可能性によって財物に対する支配を認めるものということができよう。

同様の事例としては，バスに乗るために行列していた被害者がバスを待つ間に写真機を脇に置き，列の移動につれて改札口の方に進んだが，写真機を置き忘れたことに気が付き直ちに引き返した（その間約5分で，約20メートル離れていた）事案[3]，駅出札所のカウンター（指定券，特急券窓口）で特急券を買った際そこに財布を置き，別のカウンター（乗車券窓口）で乗車券を買った後に財布を置き忘れたことに気が付いて戻った（その間1，2分で，約15メートル離れていた）事案[4]があり，これらでは占有が肯定されている。これに対して，大規模なスーパーマーケットの6階ベンチに財布を置き忘れたまま地下1階に移動して10分後に置き忘れたことに気が付いて戻った事案[5]では占有が否定されている。

3 本件と異なった事例として，財物を所有者の所在場所から離れた場所にとくに置いた場合が裁判例でも問題とされている。たとえば，駐輪場に自転車を駐輪するなど，保管場所に財物を置く場合には，保管のための場所に置かれているという状況的要件とそこに保管するという所有者の占有意思によって，財物は社会通念上所有者に帰属し，その支配下にあると解することができ，占有を認めることができる。駅構内の待合室に旅行鞄を置いたまま食事に行き，約35分後に戻った事案[6]，市場の自転車置き場に事実上なっている人道橋に自転車を無施錠で放置した事案[7]では占有が肯定され，お堂

---

[2] 最判昭和32・11・8刑集11巻12号3061頁。
[3] 前出注（2）最決昭和32・11・8。
[4] 東京高判昭和54・4・12刑月11巻4号277頁。
[5] 東京高判平成3・4・1判時1400号128頁。
[6] 名古屋高判昭和52・5・10判時852号124頁。

の中に仏像を安置していた事案[8]でも占有が肯定されている。なお，大震災の際道路に搬出して避難のために放置した布団その他の物に対しても占有が肯定されているが[9]，これは特殊な状況を前提とした判断だといえよう。

3 最判昭和41・4・8刑集20巻4号207頁

[事　案]

判決理由参照

[判決理由]

「被告人は，当初から財物を領得する意思は有していなかつたが，野外において，人を殺害した後，領得の意思を生じ，右犯行直後，その現場において，被害者が身につけていた時計を奪取したのであつて，このような場合には，被害者が生前有していた財物の所持はその死亡直後においてもなお継続して保護するのが法の目的にかなうものというべきである。そうすると，被害者からその財物の占有を離脱させた自己の行為を利用して右財物を奪取した一連の被告人の行為は，これを全体的に考察して，他人の財物に対する所持を侵害したものというべきであるから，右奪取行為は，占有離脱物横領ではなく，窃盗罪を構成するものと解するのが相当である」。

[解　説]

1　本判決では，いわゆる「死者の占有」が肯定されている。「死者の占有」が問題となる事例としては，①当初から財物を奪取する目的で人を殺害し，その後財物を奪取する場合，②人を殺害した後に財物奪取の意思が生じ，財物を奪取する場合，③殺人とは無関係の第三者が死体から財物を奪取する場合を挙げることができる。①については，殺人行為が強盗罪の実行行為としての暴行に当たり，強盗殺人罪（240条）が成立し[10]，③については遺失物等横領罪（254条）が成立する[11]。本件で問題となっているのは②の

---

[7]　福岡高判昭和58・2・28判時1083号156頁。
[8]　大判大正3・10・21刑録20輯1898頁。
[9]　大判大正13・6・10刑集3巻473頁。
[10]　大判大正2・10・21刑録19輯982頁。

事例である。

　本判決は，「被害者が生前有していた財物の所持はその死亡直後においてもなお継続して保護するのが法の目的にかなう」として，生前の占有を死亡直後においても保護すべきであるとした上で，「被害者からその財物の占有を離脱させた自己の行為を利用して右財物を奪取した一連の被告人の行為は，これを全体的に考察して，他人の財物に対する所持を侵害したものというべきである」という全体的考察によって，生前の占有の侵害を肯定し，「窃取」を認めているのである。これに対して，学説では，このような場合には遺失物等横領罪の成立を認めるにとどめるべきだとの見解が多数説となっている[12]。

　2　本判決のように「死者の占有」を肯定する場合には，生前の占有が保護される時間的限界が問題となるが，それはさまざまな状況を考慮してなされる判断であり，従来の裁判例をみてもその限界は明瞭とはいえない。9時間後に占有を否定したもの[13]がある一方で4日後に肯定したものもある[14]。この判断にはかなり微妙なものがあるといえよう。

　3　保護法益

4　最決平成元・7・7刑集 43 巻 7 号 607 頁

[事　案]

　決定理由参照

[決定理由]

　「所論は，被告人は，相手方との間に買戻約款付自動車売買契約を締結し，相手方が買戻権を喪失した後，権利の行使として自動車を引き揚げたものであるから，窃盗罪の責めを負わないと主張するので，この点について判断す

---

[11] 大判大正 13・3・28 新聞 2247 号 22 頁。
[12] 山口厚『刑法各論 [第 2 版]』183 頁以下 (2010 年) 参照。
[13] 東京地判昭和 37・12・3 判時 323 号 33 頁。
[14] 東京高判昭和 39・6・8 高刑集 17 巻 5 号 446 頁。同棲中の女性をその部屋で殺害したという特殊事情が認められる事案である。

II 窃盗罪の諸問題　67

る。
　原判決によると，次の事実が認められる。
1　被告人は，いわゆる自動車金融の形式により，出資の受入，預り金及び金利等の取締等に関する法律による利息の制限を免れる外形を採つて高利を得る一方，融資金の返済が滞つたときには自動車を転売して多額の利益をあげようと企て，「車預からず融資，残債有りも可」という広告を出し，これを見て営業所を訪れた客に対し，自動車の時価の二分の一ないし一〇分の一程度の融資金額を提示したうえ，用意してある買戻約款付自動車売買契約書に署名押印させて融資をしていた。契約書に書かれた契約内容は，借主が自動車を融資金額で被告人に売渡してその所有権と占有権を被告人に移転し，返済期限に相当する買戻期限までに融資金額に一定の利息を付した金額を支払つて買戻権を行使しない限り，被告人が自動車を任意に処分することができるというものであり，さらに本件の三一台の自動車のうち二台に関しては，買戻権が行使された場合の外は被告人は「自動車につき直接占有権をも有し，その自動車を任意に運転し，移動させることができるものとする。」という条項を含んでいた。しかし，契約当事者の間では，借主が契約後も自動車を保管し，利用することができることは，当然の前提とされていた。また，被告人としては，自動車を転売した方が格段に利益が大きいため，借主が返済期限に遅れれば直ちに自動車を引き揚げて転売するつもりであつたが，客に対してはその意図を秘し，時たま説明を求める客に対しても「不動産の譲渡担保と同じことだ。」とか「車を引き揚げるのは一〇〇人に一人位で，よほどひどく遅れたときだ。」などと説明するのみであり，客には契約書の写しを渡さなかつた。
2　借主は，契約後も，従前どおり自宅，勤務先等の保管場所で自動車を保管し，これを使用していた。また，借主の中には，買戻権を喪失する以前に自動車を引き揚げられた者もあり，その他の者も，次の営業日か短時日中に融資金を返済する手筈であつた。
3　被告人又はその命を受けた者は，一部の自動車については返済期限の前日又は未明，その他の自動車についても返済期限の翌日未明又は数日中に，借主の自宅，勤務先等の保管場所に赴き，同行した合鍵屋に作らせた合鍵又

は契約当日自動車の点検に必要であるといつて預かつたキーで密かに合鍵屋に作らせたスペアキーを利用し，あるいはレッカー車に牽引させて，借主等に断ることなしに自動車を引き揚げ，数日中にこれらを転売し，あるいは転売しようとしていた。

　以上の事実に照らすと，被告人が自動車を引き揚げた時点においては，自動車は借主の事実上の支配内にあつたことが明らかであるから，かりに被告人にその所有権があつたとしても，被告人の引揚行為は，刑法二四二条にいう他人の占有に属する物を窃取したものとして窃盗罪を構成するというべきであり，かつ，その行為は，社会通念上借主に受忍を求める限度を超えた違法なものというほかはない。したがつて，これと同旨の原判決の判断は正当である。」

解　説

1　本件では，窃盗罪（ないし財産犯）の保護法益の理解が問題となっている。すなわち，窃盗罪は「他人の財物」を客体として規定しながら，刑法242条は「自己の財物であっても，他人が占有」するものをも「他人の財物」とみなすと定めている。そこから，窃盗罪の客体となるのは，他人が所有権その他の本権に基づいて占有する財物に限られるのか（本権説），他人が占有する財物を広く含むのか（占有説）について見解が分かれることになるのである。

　戦前の大審院判例では，財産犯の保護法益に関して，本権説的な理解が示されていた。すなわち，法規によって担保の目的物とすることができないとされていた恩給年金の帯有者が借金の貸主に担保として渡していた恩給証書を窃取したという事案について，窃盗罪・詐欺罪の規定は占有者が適法にその占有権を所有者に対抗できる場合に限って適用されるとして，窃盗罪・詐欺罪の成立が否定されていたのである（恩給担保事件）[15]。これに対して，戦後の最高裁判例は占有説の論理を採用することになった。すなわち，盗品を運搬中の者からそれを喝取した事案について，正当な権利を有しない者の所

---

[15] 大判大正7・9・25刑録24輯1219頁。

持でも法律上の保護を受けるとして恐喝罪の成立を肯定し[16]，隠匿物資である元軍用アルコールを詐取した事案について，物の所持という事実上の状態自体が独立の法益として保護されるとして詐欺罪の成立を肯定した[17]。さらに，法令上担保に供することが禁止されている国鉄公傷年金証書を借金の担保として差し入れていた者が，欺罔手段を用いて取り戻した事案（国鉄年金証書事件）について，大正7年の大審院判例（恩給担保事件）を変更して詐欺罪の成立を肯定したのである[18]。また，譲渡担保権者が譲渡担保権の目的物であり，管財人が保管する自動車を運び去った事案（譲渡担保事件）では，他人の事実上の支配下にある自動車を無断で運び去った行為は窃盗罪に当たるとされている[19]。

2　本決定は，上記の最高裁判例の延長線上に立ち，占有説の論理で問題解決を行うことをより明確化したと評することができる。すなわち，本決定によれば，他人の「事実上の支配内」にある物を被告人がことわりなく取得すれば，「かりに被告人にその所有権があつたとしても」，窃盗罪の構成要件該当性は肯定され，被告人・被害者の権利・義務といった事情は違法性阻却の判断で考慮されるにすぎないのである。そして，本決定は，本件事案について，「社会通念上借主に受忍を求める限度を超えた違法なものというほかはない」として違法性阻却を否定し，窃盗罪の成立を肯定した。

4　占有の取得

5　最決平成19・4・13刑集61巻3号340頁

[事　案]

決定理由参照

---

[16] 最判昭和24・2・8刑集3巻2号83頁。
[17] 最判昭和24・2・15刑集3巻2号175頁。
[18] 最判昭和34・8・28刑集13巻10号2906頁。
[19] 最判昭和35・4・26刑集14巻6号748頁。

[決定理由]

「なお，所論にかんがみ，職権により判断する。

1 原判決の認定及び記録によれば，本件の事実関係は以下のとおりである。

(1) 本件パチンコ店（以下「被害店舗」という。）に設置されている回胴式遊技機（以下「パチスロ機」という。）「甲」は，その内蔵する電子回路の有する乱数周期を使用して大当たりを連続して発生する場合を抽選するものである。

(2) 被告人が身体に隠匿装着していた，電子回路を内蔵するいわゆる体感器と称する電子機器（以下「本件機器」という。）は，その乱数周期を上記パチスロ機の乱数周期と同期させることによって，上記パチスロ機の大当たりを連続して発生させる絵柄をそろえるための回胴停止ボタンの押し順を判定することができる機能を有するもので，専らパチスロ遊戯において不正にメダルを取得する目的に使用されるものである。

(3) 被害店舗では不正なパチスロ遊戯を行うために使用されるいわゆる体感器のような特殊機器の店内への持込みを許しておらず，もとより体感器を用いた遊戯も禁止して，その旨を店内に掲示するなどして客に告知しており，被告人もこのことを認識していた。

(4) 被告人は，当初から本件機器を使用してメダルを不正に取得する意図のもと被害店舗に入店して本件パチスロ機「甲」55番台でパチスロ遊戯を行い，本件機器を用いて大当たりを連続して発生させる絵柄をそろえることに成功するなどし，合計約1524枚のメダルを取得した。

2 以上の事実関係の下において，本件機器がパチスロ機に直接には不正の工作ないし影響を与えないものであるとしても，専らメダルの不正取得を目的として上記のような機能を有する本件機器を使用する意図のもと，これを身体に装着し不正取得の機会をうかがいながらパチスロ機で遊戯すること自体，通常の遊戯方法の範囲を逸脱するものであり，パチスロ機を設置している店舗がおよそそのような態様による遊戯を許容していないことは明らかである。そうすると，被告人が本件パチスロ機「甲」55番台で取得したメダルについては，それが本件機器の操作の結果取得されたものであるか否かを問わず，被害店舗のメダル管理者の意思に反してその占有を侵害し自己の

占有に移したものというべきである。したがって，被告人の取得したメダル約1524枚につき窃盗罪の成立を認めた原判断は，正当である。」

解説

1　窃盗罪が成立するためには，財物の占有者「の意思に反してその占有を侵害し自己の占有に移した」ことが必要である。すなわち，占有者の意思に反した占有移転が窃盗罪の成立要件であり，占有者の意思に基づく移転がある場合には，詐欺罪・恐喝罪の成否が問題となるにとどまることになる。本件の遊戯方法はそもそも当該の店舗において禁止されていたものであるが，本決定は，「通常の遊戯方法の範囲の逸脱」という基準で，限定的に占有者の意思に反することを認めたものといえよう。したがって，この基準によれば，未成年者の立入りが禁止された店舗で未成年者が遊戯により取得したメダルについて窃盗罪が成立することにはならない。また，判例によれば，通常の方法で遊戯していた共犯者が取得したメダルについて窃盗罪は成立しないことになる[20]。

5　不法領得の意思

6　最決昭和 55・10・30 刑集 34 巻 5 号 357 頁

[事　案]

決定理由参照

[決定理由]

「なお，原判決及びその是認する第一審判決によれば，被告人は，深夜，広島市内の給油所の駐車場から，他人所有の普通乗用自動車（時価約二五〇万円相当）を，数時間にわたつて完全に自己の支配下に置く意図のもとに，所有者に無断で乗り出し，その後四時間余りの間，同市内を乗り廻していたというのであるから，たとえ，使用後に，これを元の場所に戻しておくつもり

---

[20] 最決平成 21・6・29 刑集 63 巻 5 号 461 頁。

であつたとしても、被告人には右自動車に対する不正領得の意思があつたというべきである（最高裁昭和四二年（あ）第二四七八号同四三年九月一七日第三小法廷決定・裁判集一六八号六九一頁参照）。」

解説

1 窃盗罪の不文の成立要件として不法領得の意思（不正領得の意思）を要求するのが判例・通説である（なお、同様に、不動産侵奪罪、強盗罪、詐欺罪、恐喝罪、横領罪でも不法領得の意思が要件となる）。判例は、不法領得の意思を「権利者を排除して他人の物を自己の所有物としてその経済的用法に従い利用、処分する意思」（大判大正4・5・21刑録21輯663頁、最判昭和26・7・13刑集5巻8号1437頁参照）と理解しており、「排除意思」と「利用意思」とがその内容となる。学説における多数の見解も同様に理解している[21]。「排除意思」によって、不可罰となる財物の一時使用と窃盗罪との限界を画し、「利用意思」によって、毀棄罪と窃盗罪との限界を画しているのである。

2 本件では、自動車の一時使用が問題となっている。窃盗罪は財物の占有を取得した時点で既遂となるから、その段階で財物を一時使用する意思があるにすぎない場合であれば、一時使用として窃盗罪の成否が問題となり、実際に一時使用にとどまったのか否かは関係がない。本件でも、自動車を「所有者に無断で乗り出し」た時点での犯人の意思が問題となるのである。

判例は、当初、自転車を一時使用して返還する意思がある場合には窃盗罪は成立しないとしながら、無断使用後破壊し又は乗り捨てる意思がある場合には、不法領得の意思があり窃盗罪が成立するとしていた[22]。返還意思がある以上財物が所有者から失われるものではなく、一時的な利用妨害が生じるにすぎない（窃盗罪不成立）が、破壊等をする意思がある場合には、財物の利用妨害は持続的に生じることが見込まれる（窃盗罪成立）といえる。しかしながら、その後、盗品の運搬に利用するため、他人の自動車を夜間無断で使用しては翌朝までに戻すことを繰り返していた事案において、本決定も引用する判例は、「窃盗品の運搬に使用したり、あるいは、その目的をもって、相

---

[21] 学説の状況については、山口・前出注（12）198頁参照。
[22] 大判大正9・2・4刑録26輯26頁。

当長時間にわたって乗り廻しているのであるから」，無断使用後元の位置に戻しておいたにしても，不法領得の意思があると解するに至った[23]。返還意思があった場合でも窃盗罪が成立するとされたことに注目する必要がある。本件では，夜間とはいえ，価値の高い自動車を相当長時間利用する意思があったことが重要である。また，不法目的への言及は，不法目的での利用であれば，それは所有者の意思に反することがより明らかであり，また意思に反する程度も高いということとして理解することもできよう。

本決定は，かなり価値の高い自動車（当時の時価にして約250万円）を数時間にわたり利用する意思がある以上，不法領得の意思があったとしている。価値の高い財物については[24]，夜間とはいえ，数時間利用する意思であれば，返還する意思があっても，不法領得の意思が認められうることが示された点で重要であるといえよう。

3　なお，秘密資料をコピーする目的で一時持ち出す事案については，最高裁判例はないものの，不法領得の意思があることで実務は確定しているといえる[25]。

7　最決平成 16・11・30 刑集 58 巻 8 号 1005 頁

[事　案]

決定理由参照

[決定理由]

「所論にかんがみ，第1審判決判示第3の犯罪事実について，職権で判断する。

1　原判決及びその是認する第1審判決の認定並びに記録によれば，本件の事実関係は，次のとおりである。

---

[23] 最決昭和 43・9・17 裁集刑 168 号 691 頁。
[24] 本決定以前の下級審判決であるが，不法目的ではあるものの，自転車を夜間短時間利用する意思であった場合に不法領得の意思を否定したものとして，京都地判昭和 51・12・17 判時 847 号 112 頁がある。
[25] 東京地判昭和 55・2・14 刑月 12 巻 1=2 号 47 頁，東京地判昭和 59・6・15 刑月 16 巻 5=6 号 459 頁など。

被告人は，金員に窮し，支払督促制度を悪用して叔父の財産を不正に差し押さえ，強制執行することなどにより金員を得ようと考え，被告人が叔父に対して6000万円を超える立替金債権を有する旨内容虚偽の支払督促を申し立てた上，裁判所から債務者とされた叔父あてに発送される支払督促正本及び仮執行宣言付支払督促正本について，共犯者が叔父を装って郵便配達員から受け取ることで適式に送達されたように外形を整え，叔父に督促異議申立ての機会を与えることなく支払督促の効力を確定させようと企てた。そこで，共犯者において，2回にわたり，あらかじめ被告人から連絡を受けた日時ころに叔父方付近で待ち受け，支払督促正本等の送達に赴いた郵便配達員に対して，自ら叔父の氏名を名乗り出て受送達者本人であるように装い，郵便配達員の求めに応じて郵便送達報告書の受領者の押印又は署名欄に叔父の氏名を記載して郵便配達員に提出し，共犯者を受送達者本人であると誤信した郵便配達員から支払督促正本等を受け取った。なお，被告人は，当初から叔父あての支払督促正本等を何らかの用途に利用するつもりはなく速やかに廃棄する意図であり，現に共犯者から当日中に受け取った支払督促正本はすぐに廃棄している。

　2　以上の事実関係の下では，郵便送達報告書の受領者の押印又は署名欄に他人である受送達者本人の氏名を冒書する行為は，同人名義の受領書を偽造したものとして，有印私文書偽造罪を構成すると解するのが相当であるから，被告人に対して有印私文書偽造，同行使罪の成立を認めた原判決は，正当として是認できる。

　他方，本件において，被告人は，前記のとおり，郵便配達員から正規の受送達者を装って債務者あての支払督促正本等を受領することにより，送達が適式にされたものとして支払督促の効力を生じさせ，債務者から督促異議申立ての機会を奪ったまま支払督促の効力を確定させて，債務名義を取得して債務者の財産を差し押さえようとしたものであって，受領した支払督促正本等はそのまま廃棄する意図であった。このように，郵便配達員を欺いて交付を受けた支払督促正本等について，廃棄するだけで外に何らかの用途に利用，処分する意思がなかった場合には，支払督促正本等に対する不法領得の意思を認めることはできないというべきであり，このことは，郵便配達員か

らの受領行為を財産的利得を得るための手段の一つとして行ったときであっても異ならないと解するのが相当である。そうすると，被告人に不法領得の意思が認められるとして詐欺罪の成立を認めた原判決は，法令の解釈適用を誤ったものといわざるを得ない。」

解説

1 不法領得の意思における「利用意思」によって，毀棄罪（258条以下）から窃盗罪（235条）が区別されることになる。すなわち，単なる毀棄又は隠匿の意思で他人の財物を取得する行為については，不法領得の意思が欠け，毀棄罪が成立するにすぎない（物の効用の毀損により毀棄となるから，財物を利用できない状態にすれば，毀棄罪が成立しうることになる）。学校の教員が校長に対する不満からその失脚を図り，教育勅語等を持ち出して受持教室の天井裏に隠匿した事案（教育勅語事件）で，判例はこのような理由から窃盗罪の成立を否定しているのである[26]。同様に，競売を延期させるために競売記録を持ち出して隠匿した事案[27]，自動車登録原簿を一時利用できないようにするために設置場所から持ち去った事案[28]，報復目的で動力鋸を持ち出して海中に投棄した事案[29]などについて，不法領得の意思が否定されている。また，犯行の発覚を防ぐために死体から貴金属を取り去った事案についても，「財物から生ずる何らかの効用を享受する意思」がなく，不法領得の意思は認められないとした裁判例もあった[30]。

これらに対し，手提げ金庫を持ち出して川に投棄したが，それは自己の犯行を隠蔽するためであったという事案について不法領得の意思を認めた裁判例がかつてあり[31]，物取りを装う意図で金品を奪い自宅に隠した事案について，単に物を廃棄したり隠匿したりする意思にとどまらないとして不法領得

---

[26] 大判大正4・5・21刑録21輯663頁。なお，同判決は，公務員の職務は「業務」に含まれないとして，偽計業務妨害罪の成立も否定していた。
[27] 大判昭和9・12・22刑集13巻1789頁。
[28] 東京高判昭和30・4・19高刑集8巻3号337頁。
[29] 仙台高判昭和46・6・21高刑集24巻2号418頁。
[30] 東京地判昭和62・10・6判時1259号137頁。
[31] 大阪高判昭和24・12・5判特4号3頁。

の意思を認めた裁判例が存在している[32]。

2　1で述べたような状況において，本決定は，「廃棄するだけで外に何らかの用途に利用，処分する意思がなかった場合」には，それが財産的利得を得るための手段の一つとしてなされたものであっても，不法領得の意思を認めることはできないとの判断を示した。これは，1の最後で述べたような取得した物は毀棄・隠匿するだけであるが，それを犯行の隠蔽といった何らかの目的で行った場合には不法領得の意思を肯定する余地を認める見解に一定の歯止めをかけたものと理解することができるであろう。この点で重要である。

なお，本件は詐欺罪の事案であるが，詐欺罪についても，すでに触れたように，不法領得の意思は当然成立要件となる。一般の教科書等で論じられていないのは，その内容が窃盗罪と異なるところがないと解されていることによる（これに対して，横領罪で論じられているのは，「横領」の意義の解釈として必要であり，また，判例における不法領得の意思の解釈が窃盗罪のそれとやや趣を異にしていることによる）。

3　本決定は，郵便送達報告書の受領者の押印又は署名欄に他人である受送達者本人の氏名を冒署する行為について，同人名義の受領書を偽造（159条1項）したものであり，単に署名偽造罪（167条1項）にとどまるものではないとしているが，この点も重要である。

III　不動産侵奪罪

8　最決平成11・12・9刑集53巻9号1117頁

［事　案］
決定理由参照

---

[32] 東京高判平成12・5・5判時1741号157頁。

［決定理由］

「なお，所論にかんがみ，不動産侵奪罪の成否について，職権で判断する。原判決の認定した事実は，次のとおりである。

株式会社Ａ工務店（以下「Ａ工務店」という。）は，埼玉県東松山市内の宅地一四九六平方メートル（以下「本件土地」という。）を地上の作業所兼倉庫等の建物五棟とともに所有していたものであるが，振り出した小切手が不渡りとなったことから，平成八年二月二八日，債権者の一人である株式会社Ｂ経営サポート（以下「Ｂ経営」という。）の要求により，同社に本件土地及び地上建物の管理を委ねた。Ｂ経営が取得した権利は，地上建物の賃借権及びこれに付随する本件土地の利用権を超えるものではなかった。Ｂ経営は，同月下旬，右の権利を競売物件の売買仲介業を営むＣ物産株式会社（以下「Ｃ物産」という。）に譲り渡した。そのころ，Ａ工務店は，代表者が家族ともども行方をくらましたため，事実上廃業状態となった。建築解体業を営む被告人Ｘは，同年三月五日，Ｃ物産から右の権利を買受けて，本件土地の引渡しを受けた後，これを廃棄物の集積場にしようと企て，そのころから同月三〇日ころまでの間に，従業員である被告人Ｙとともに，本件土地上に建設廃材や廃プラスチック類等の混合物からなる廃棄物約八六〇六・六七立方メートルを高さ約一三・一二メートルに堆積させ，容易に原状回復をすることができないようにした。

以上のような事実関係の下においては，本件土地の所有者であるＡ工務店は，代表者が行方をくらまして事実上廃業状態となり，本件土地を現実に支配管理することが困難な状態になったけれども，本件土地に対する占有を喪失していたとはいえず，また，被告人らは，本件土地についての一定の利用権を有するとはいえ，その利用権限を超えて地上に大量の廃棄物を堆積させ，容易に原状回復をすることができないようにして本件土地の利用価値を喪失させたというべきである。そうすると，被告人らは，Ａ工務店の占有を排除して自己の支配下に移したものということができるから，被告人両名につき不動産侵奪罪の成立を認めた原判決の判断は，相当である。」

解説

1　本決定は，本件土地を実効的に支配しているとはいいがたい所有者について，当該の土地に対する占有を肯定し，本件行為について不動産侵奪罪（235条の2）の成立を肯定している。このように，登記済み不動産については，登記簿上の所有権を有する者について，広く占有を肯定することができる。なぜなら，占有は最終的には社会通念に従って判断されるが，実効的な支配がなくとも所有権登記があれば，移動しない不動産については，登記名義を有するという法的な支配関係が決定的に重要である以上，所有者の支配をなお肯定できるからである。このようなことが認められなければ，遠隔地にある土地等は保護されないことになってしまい，妥当でないことが明らかであろう。

　また，本件では，被告人には本件土地に対する一定の利用権に基づく事実的な支配，すなわち土地に対する直接的な支配が認められる。そうだとしても，所有者にはこのような直接的な支配・占有と併存する重畳的な占有を認めることができることを本決定は示しているといえる。このような重畳的な占有を排除すれば，土地について直接的な支配を有する被告人について，なお，不動産侵奪罪が成立しうることになることも本決定の示すところと理解することができよう。

2　なお，土地に対する直接的な支配を有する被告人について，本件土地に対する横領罪が成立しないかが問題となろう。これを肯定する見解もあるが，しかしながら，横領罪における不動産の占有は登記による占有に限られるべきであると解される。なぜなら，そうでなければ，土地に関する利用権・利用利益は侵害しえても，保護法益である所有権を法的・事実的に侵害することはできないからである。したがって，本件行為については，横領罪は成立せず，所有者の重畳的占有を侵害するため，不動産侵奪罪が成立することに実際上も重要な意義があることになる。

9　最決平成12・12・15刑集54巻9号1049頁

［事　案］

　決定理由参照

［決定理由］
「なお，所論にかんがみ，職権によって判断する。
　原判決の認定及び記録によると，本件の事実関係は，次のとおりである。
1　株式会社Ａ不動産は，平成四年一二月ころ，その所有する大阪市中央区所在の宅地一二六・一五平方メートル（以下「本件土地」という。）を，転貸を禁止し，直ちに撤去可能な屋台営業だけを認めるとの約定で，Ｂに無償で貸し渡した。
2　Ｂは，そのころ，本件土地上に，(1)約三六本の鉄パイプをアスファルト面に穴を開けて差し込み，これにねじ締め式器具を使って，長さ約三メートルの鉄パイプを縦につないで支柱とし，(2)支柱の上部，下部及び高さ約一・五メートルの部分に，右器具を使って鉄パイプを横に渡し，(3)以上の骨組みの上面に，鉄パイプを網の目状に配して右器具でつなぎ，その上に角材を載せて針金で固定した上，トタンの波板等をくぎ付けして屋根にし，(4)側面にビニールシートを垂らし鉄パイプにひもで結び付けて壁面とするという方法により，Ｌ字型の仮設の店舗を構築した。Ｂは，その後，さらに，(1)約四本の鉄パイプを埋設してセメントで固定し，(2)右パイプの上部から既存の鉄パイプに鉄パイプを渡して溶接して固定し，(3)その上部に塩化ビニール樹脂の波板を張って屋根にし，側面にビニールシートを垂らして壁面とするという方法により，これをく形にするための増築を加えた。
3　Ｂは，前記施設（以下「本件施設」という。）で飲食業を営んでいたが，平成六年六月ころ，Ｃに対し，本件土地を転貸や直ちに撤去できる屋台以外の営業が禁止されていることを伝えて賃貸し，本件土地及び本件施設を引き渡した。
4　Ｃもまた，本件施設で飲食業を営んでいたが，同年一一月ころ，被告人に対し，本件土地を転貸や直ぐ撤去できる屋台以外の営業が禁止されていることを伝えて賃貸し，本件土地及び本件施設を引渡した。
5　被告人は，同月下旬ころから同年一二月一日ころにかけて，(1)本件施設の側面の鉄パイプにたる木を縦にくくり付けるなどした上，これに化粧ベニヤを張り付けて内壁を作り，(2)本件土地上にブロックを置き，その上

に角材を約一メートル間隔で敷き，これにたる木を約四五センチ間隔で打ち付け，その上にコンクリートパネルを張って床面を作り，(3) 上部の鉄パイプにたる木をくくり付けるなどした上，天井ボードを張り付けて天井を作り，(4) たる木に化粧ベニヤを両面から張り付けて作った壁面で内部を区切って八個の個室を作り，各室にシャワーや便器を設置するという方法により，風俗営業のための店舗（以下「本件建物」という。）を作った。

6　本件建物は，本件施設の骨組みを利用して作られたものであるが，同施設に比べて，撤去の困難さは，格段に増加していた。

　以上によれば，Bが本件土地上に構築した本件施設は，増築前のものは，A不動産との使用貸借契約の約旨に従ったものであることが明らかであり，また，増築後のものは，当初のものに比べて堅固さが増しているとはいうものの，増築の範囲が小規模なものである上，鉄パイプの骨組みをビニールシートで覆うというその基本構造には変化がなかった。ところが，被告人が構築した本件建物は，本件施設の骨組みを利用したものではあるが，内壁，床面，天井を有し，シャワーや便器を設置した八個の個室からなる本格的店舗であり，本件施設とは大いに構造が異なる上，同施設に比べて解体・撤去の困難さも格段に増加していたというのであるから，被告人は，本件建物の構築により，所有者であるA不動産の本件土地に対する占有を新たに排除したものというべきである。したがって，被告人の行為について不動産侵奪罪が成立するとした原判断は，正当である。」

解　説

1　不動産侵奪罪は他人が占有する「他人の不動産」を侵奪することによって成立する。侵奪というためには，他人の占有を排除する必要があるから，不動産の賃借人が契約終了後なお居座っているような場合には不動産侵奪罪は成立しない[33]。より積極的な占有の排除が必要となるのである。

　判例8の解説でも述べたように，土地については利用権を有して直接的な支配・占有を有する者が存在しても，所有者の土地に対する重畳的占有が認

---

[33] 東京高判昭和53・3・29高刑集31巻1号48頁参照。

められうるため，そのような重畳的占有を「新たに排除」すれば不動産侵奪罪は成立しうる。本決定はこのことを示したものであり，従来は，このことは，すでに不動産に対して占有を有する場合であっても，「占有の質的変化」が生じた場合には，なお不動産侵奪罪が成立すると説明されていたのである。

IV　親族間の犯罪に関する特例

10　最決平成 20・2・18 刑集 62 巻 2 号 37 頁

[事　案]
決定理由参照

[決定理由]
「なお，所論にかんがみ，被告人 A の業務上横領罪について，職権で判断する（以下，同被告人を，単に「被告人」という。）。

1　本件は，家庭裁判所から選任された未成年後見人である被告人が，共犯者 2 名と共謀の上，後見の事務として業務上預かり保管中の未成年被後見人の貯金を引出して横領したという業務上横領の事案であるところ，所論は，被告人は，未成年被後見人の祖母であるから，刑法 255 条が準用する同法 244 条 1 項により刑を免除すべきであると主張する。

2　しかしながら，刑法 255 条が準用する同法 244 条 1 項は，親族間の一定の財産犯罪については，国家が刑罰権の行使を差し控え，親族間の自律にゆだねる方が望ましいという政策的な考慮に基づき，その犯人の処罰につき特例を設けたにすぎず，その犯罪の成立を否定したものではない（最高裁昭和 25 年（れ）第 1284 号同年 12 月 12 日第三小法廷判決・刑集 4 巻 12 号 2543 頁参照）。

一方，家庭裁判所から選任された未成年後見人は，未成年被後見人の財産を管理し，その財産に関する法律行為について未成年被後見人を代表するが（民法 859 条 1 項），その権限の行使に当たっては，未成年被後見人と親族関

係にあるか否かを問わず，善良な管理者の注意をもって事務を処理する義務を負い（同法869条，644条），家庭裁判所の監督を受ける（同法863条）。また，家庭裁判所は，未成年後見人に不正な行為等後見の任務に適しない事由があるときは，職権でもこれを解任することができる（同法846条）。このように，民法上，未成年後見人は，未成年被後見人と親族関係にあるか否かの区別なく，等しく未成年被後見人のためにその財産を誠実に管理すべき法律上の義務を負っていることは明らかである。

　そうすると，未成年後見人の後見の事務は公的性格を有するものであって，家庭裁判所から選任された未成年後見人が，業務上占有する未成年被後見人所有の財物を横領した場合に，上記のような趣旨で定められた刑法244条1項を準用して刑法上の処罰を免れるものと解する余地はないというべきである。したがって，本件に同条項の準用はなく，被告人の刑は免除されないとした原判決の結論は，正当として是認することができる。」

解　説

　1　本決定は，刑法244条が定める親族間の犯罪に関する特例（親族相盗例ともいう）の趣旨について判断を示している。それは，「親族間の一定の財産犯罪については，国家が刑罰権の行使を差し控え，親族間の自律にゆだねる方が望ましいという政策的な考慮」に基づくとする理解である。これは，政策説とも呼ぶべき見解であり[34]，学説には，そのほか，親族間では所有・占有関係が合同的で区別が明確ではないから，法益侵害が軽微だとする違法減少説，親族関係という誘惑的要因のために責任が減少すると解する責任減少説が存在する[35]。しかし，244条が適用される親族間すべてに違法減少，責任減少を認めることができる状況があるとはいえず，違法減少説や責任減少説には理論的な説明として無理があることは否定しがたい。そういう考慮からすると，上記のような政策説的理解を採ることが考えられることになるといえよう。

　判例によれば，親族間の犯罪に関する特例が適用されるためには，所有者

---

[34] 最判昭和25・12・12刑集4巻12号2543頁参照。
[35] 山口・前出注（12）209頁参照。

及び占有者と犯人との間に親族関係の認められることが必要である[36]。親族以外の利害関係者がいる場合には「親族間の犯罪」とはいえないから，このように理解することが基礎付けられる。

　また，判例は，244条1項が規定する必要的免除の範囲を明確にする必要があるという理由で，内縁の配偶者について同項の適用・類推適用を否定している[37]。内縁関係の実態は多様であり，同項の適用・類推適用の限界を画することに困難があるほか，刑法244条が前提とする政策的な考慮に今日どの程度の意義があるのか疑問があることからすれば，積極的に同項の適用・類推適用を考慮することの必要性にも疑問が生じるといえよう。

　2　本件は，未成年者被後見人の親族（直系血族）である未成年者後見人が，未成年者被後見人の財産を横領したという事案であるが，本決定は，未成年者後見人は家庭裁判所によって選任され，その事務は公的性格を有するものであるから，刑法244条1項の準用を認めることはできないとしている。そのような公的性格を有する事務を遂行する者については，たとえ被害者の親族であっても，問題は親族間にとどまらず，公的な関心事項となるべきものであるから，「親族間の自律にゆだねる方が望ましい」とはいえないのである。

V　強盗罪の諸問題

1　強　取

11　最判昭和24・2・8刑集3巻2号75頁

[事　案]

判決理由参照

---

[36] 最決平成6・7・19刑集48巻5号190頁。
[37] 前出注（36）最決平成6・7・19。

[判決理由]

　「他人に暴行又は脅迫を加えて財物を奪取した場合に，それが恐喝罪となるか強盗罪となるかは，その暴行又は脅迫が，社会通念上一般に被害者の反抗を抑圧するに足る程度のものであるかどうかと云う客観的基準によつて決せられるのであつて，具体的事案の被害者の主観を基準としてその被害者の反抗を抑圧する程度であつたかどうかと云うことによつて決せられるものではない。原判決は所論の判示第二の事実について，被告人等三名が昭和二二年八月二三日午後十一時半頃被害者方に到り，判示の如く匕首を示して同人を脅迫し同人の差出した現金二百円を強取し，更に財布を捥ぎ取つた事実を認定しているのであるから，右の脅迫は社会通念上被害者の反抗を抑圧するに足る程度のものであることは明かである。従つて右認定事実は強盗罪に該当するものであつて，仮りに所論の如く被害者Ａに対しては偶々同人の反抗を抑圧する程度に至らなかつたとしても恐喝罪となるものではない。」

解　説

　1　強盗罪（236条）は，暴行又は脅迫により，被害者の反抗を抑圧して財物等を奪取することによって成立する。強盗罪の手段としての暴行・脅迫は，暴行罪（208条）における暴行，脅迫罪（222条）における脅迫とは異なり，被害者の反抗を抑圧するに足りる程度のものであることを必要とする。暴行・脅迫がその程度に達していたか否かによって，強盗罪と恐喝罪（249条）とは区別されることになるのである。

　本判決は，暴行・脅迫がそうした性質を備えているか否かは，「社会通念上一般に被害者の反抗を抑圧するに足る程度のものであるかどうかと云う客観的基準」により判断され，「具体的事案の被害者の主観を基準としてその被害者の反抗を抑圧する程度であつたかどうかと云うこと」によるのではないとする。したがって，「脅迫は社会通念上被害者の反抗を抑圧するに足る程度のものであること」が明らかな以上は，「被害者Ａに対しては偶々同人の反抗を抑圧する程度に至らなかつたとしても恐喝罪となるものではない」と判示している。

　2　しかしながら，強盗罪の本質的要件が，暴行・脅迫による反抗抑圧に

基づく財物の奪取だと解する限り，実際に被害者の反抗が抑圧されることが強盗既遂罪の成立を肯定するためには必要であるというのが，学説の一般的理解である。財物奪取の目的で，「社会通念上一般に被害者の反抗を抑圧するに足る程度」の暴行・脅迫が用いられれば強盗未遂罪は成立し，その意味で，強盗未遂罪の要件としての暴行・脅迫は「社会通念上一般に被害者の反抗を抑圧するに足る程度」のもので足りるといえよう。しかし強盗既遂罪の成立を認めるためには，実際に被害者の反抗が抑圧されたことが必要であり，現在の実務も実際にはそのように解していると思われる。この意味では，本判決の実際的意義は失われたものと理解することができよう。

12 最決昭和61・11・18刑集40巻7号523頁

[事　案]

　決定理由参照

[決定理由]

　「所論にかんがみ，原判決の維持した第一審判決の認定事実第一に対する擬律の問題につき職権で判断する。

　一，二審判決の認定するところによると，本件事案の概要は次のとおりである。

　被告人が属していた暴力団A一家と，被害者Bが属していた暴力団C会とは，かねて対立抗争中であつた。A一家D組組長Dは，知人である一，二審相被告人Eと話し合つた結果，EがかねてBを知つており，覚せい剤取引を口実に同人をおびき出せることがわかつたので，C会C組幹部であるBを殺害すればC会の力が弱まるし，覚せい剤を取ればその資金源もなくなると考え，Eにその旨を伝えた。Eは，Bに対し，覚せい剤の買手がいるように装つて覚せい剤の取引を申し込み，Bから覚せい剤一・四キログラムを売る旨の返事を得たうえ，Fも仲間に入れ，昭和五八年一一月一〇日，D，その舎弟分のA一家G組組長G及びGの配下の被告人と博多駅付近で合流した。被告人，E，D，G，Fの五名が一緒にいた際に，Eは，被告人に対し「C会の幹部をホテルに呼び出す。二部屋とつて一つにC会の幹部を

入れ、もう一つの部屋にはお前が隠れておれ。俺が相手の部屋に行きしばらく話をしたのち、お前に合図するから、俺と一緒についてこい。俺がドアを開けるからお前が部屋に入ってチヤカ（拳銃）をはじけ。俺はそのとき相手から物（覚せい剤）を取って逃げる」と言って犯行手順を説明し、被告人もこれに同調した。なお、この際、奪った覚せい剤は全部Eの方で自由にするということに話がまとまった。ところが、その後、Eは右犯行手順の一部を変更し、被告人に対し「俺が相手の部屋で物を取りその部屋を出たあとお前の部屋に行って合図するから、そのあとお前は入れ替わりに相手の部屋に入って相手をやれ」と指示し、翌一一日午前に至り、福岡市博多区博多駅前〇丁目〇番〇号所在のHホテル三〇三号室にBを案内し、同人の持参した覚せい剤を見てその値段を尋ねたりしたあと、先方（買主）と話をしてくると言って三〇九号室に行き、そこで待機している被告人及びFと会って再び三〇三号室に戻り、Bに対し「先方は品物を受け取るまでは金はやれんと言うとる」と告げると、Bは「こっちも金を見らんでは渡されん」と答えてしばらくやりとりが続いたあと、Bが譲歩して「なら、これあんたに預けるわ」と言いながらEに覚せい剤約一・四キログラム（以下、「本件覚せい剤」という。）を渡したので、Eはこれを受け取ってその場に居合わせたFに渡し、Bに「一寸待ってて」と言い、Fと共に三〇三号室を出て三〇九号室に行き、被告人に対し「行ってくれ」と述べて三〇三号室に行くように指示し、Fと共に逃走した。被告人はEと入れ替わりに三〇三号室に入り、同日午前二時ころ、至近距離からBめがけて拳銃で弾丸五発を発射したが、同人が防弾チョッキを着ていたので、重傷を負わせたにとどまり、殺害の目的は遂げなかった。

　以上の事実は、記録に徴し概ねこれを是認することができる。但し、一、二審判決が、被告人がEと入れ替わりに三〇三号室に入ったと判示している点については、記録によると、EとFは、三〇三号室でBから本件覚せい剤を受け取るや直ちに三〇九号室に赴き、そこで本件覚せい剤をかねて準備していたショルダーバッグに詰め込み、靴に履き替えるなどして、階段を三階から一階まで駆け降りてHホテルを飛び出し、すぐ近くでタクシーを拾い、小倉方面に向かって逃走したが、Eは、三〇九号室において被告人に

少し時間を置いてから三〇三号室に行くように指示し，被告人もEらが出ていつてから少し時間を置いて三〇三号室に向かつたことが認められ，したがつて，被告人がBに対し拳銃発射に及んだ時点においては，EとFはすでにHホテルを出てタクシーに乗車していた可能性も否定できないというべきであつて，一，二審判決の判示は，措辞やや不適切というべきである（Eが用いた口実からして，Bは，Eが買主に本件覚せい剤の品定めをさせ，値段について話し合い，現金を数えるなどしてから戻つて来ると誤信させられていたことになるから，文字どおりEと入れ替わりに被告人が三〇三号室に入るのはいかにも不自然である。）。

　右事実につき，原判決は，(1) EはBの意思に基づく財産的処分行為を介して本件覚せい剤の占有を取得したとはいえず，これを奪取したものとみるべきであること，(2) あらかじめ殺人と金品奪取の意図をもつて，殺害と奪取が同時に行われるときはもとより，これと同視できる程度に日時場所が極めて密着してなされた場合も強盗殺人罪の成立を認めるべきであること，(3) このように解することは，強盗殺人（ないし強盗致死傷）罪が財産犯罪と殺傷犯罪のいわゆる結合犯であることや，法が事後強盗の規定を設けている趣旨にも合致すること，(4) 本件の場合，もともとBを殺害して覚せい剤を奪取する計画であつたところ，後に計画を一部変更して覚せい剤を奪取した直後にBを殺害することにしたが，殺害と奪取を同一機会に行うことに変わりはなく，右計画に従つて実行していること，などの理由を説示して，被告人（及びE）に対しいわゆる一項強盗による強盗殺人未遂罪の成立を認め，これと結論を同じくする第一審判決を支持している。

　しかしながら，まず，右 (1) についてみると，前記一，二審認定事実のみを前提とする限りにおいては，EらがBの財産的処分行為によつて本件覚せい剤の占有を取得したものとみて，被告人らによる本件覚せい剤の取得行為はそれ自体としては詐欺罪に当たると解することもできないわけではないが（本件覚せい剤の売買契約が成立したことになつていないことは，右財産的処分行為を肯認する妨げにはならない。），他方，本件覚せい剤に対するBの占有は，Eらにこれを渡したことによつては未だ失われず，その後EらがBの意思に反して持ち逃げしたことによつて失われたものとみて，本件覚せい剤の取得行為は，それだけをみれば窃盗罪に当たると解する余地もあり，以上のいず

れかに断を下すためには，なお事実関係につき検討を重ねる必要がある。ところで，仮に右の点について後者の見解に立つとしても，原判決が（2）において，殺害が財物奪取の手段になつているといえるか否かというような点に触れないで，両者の時間的場所的密着性のみを根拠に強盗殺人罪の成立を認めるべきであるというのは，それ自体支持しがたいというほかないし，(3)で挙げられている結合犯のことや，事後強盗のことが，(2)のような解釈を採る根拠になるとは，到底考えられない。また，(4)で，もともとの計画が殺害して奪取するというものであつたと指摘している点も，現に実行された右計画とは異なる行為がどのような犯罪を構成するのかという問題の解決に影響するとは思われない。本件においては，被告人が三〇三号室に赴き拳銃発射に及んだ時点では，Eらは本件覚せい剤を手中にして何ら追跡を受けることなく逃走しており，すでにタクシーに乗車して遠ざかりつつあつたかも知れないというのであるから，その占有をすでに確保していたというべきであり，拳銃発射が本件覚せい剤の占有奪取の手段となつているとみることは困難であり，被告人らが本件覚せい剤を強取したと評価することはできないというべきである。したがつて，前記のような理由により本件につき強盗殺人未遂罪の成立を認めた原判決は，法令の解釈適用を誤つたものといわなければならない。

　しかし，前記の本件事実関係自体から，被告人による拳銃発射行為は，Bを殺害して同人に対する本件覚せい剤の返還ないし買主が支払うべきものとされていたその代金の支払を免れるという財産上不法の利益を得るためになされたことが明らかであるから，右行為はいわゆる二項強盗による強盗殺人未遂罪に当たるというべきであり（暴力団抗争の関係も右行為の動機となつており，被告人についてはこちらの動機の方が強いと認められるが，このことは，右結論を左右するものではない。），先行する本件覚せい剤取得行為がそれ自体としては，窃盗罪又は詐欺罪のいずれに当たるにせよ，前記事実関係にかんがみ，本件は，その罪と（二項）強盗殺人未遂罪のいわゆる包括一罪として重い後者の刑で処断すべきものと解するのが相当である。したがつて，前記違法をもつて原判決を破棄しなければ著しく正義に反するものとは認められない。」

解　説

1　本決定は，本件事実について1項強盗による強盗殺人未遂罪（240条・243条）の成立を認めた原判決は法令の解釈適用を誤ったものとして，窃盗罪又は詐欺罪と2項強盗による強盗殺人未遂罪の包括一罪とすべきだとしている。ここには検討を要するいくつかの問題が含まれている。

まず，問題となるのは，強盗の手段としての暴行（本件では，B殺害のための拳銃発射）によって財物の奪取が生じたのかということである。原判決は，殺害と財物奪取とが同時になされたと同視できる程度に日時場所が極めて密着してなされた場合も強盗殺人罪の成立を認めるべきであるとしているが，本決定は，拳銃発射が本件覚せい剤の占有奪取の手段となっていることを要求し，拳銃発射時には覚せい剤の占有はすでに確保されていたから，拳銃発射が覚せい剤の占有奪取の手段となっていたとはいえず，被告人らが覚せい剤を強取したとはいえないから，1項強盗による強盗殺人未遂罪の成立を肯定することはできないとしている。被害者の反抗を抑圧するに足りる暴行・脅迫が実際に財物奪取の手段となった場合に，財物の強取を肯定することができるわけである。そうでなければ，窃盗既遂罪・同未遂罪が先行する場合に，事後強盗罪（238条）又は2項強盗による強盗殺人罪の成否が問題となるにすぎないといえる。

2　本件で，Bを欺き，覚せい剤を取得した事実が窃盗罪となるのか詐欺罪となるのかも問題となる。これは，交付行為の有無によって窃盗罪と詐欺罪とが区別されることに係わる問題である。本件で，BがEらに覚せい剤を渡したことにより，その占有移転が生じるということであれば，交付意思に基づく占有移転があり詐欺罪が成立することになる。これに対して，Bの意思によって「占有の弛緩」が生じているにすぎず，EらがHホテルからこれを持ち逃げすることによって占有移転が生じるというのであれば，Bの意思に反する占有移転があり窃盗罪が成立することになる。本決定は，このいずれかを未確定のままにしているが，いずれにせよ最終的な処断刑に変わりはない。

3　Eらが覚せい剤をBから取得した事実について，詐欺罪が成立するのか窃盗罪が成立するのか，いずれにしても，本決定は2項強盗による強盗

殺人未遂罪が成立すると解している。それは，被告人による拳銃発射はBを殺害して覚せい剤の返還又はその代金を免れる目的でなされたものと認められるからである。Bを欺くことによって覚せい剤の売買契約が成立したとみる（この場合には，詐欺罪が成立することになろう）のであれば代金請求権の免脱を問題とすることになるし，そうでなければ（この場合には，窃盗罪又は詐欺罪が考えられる）覚せい剤返還の免脱を問題とすることになる。

　いずれにせよ，覚せい剤の返還請求権又は代金請求権はいずれも不法な請求権であるが，2項強盗罪によって保護されるとするのが本決定の立場である。これは，窃盗罪ほかの財産犯の保護法益について占有説を判例が採用していること（判例4参照）に基づいているといえよう。

　4　本決定は，結論として，窃盗罪又は詐欺罪と2項強盗による強盗殺人未遂罪の包括一罪が成立するとしている。覚せい剤の取得とその返還請求権又は代金請求権の免脱とは実質的に一体的な利益を捉えることが可能であり，取得行為と免脱行為も本件の事実関係の下では一体的なものといえるため，包括一罪とみることができることになるのである。

13　東京高判平成20・3・19判タ1274号342頁

[事　案]

　判決理由参照

[判決理由]

　「(1)　論旨は，原判決は，被告人が，被害者に対して強制わいせつ罪の暴行・脅迫を加えた後に，被害者から携帯電話等を奪取した行為につき，新たな暴行・脅迫行為が加えられたとは認められないとしながら，身体の自由に対する侵害行為が継続している以上，新たな暴行があった場合と同視できる，あるいは財物奪取に向けられた暴行であると評価すべきであると判断しているが，この点について，強盗罪が成立する理由が明確になっていないのであり，理由不備があるし，結局，被告人には窃盗罪しか成立しないのであるから，法令適用に誤りがあるという。

　(2)　そこで，被告人に強盗罪が成立するかについて検討するに，次の事

実は，原審証拠により容易に認めることができる。

　ア　被告人は，被害者が勤務する会社から，絵画を購入した際，その従業員であった被害者と知合い，同女に興味を持つようになったが，次第に，被害者の接客態度と販売方法に疑問と怒りを抱くようになった。そこで，被告人は，平成17年10月2日，被害者に対して性的ないたずらをして，それをカメラで撮影して，被害者に仕返しをしようなどと考えて，カメラやマスクなどを携えて，被害者の住居に赴いた。

　イ　被告人は，翌3日午前零時ころ，自宅に帰宅した被害者に対し，逃げないようにするために，部屋に被害者を押し込み，更に這って逃げようとする被害者を捕まえて，顔面を数回殴打した。その後，被告人は，被害者の顔面にガムテープを，上半身に布団を掛け，目隠しをするとともに，パンティー等を脱がして，下半身の写真を撮った後，更に被害者の両手首を紐で後ろ手に縛って，身動きが困難な状態にした。

　ウ　被告人は，その後，被害者の肛門等にバイブレーターを挿入するなどのわいせつ行為をし，その状況を写真に撮った。

　エ　ウのわいせつ行為を行っている途中，被害者の携帯電話に着信があり，振動音が鳴り響いた（なお，振動音はすぐに鳴りやんだ。）。被告人は，携帯電話を手に取り，ポケットかバッグの中に入れた。

　その時間については，正確には特定できないが，少なくとも，その後も，ウと同様のわいせつ行為は行われた。

　オ　同日午前1時40分ころ，わいせつ行為を終わらせた被告人は，被害者宅から逃走することにした。被告人は，後ろ手に縛った紐を緩めるなどしたが，逃走の時間を確保するために，被害者の両足を更に縛った。逃走する際に，被告人は，被害者から脱がせたパンティーを見つけ，これも持ち去った。

　被害者は，被告人が逃走した後，自ら両手首の紐を外すなどし，自由になった。

　カ　被害者は，被告人からイの殴打を受けた際には，一時意識が朦朧としたが，その後は，意識を失うことはなかった。また，被告人は，わいせつ行為をしている最中も，逃走する際も，被害者が動いていたことを確認してい

キ　被告人は，逃走した後，本件で使用したマスクなどは川に投棄したが，被害者宅から持ち去った携帯電話やパンティーは自宅に保管していた。また，携帯電話のメールを確認して，被害者の交際関係を確認したり，被害者の実家の電話番号を携帯電話で確認して，その住所を調べ，ウで撮影した写真を送付したりした。

　(3)　そこで，検討するに，強制わいせつの目的による暴行・脅迫が終了した後に，新たに財物取得の意思を生じ，前記暴行・脅迫により反抗が抑圧されている状態に乗じて財物を取得した場合において，強盗罪が成立するには，新たな暴行・脅迫と評価できる行為が必要であると解されるが，本件のように被害者が緊縛された状態にあり，実質的には暴行・脅迫が継続していると認められる場合には，新たな暴行・脅迫がなくとも，これに乗じて財物を取得すれば，強盗罪が成立すると解すべきである。すなわち，緊縛状態の継続は，それ自体は，厳密には暴行・脅迫には当たらないとしても，逮捕監禁行為には当たりうるものであって，被告人において，この緊縛状態を解消しない限り，違法な自由侵害状態に乗じた財物の取得は，強盗罪に当たるというべきなのである。緊縛された状態にある被害者は，一切の抵抗ができず，被告人のなすがままにまかせるほかないのであって，被告人の目的が最初は強制わいせつであったが，その後財物取得の意思も生じて財物を取得しても，なすすべが全くない状態に変わりはないのに，その行為が窃盗にすぎないというのは，不当な結論であるといわなければならない。例えば，緊縛状態がなく，強制わいせつの目的による当初の暴行・脅迫により反抗を抑圧された被害害に被告人が「これを寄越せ」とか「貰っておく」と言って財物を取った場合に，その言動が新たな脅迫に当たるとして強盗罪が成立するのであれば，緊縛され問答無用の状態にある被害者から財物を取った場合が強盗罪でないというのは，到底納得できるところではない。

　所論は，携帯電話等の奪取行為は，被害者の認識がないうちになされており，強盗罪は成立しないという。確かに，被害者は，被告人の本件犯行の後になって初めてこれらの物が取られたことに気付いているけれども，(2)のカで認定したとおり，被害者は失神状態にはないし，被告人も失神状態に

あると誤信していたわけではなく，被害者に意識があり，被告人もそのことを認識していた状態の下で緊縛状態が継続していたのであるから，目隠しをされた被害者が物を取られたことに気付いていなかったからといって，結論に差が生じるものでもない。

　所論は，携帯電話を持ち去ったのは，携帯電話の振動音が鳴り響いたので，動揺して反射的にポケットに入れたからであり，パンティーを持ち帰ったのは，わいせつ行為が終わり，たまたま興味本位から手にしたにすぎないものであり，いずれも，被害者の畏怖状態を積極的に利用する意思はないという。しかしながら，(2) のエのとおり，携帯電話の振動音は，直ちに鳴りやんだし，(2) のキのとおり，携帯電話の情報を利用した後に，自宅に保管していることからすれば，動揺して反射的に携帯電話をポケットに入れたなどという被告人の弁解は信用できない。携帯電話とパンティーの奪取は，いずれも，被害者の反抗を抑圧した状態に乗じて行われたことは明らかである。」

解 説

1 本件では，強制わいせつの目的による暴行・脅迫が終了した後に，新たに財物取得の意思を生じ，前記暴行・脅迫により反抗が抑圧されている状態に乗じて財物を取得した場合に強盗罪（236条）が成立するかが問題となっている。この点については，財物取得の意思が生じた後に新たな暴行・脅迫が必要だとする見解（必要説）と反抗抑圧状態に乗じて財物を奪取することで足りるとする見解（不要説）とが対立している。

　判例は，かつて，自己が作出した被害者の畏怖状態を利用することは，暴行・脅迫を用いることと同視できるとして不要説を採っていた[38]。強姦目的での暴行・脅迫が先行する事案について同様の立場に立つ下級審判決も存在している[39]。しかし，裁判例には必要説に立つものも多い[40]。本判決も基本

---

[38] 大判昭和 19・11・24 刑集 23 巻 252 頁，最判昭和 24・12・24 刑集 3 巻 12 号 2114 頁など。
[39] 東京高判昭和 37・8・30 高刑集 15 巻 6 号 488 頁，東京高判昭和 57・8・6 判時 1083 号 150 頁など。
[40] 東京高判昭和 48・3・26 高刑集 26 巻 1 号 85 頁，大阪高判平成元・3・3 判タ 712 号 248 頁

的には必要説の立場に立っている。学説では必要説が通説的地位を占めており，問題とされているのは，すでに畏怖している被害者の畏怖状態を継続しうる暴行・脅迫で足りるから，通常の場合よりも程度の低い暴行・脅迫でもよいのではないかといったことである[41]。

　2　本判決は，必要説に立ちながら，「本件のように被害者が緊縛された状態にあり，実質的には暴行・脅迫が継続していると認められる場合には，新たな暴行・脅迫がなくとも，これに乗じて財物を取得すれば，強盗罪が成立する」と解している。それは「緊縛状態の継続は，それ自体は，厳密には暴行・脅迫には当たらないとしても，逮捕監禁行為には当たりうるものであって，被告人において，この緊縛状態を解消しない限り，違法な自由侵害状態に乗じた財物の取得は，強盗罪に当たるというべき」だとしている。「緊縛された状態にある被害者は，一切の抵抗ができず，被告人のなすがままにまかせるほかないのであって，被告人の目的が最初は強制わいせつであったが，その後財物取得の意思も生じて財物を取得しても，なすすべが全くない状態に変わりはないのに，その行為が窃盗にすぎないというのは，不当な結論であるといわなければならない」というのである。これは，「緊縛状態」という一種の中間的結果の継続を暴行・脅迫と同視するものであるが，財物奪取以外の目的で暴行を加え，被害者を失神させた場合，さらには死亡させた場合（この場合には，判例によれば，「死者の占有」を認め，窃盗罪の成立を肯定することになる）についても全く同様のことがいいうると思われるが，これらの場合に強盗罪の成立を肯定しうるかに疑問があることからすると，これらの場合との均衡も問題となろう。

　3　なお，被害者が財物の奪取を認識していないことが強盗罪の成立を肯定する妨げになるかも問題となるが，財物奪取目的で被害者を失神させ，又は殺害した後に財物を奪取することが強盗罪（強盗致傷罪又は強盗殺人罪）となることからして，消極に解するべきことは明らかだと思われる。

など。
[41] 山口・前出注（12）221頁以下参照。

2 不法利得

14 最判昭和 32・9・13 刑集 11 巻 9 号 2263 頁

[事　案]

判決理由参照

[判決理由]

「第三点は，判例違反及び法令違反を主張するところであり，所論のとおり大審院明治四三年（れ）第八五〇号同年六月一七日判決は，刑法二三六条二項の罪の成立するがためには犯人が他人に財産上作為又は不作為の処分を強制することを要し，債務の履行を免れる目的をもって単に債権者を殺害するがごときは同罪をもって論ずることを得ないものとしている。しかし，右二三六条二項の罪は一項の罪と同じく処罰すべきものと規定され一項の罪とは不法利得と財物強取とを異にする外，その構成要件に何らの差異がなく，一項の罪におけると同じく相手方の反抗を抑圧すべき暴行，脅迫の手段を用いて財産上不法利得するをもって足り，必ずしも相手方の意思による処分行為を強制することを要するものではない。犯人が債務の支払を免れる目的をもって債権者に対しその反抗を抑圧すべき暴行，脅迫を加え，債権者をして支払の請求をしない旨を表示せしめて支払を免れた場合であると，右の手段により債権者をして事実上支払の請求をすることができない状態に陥らしめて支払を免れた場合であるとを問わず，ひとしく右二三六条二項の不法利得罪を構成するものと解すべきである。この意味において前示明治四三年判例は変更されるべきである（なお，大審院昭和六年（れ）第二四八号同年五月八日判決が，犯人において債務の支払を免れるため暴行の手段を用い債権者をしてその支払の請求をなすことを不能ならしめる状態に陥らしめたことをもって，前示明治四三年判例のいわゆる他人に不作為による財産上の処分を強制したものに外ならない旨の附加説示をしている点は，強いて明治四三年判例との調和を図ろうとした説示という外はない）。

本件につき原判決の確定したところによれば，被告人は，大牟田市○○△

番地に居住するA宗教師試補B（明治一九年三月一八日生）と信仰関係で知合の間柄で，同女が多額の金銭を貯えこれを他に融通しているところから，被告人自身も昭和二九年二月頃六万円，同年三月頃五万円，計一一万円を自己の営業費や家族の生計費等に資するため借り受けると共に，その頃同女の他人に対する資金の斡旋取立等を委任されるに至つたが，交付を受けた金員について被告人がほとんど同女の手許までその返済をしなかつたため，被告人に対して不信をいだくようになつた同女から再三その返済方を督促され，これに対し被告人は，長崎県島原の実兄に依頼して預金がしてあり，それが三二〇万円位になつている旨虚言を弄していたが，同年六月一二日夜路傍で同女に出逢つた際にも強く返済方を迫られた上「もうこれ以上だますと警察や信者にばらす」といわれたので，被告人は「明日の晩全部支払うから待つてくれ」といつてその場をいいつくろつたものの，これが返済の手段がなかつたので，一面前記貸借につき証書もなくその内容は分明を欠き，また，他面同女が死亡すれば被告人以外にその詳細を知る者のないことに思をいたし，むしろ同女を殺害して債務の履行を免れ以て財産上不法の利得を得ようと企図し，同女に対し「明晩金を渡すから芝居を観に行つて一幕早く帰つて来てくれ，家では人が来るといけないから何処かの家をかりてそこで支払うことにしよう」と申し向け，翌一三日夜被告人の言葉に従い観劇に行つた同市〇町劇場「C座」を一幕先に立ち出て被告人方に立ち寄つた同女と共に被告人方を出て，同市D水門より約八五米上流の人家がなく人通りの稀れな道路上に差しかかるや，同女の後部にまわり矢庭に所携の薪様の兇器をもつて同女の頭部等を殴打し，因て頭部，顔面等に多数の裂創挫創等を負わせ人事不省に陥らしめたが，同女が即死したものと軽信しそのままその場を立ち去つたので，同女の右創傷が被告人の意に反し致命傷に至らなかつたため殺害の目的を遂げなかつたというのであるから，被告人の右所為は，前示の法理に照し刑法二四〇条後段，二四三条，二三六条二項に該当し，強盗殺人未遂の罪責を負うべきこと勿論であるといわなければならない。されば，原判決は結局正当であつて，所論は理由がない。」

解　説

1　刑法236条2項の強盗罪（2項強盗罪）が成立するためには，被害者に処分行為を強制することを要するかがかつて問題とされ，判例は，本判決中でも言及されているように，当初，財産上の処分行為が必要であると解していた[42]。そのため，債務者が債務の履行を免脱するために債権者を殺害することについて強盗罪（強盗殺人罪）は成立しないことになる。しかし，その後，判例は，暴行・脅迫により「支払請求を為すこと能はさる状態」にすれば強盗罪は成立するとして処分行為の要件を緩やかに解し[43]，ついに本判決で，「必ずしも相手方の意思による処分行為を強制することを要するものではない」と解するに至ったのである。そうした理解から，「債権者をして事実上支払の請求をすることができない状態に陥らしめて支払を免れた場合」であっても，2項強盗罪が成立すると解されることになる。本件事案についてみると，「貸借につき証書もなくその内容は分明を欠」くこと，また，債権者が「死亡すれば被告人以外にその詳細を知る者のないこと」から，債権者の殺害によって被告人は債務の履行を事実上免れることになる。そうしたことから，債権者の殺害について2項強盗罪が成立しうることになるのである。

　財産上の利益についてはそれが取得されたか（その反面として，被害者がそれを失ったか）必ずしも明らかでないことがあるため，強盗罪についても処分行為を要求するというのは，処罰範囲の明確化という観点からは理解しえないではない。しかし，被害者の反抗抑圧を要件とする強盗罪において，被害者の処分行為に，それ自体として意味を認め，それを要求することは困難である。したがって，強盗罪については，処分行為は不要であるといわざるをえないが，それに代えて，財産上の利益の取得があったかを慎重に判断していく必要がある。債権者の殺害によって債務を免脱する場合には，このような財産上の利益の取得が明らかであるといえよう。

2　債権者の殺害によって，債務の存在が不明となるなどの理由から，債務の履行を事実上免れることとなる場合には本判決が示すように，2項強盗

---

[42] 大判明治43・6・17刑録16輯1210頁。
[43] 大判昭和6・5・8刑集10巻205頁。

による強盗殺人罪が成立する。問題は，債務に関する物的証拠があるため，債権の相続人によるその行使が不可能ないし著しく困難になったとはいえないときには一切2項強盗による強盗殺人罪の成立が否定されることになるのかということである。下級審判決には，「履行期の到来又は切迫等のため，債権者側による速やかな債権の行使を相当期間不可能ならしめたときにも，財産上不法の利益を得たと認めうる」と解したものが存在する[44]。

VI 事後強盗罪

15 最決昭和54・11・19刑集33巻7号710頁

[事　案]

　被告人は，昭和51年4月，それまで勤めていた会社を退職して以後，職がなく，退職金や失業保険金によって生活していたが，貯えも次第に底をつき，失業保険も10月10日に9万円の給付を最後に打切りとなって生活に窮した末，事務所等に忍び込んで窃盗を働き，もし他人に発見された場合にはこれに脅迫を加え，金品を得るか，もしくは逮捕，盗品の取還を免れることを計画するに至り，これに使用する兇器として，刃体の長さ約14.5センチメートルの登山ナイフ及び模造拳銃各1丁を，窃盗に使用するドライバー，ペンチ，ニッパー，ガラス切り，懐中電燈，白手袋，面相をかくすためのサングラス等とともにアタッシュケースに入れて携帯し，同年10月25日午前1時50分ころ，東京都豊島区東池袋1丁目○番○号付近のビル街の路上を，侵入すべき事務所等を物色しながら徘徊して犯行の機を窺った。

[決定理由]

　「なお，刑法二三七条にいう「強盗ノ目的」には，同法二三八条に規定する準強盗を目的とする場合を含むと解すべきであつて，これと同旨の原判断は正当である。」

---

[44] 大阪高判昭和59・11・28高刑集37巻3号438頁。

解 説

1 強盗予備罪（237条）には事後強盗（238条）の予備も含まれるかについて，学説では争いがある。消極説は，事後強盗の予備を処罰することは，実際上窃盗の予備を処罰することとなり妥当でないことなどを理由として主張されている[45]。しかし，事後強盗の意思・目的がある場合には単なる窃盗の予備とはいえず，また，（窃盗犯人が，被害者等に発見されて，途中から強盗になるという）居直り強盗の未必的な意思がある場合には強盗予備罪が成立するといわざるをえないので，事後強盗の予備を処罰することは窃盗の予備を処罰することになるとの主張にどの程度根拠・理由があるか疑問があるという問題があろう。

本決定は，事後強盗の予備について，強盗予備罪が成立することをはっきりと示した点で重要である。

16　最判平成16・12・10刑集58巻9号1047頁

[事　案]

判決理由参照

[判決理由]

「しかしながら，所論にかんがみ職権をもって調査すると，原判決は，刑訴法411条1号，3号により破棄を免れない。その理由は，以下のとおりである。

1　原判決の認定及び記録によれば，本件の事実関係は次のとおりである。

(1) 被告人は，金品窃取の目的で，平成15年1月27日午後0時50分ころ，A方住宅に，1階居間の無施錠の掃き出し窓から侵入し，同居間で現金等の入った財布及び封筒を窃取し，侵入の数分後に玄関扉の施錠を外して戸外に出て，だれからも発見，追跡されることなく，自転車で約1km離れた公園に向かった。

---

[45] 山口・前出注（12）230頁参照。

(2) 被告人は，同公園で盗んだ現金を数えたが，3万円余りしかなかったため少ないと考え，再度A方に盗みに入ることにして自転車で引き返し，午後1時20分ころ，同人方玄関の扉を開けたところ，室内に家人がいると気付き，扉を閉めて門扉外の駐車場に出たが，帰宅していた家人のBに発見され，逮捕を免れるため，ポケットからボウイナイフを取り出し，Bに刃先を示し，左右に振って近付き，Bがひるんで後退したすきを見て逃走した。

　2　原判決は，以上の事実関係の下で，被告人が，盗品をポケットに入れたまま，当初の窃盗の目的を達成するため約30分後に同じ家に引き返したこと，家人は，被告人が玄関を開け閉めした時点で泥棒に入られたことに気付き，これを追ったものであることを理由に，被告人の上記脅迫は，窃盗の機会継続中のものというべきであると判断し，被告人に事後強盗罪の成立を認めた。

　3　しかしながら，上記事実によれば，被告人は，財布等を窃取した後，だれからも発見，追跡されることなく，いったん犯行現場を離れ，ある程度の時間を過ごしており，この間に，被告人が被害者等から容易に発見されて，財物を取り返され，あるいは逮捕され得る状況はなくなったものというべきである。そうすると，被告人が，その後に，再度窃盗をする目的で犯行現場に戻ったとしても，その際に行われた上記脅迫が，窃盗の機会の継続中に行われたものということはできない。

　したがって，被告人に事後強盗罪の成立を認めた原判決は，事実を誤認して法令の解釈適用を誤ったものであり，これが判決に影響することは明らかであって，原判決を破棄しなければ著しく正義に反するものと認められる。」

解　説

　1　事後強盗罪（238条）は，窃盗犯人が，財物が取り返されることを防ぎ，逮捕を免れ，又は罪跡を隠滅するために暴行又は脅迫をしたときに成立する。法所定の目的による暴行・脅迫は，窃盗の犯行現場か「窃盗の機会継続中」になされなければならない。ここで，事後強盗罪成立の場所的・時間的限界を画する「窃盗の機会継続中」の意義が問題となる。

「窃盗の機会継続中」か否かを判断する基準として，判例は，すでに本判決以前，「被害者等から容易に発見されて，財物を取り返され，あるいは逮捕され得る状況が継続していた」か否かによる旨を判示している[46]。このような状況でなされた，法所定の目的による暴行・脅迫について，強盗罪に近い犯罪としての実質を認めることができるというわけである。本判決もそうした観点から，窃盗の犯行後，自転車で約1キロメートル離れた公園に赴いた被告人は，「だれからも発見，追跡されることなく，いったん犯行現場を離れ，ある程度の時間を過ごして」いることから，このような状況は一旦消失したとして，犯行現場に戻った上でなされた脅迫は「窃盗の機会継続中」になされたものとはいえないとしているのである。

17 大阪高判昭和62・7・17判時1253号141頁

[事　案]

判決理由参照

[判決理由]

「職権をもって判断するに，記録によると，原判決は，被告人が，原判示日時場所において，共犯者二名（いずれも併合審理されていない。）と共謀の上，原判示サイドリングマスコット一個を窃取し，その直後，警備員Aから逮捕されそうになるや，逮捕を免れる目的で同人に対し，こもごも殴る蹴るの暴行を加え，同人に加療約一〇日間を要する傷害を加えた旨の公訴事実（強盗致傷の共同正犯）に対し，共犯者二名は，被告人の窃盗が既遂に達したのちにこれに関与したものであって，窃盗の共同正犯ではないとし，かかる共犯者は事後強盗の主体ともならないから，被告人ら三名について強盗致傷の共同正犯をもって擬律することは相当でないとの見解を示した上，被告人の所為につき，「刑法二四〇条前段（二三八条）に該当（但し，傷害罪の限度で同法六〇条も適用）する」旨判示している。

しかし，記録を検討すると，本件において被告人は，原審公判廷で事実を

---

[46] 最決平成14・2・14刑集56巻2号86頁。

全面的に認め，検察官請求書証の取調べにもすべて同意して，その信用性を争っていないところ，右書証中には，その内容に照らし容易に信用性を否定し難いと思われる，共犯者及び目撃者の公訴事実に副う各供述調書があること，原審は，公判廷における審理に際して右各供述調書の信用性（とくに窃盗の共同正犯の点につき）に関する疑問を示唆したり，あるいは事実認定に関する何らかの立証を促すような訴訟指揮を全くしていないことなどが明らかであって，右のような証拠の内容及び原審における審理経過等に照らすと，原判決が，率然として，右各供述調書等の信用性を否定したことには，その判断内容においても，また手続面においても，にわかに賛同し得ないものがある。次に，原判決の法令の適用について考えるのに，原認定のように，共犯者二名が被告人の犯行に関与するようになったのが，窃盗が既遂に達したのちであったとしても，同人らにおいて，被告人が原判示マスコットを窃取した事実を知った上で，被告人と共謀の上，逮捕を免れる目的で被害者に暴行を加えて同人を負傷させたときは，窃盗犯人たる身分を有しない同人らについても，刑法六五条一項，六〇条の適用により（事後）強盗致傷罪の共同正犯が成立すると解すべきであるから（なお，この場合に，事後強盗罪を不真正身分犯と解し，身分のない共犯者に対し更に同条二項を適用すべきであるとの見解もあるが，事後強盗罪は，暴行罪，脅迫罪に窃盗犯人たる身分が加わって刑が加重される罪ではなく，窃盗犯人たる身分を有する者が，刑法二三八条所定の目的をもって，人の反抗を抑圧するに足りる暴行，脅迫を行うことによってはじめて成立するものであるから，真正身分犯であって，不真正身分犯と解すべきではない。従って，身分なき者に対しても，同条二項を適用すべきではない。），傷害罪の限度でのみしか刑法六〇条を適用しなかった原判決は，法令の解釈適用を誤ったものといわなければならないが，原判決は，被告人自身に対しては刑法二四〇条（二三八条）を適用しているのであるから，右法令の解釈適用の誤りが，判決に影響を及ぼすことの明らかなものであるとはいえない。」

解　説

1　本件は事実認定も関係しているが，本判決で問題とされているのは，窃盗が既遂となった後に犯行に関与し，窃盗の事実を知った上で，窃盗犯人

と共謀の上，逮捕を免れる目的で被害者に暴行を加えて同人を負傷させたときの，窃盗既遂後に関与した共犯者の罪責である。この点については，学説では，①事後強盗罪を不真正身分犯と解した上で，刑法65条2項を適用して，傷害罪の共犯の成立を認める見解，②事後強盗罪を真正身分犯と解した上で，刑法65条1項を適用して，（事後）強盗致傷罪の共犯の成立を認める見解，③事後強盗罪を結合犯と解した上で，承継的共犯の問題として解決し，（承継的共犯否定説の立場から）傷害罪の共犯又は（同肯定説の立場から）（事後）強盗致傷罪の共犯の成立を認める見解が主張されている[47]。裁判例では，本判決以前，上記①の立場に立つものが存在していた[48]。

本判決は，①を「事後強盗罪を不真正身分犯と解し，身分のない共犯者に対し更に同条二項を適用すべきであるとの見解もあるが，事後強盗罪は，暴行罪，脅迫罪に窃盗犯人たる身分が加わって刑が加重される罪ではなく，窃盗犯人たる身分を有する者が，刑法二三八条所定の目的をもって，人の反抗を抑圧するに足りる暴行，脅迫を行うことによってはじめて成立するものであるから，真正身分犯であって，不真正身分犯と解すべきではない。従って，身分なき者に対しても，同条二項を適用すべきではない。」と批判し，②の立場に立つことを明らかにしている。もっとも，形式論では，不真正身分犯であっても，身分があることによって「はじめて成立するものである」から，真正身分犯か不真正身分犯かをいかにして区別するかが問題となり，事後強盗罪についての理解の相違から①と②が分かれることになる。核心的な問題は，窃盗の事実についても，それに対する共犯としての関与を肯定するか否かにあり，①はそれを否定するものである。②はそれを肯定するものであるが，事後強盗罪を身分犯と解する限り，同罪については，窃盗犯人による暴行・脅迫として，あくまでも暴行・脅迫に認められる実質的内容が処罰の根拠となり，窃盗の事実自体は処罰の対象にならないことが基本的な問題となるといえよう。

この点についての最高裁の判断が待たれるところである。

---

[47] 山口・前出注（12）231頁以下参照。
[48] 新潟地判昭和42・12・5下刑集9巻12号1548頁，東京地判昭和60・3・19判時1172号155頁。

VII 強盗致死傷罪

18　最判昭和 24・5・28 刑集 3 巻 6 号 873 頁

[事　案]

判決理由参照

[判決理由]

「刑法第二四〇条後段の強盗殺人罪は強盗犯人が強盗をなす機会において他人を殺害することによって成立する罪である。原判決の摘示した事実によれば，家人が騒ぎ立てたため他の共犯者が逃走したので被告人も逃走しようとしたところ同家表入口附近で被告人に追跡して来た被害者両名の下腹部を日本刀で突刺し死に至らしめたというのである。即ち殺害の場所は同家表入口附近といつて屋内か屋外か判文上明でないが，強盗行為が終了して別の機会に被害者両名を殺害したものではなく，本件強盗の機会に殺害したことは明である。然らば原判決が刑法第二四〇条に問擬したのは正当であつて所論のような違法はない。論旨は理由がない。」

解　説

1　強盗致死傷罪（240条）は強盗犯人が致死傷の結果を生じさせた場合に成立するが，いかなる行為であればその原因行為として同罪の成立を肯定することができるか問題となる。学説では，強盗の手段としての暴行・脅迫に限るとの狭い見解等，限定的に解する見解が主張されているが[49]，判例は，本判決が判示するように，「強盗をなす機会」に死傷の結果が生じれば，強盗致死傷罪の成立を肯定することができるとの立場（機会説）を採っている。機会説に対しては，被害者に対する私怨をはらすために，強盗の機会を利用して殺害する場合や，強盗の共犯者が犯行の機会に仲間割れして仲間を死傷

---

[49] 山口・前出注（12）235 頁以下参照。

させた場合についても強盗致死傷罪が成立することになり，同罪の成立範囲を広く解しすぎるとの批判が学説から向けられているが，判例の機会説は固まったものということができよう。

第4章　財産犯2（詐欺罪・恐喝罪）

［錯　誤］
- **1**　最決平成 15・3・12 刑集 57 巻 3 号 322 頁

［客　体］
- **2**　最判昭和 30・4・8 刑集 9 巻 4 号 827 頁

［交付行為］
- **3**　最判昭和 26・12・14 刑集 5 巻 13 号 2518 頁
- **4**　最決昭和 30・7・7 刑集 9 巻 9 号 1856 頁
- **5**　大阪高判昭和 44・8・7 刑月 1 巻 8 号 795 頁
- **6**　最判昭和 45・3・26 刑集 24 巻 3 号 55 頁
- **7**　最決平成 15・12・9 刑集 57 巻 11 号 1088 頁

［詐欺罪成立の限界］
- **8**　最決平成 16・2・9 刑集 58 巻 2 号 89 頁
- **9**　最決昭和 34・9・28 刑集 13 巻 11 号 2993 頁
- **10**　最判昭和 51・4・1 刑集 30 巻 3 号 425 頁
- **11**　最判昭和 27・12・25 刑集 6 巻 12 号 1387 頁
- **12**　最決平成 12・3・27 刑集 54 巻 3 号 402 頁
- **13**　最決平成 19・7・17 刑集 61 巻 5 号 521 頁

［権利行使と財産犯の成否］
- **14**　最判昭和 30・10・14 刑集 9 巻 11 号 2173 頁

I　はじめに

　本章では，交付罪である詐欺罪と恐喝罪の解釈に関する諸問題を取り扱う。詐欺罪は人を欺いて錯誤に陥らせ，その錯誤に基づいて財物又は財産上の利益を交付させることによって成立するが，それらの要件毎に，重要な判例について解説する。その後，詐欺罪の成否が問題となるいくつかの事例類型について検討を加えることとする。恐喝罪については，基本的な犯罪構造は詐欺罪と同様であるので，それに関する解説に譲り，詐欺罪でも問題となる権利行使における同罪の成否について解説を行う。

II 錯　誤

1 最決平成 15・3・12 刑集 57 巻 3 号 322 頁

[事　案]
決定理由参照

[決定理由]
「所論にかんがみ，詐欺罪の成否について判断する。
　1　原判決及び原判決が是認する第 1 審判決によれば，以下の事実が認められる。
　(1)　税理士である A は，被告人を含む顧問先からの税理士顧問料等の取立てを，集金事務代行業者である B 株式会社に委託していた。
　(2)　同社は，上記顧問先の預金口座から自動引き落としの方法で顧問料等を集金した上，これを一括して A が指定した預金口座に振込送金していたが，A の妻が上記振込送金先を株式会社 P 銀行 Q 支店の被告人名義の普通預金口座に変更する旨の届出を誤ってしたため，上記 B 株式会社では，これに基づき，平成 7 年 4 月 21 日，集金した顧問料等合計 75 万 0031 円を同口座に振り込んだ。
　(3)　被告人は，通帳の記載から，入金される予定のない上記 B 株式会社からの誤った振込みがあったことを知ったが，これを自己の借金の返済に充てようと考え，同月 25 日，上記支店において，窓口係員に対し，誤った振込みがあった旨を告げることなく，その時点で残高が 92 万円余りとなっていた預金のうち 88 万円の払戻しを請求し，同係員から即時に現金 88 万円の交付を受けた。
　2　本件において，振込依頼人と受取人である被告人との間に振込みの原因となる法律関係は存在しないが，このような振込みであっても，受取人である被告人と振込先の銀行との間に振込金額相当の普通預金契約が成立し，被告人は，銀行に対し，上記金額相当の普通預金債権を取得する（最高裁平

成4年(オ)第413号同8年4月26日第二小法廷判決・民集50巻5号1267頁参照)。

しかし他方,記録によれば,銀行実務では,振込先の口座を誤って振込依頼をした振込依頼人からの申出があれば,受取人の預金口座への入金処理が完了している場合であっても,受取人の承諾を得て振込依頼前の状態に戻す,組戻しという手続が執られている。また,受取人から誤った振込みがある旨の指摘があった場合にも,自行の入金処理に誤りがなかったかどうかを確認する一方,振込依頼先の銀行及び同銀行を通じて振込依頼人に対し,当該振込みの過誤の有無に関する照会を行うなどの措置が講じられている。

これらの措置は,普通預金規定,振込規定等の趣旨に沿った取扱いであり,安全な振込送金制度を維持するために有益なものである上,銀行が振込依頼人と受取人との紛争に巻き込まれないためにも必要なものということができる。また,振込依頼人,受取人等関係者間での無用な紛争の発生を防止するという観点から,社会的にも有意義なものである。したがって,銀行にとって,払戻請求を受けた預金が誤った振込みによるものか否かは,直ちにその支払に応ずるか否かを決する上で重要な事柄であるといわなければならない。これを受取人の立場から見れば,受取人においても,銀行との間で普通預金取引契約に基づき継続的な預金取引を行っている者として,自己の口座に誤った振込みがあることを知った場合には,銀行に上記の措置を講じさせるため,誤った振込みがあった旨を銀行に告知すべき信義則上の義務があると解される。社会生活上の条理からしても,誤った振込みについては,受取人において,これを振込依頼人等に返還しなければならず,誤った振込金額相当分を最終的に自己のものとすべき実質的な権利はないのであるから,上記の告知義務があることは当然というべきである。そうすると,誤った振込みがあることを知った受取人が,その情を秘して預金の払戻しを請求することは,詐欺罪の欺罔行為に当たり,また,誤った振込みの有無に関する錯誤は同罪の錯誤に当たるというべきであるから,錯誤に陥った銀行窓口係員から受取人が預金の払戻しを受けた場合には,詐欺罪が成立する。

前記の事実関係によれば,被告人は,自己の預金口座に誤った振込みがあったことを知りながら,これを銀行窓口係員に告げることなく預金の払戻しを請求し,同係員から,直ちに現金の交付を受けたことが認められるのであ

るから，被告人に詐欺罪が成立することは明らかであり，これと同旨の見解の下に詐欺罪の成立を認めた原判決の判断は，正当である。」

解説

1　詐欺罪（246条）が成立するためには，財物又は財産上の利益を交付させるために，「人を欺く行為」（欺罔行為）により，相手を錯誤に陥らせることが必要である。本件では，自己の預金口座に振込依頼人の過誤により振り込まれた金銭について，それが誤振込みによるものであることを知りながら預金の払戻請求を行って，その払戻しを受けた被告人について詐欺罪が成立するかが問題となっている。なお，本決定の前提として，誤振込みの場合であっても，本決定が引用する最高裁民事判例（最判平成8・4・26民集50巻5号1267頁）によって，預金者は銀行に対する預金債権を取得することとなるとされていることが重要である。それにもかかわらず，いかなる意味で詐欺罪が成立するかが問われることになるのである。

2　本決定は，結論として，被告人には誤振込みであることについての告知義務があり，誤振込みであることを秘して預金の払戻請求を行うことは，銀行の窓口係員に対する欺罔行為（銀行の窓口係員を欺く行為）に当たるとしている。その理由として，本決定は，まず，誤振込みの場合に預金者には預金債権が成立するとしても，銀行としては，その事後措置として，規定に基づき，事実を確認し，銀行による過誤の場合には「組戻し」を行い，振込依頼人による過誤の場合には受取人に「組戻し」の同意を求めることになるが，これは，「安全な振込送金制度を維持するために有益なものである上，銀行が振込依頼人と受取人との紛争に巻き込まれないためにも必要なもの」であり，「また，振込依頼人，受取人等関係者間での無用な紛争の発生を防止するという観点から，社会的にも有意義なものである」ということを指摘している。「したがって，銀行にとって，払戻請求を受けた預金が誤った振込みによるものか否かは，直ちにその支払に応ずるか否かを決する上で重要な事柄である」というのである。預金者が有する預金債権は，このようないわば条件付きのものだということになるであろう。

誤振込みの事実が預金の払戻請求を受けた銀行にとって「重要な事柄」だ

ということになると，それを知らずに払戻しに応じた銀行（窓口係員）には錯誤があることになるが，このような事情を秘して払戻請求を行うことが欺罔行為（人を欺く行為）といえるかが問題となる。本決定は，払戻請求を行う者には「誤った振込みがあった旨を銀行に告知すべき信義則上の義務がある」としているが，その前提として，預金の払戻請求が作為による欺罔行為なのか，不作為による欺罔行為なのかが問題となろう。もしも，作為による欺罔行為ということになれば，告知義務は問題とならないように思われるからである。この点については，預金の払戻請求に「誤振込みによる入金記帳はない」との意思表示まで含まれているとは思われないから（この点が無銭飲食の意思で料理を注文するような場合とは異なる。この場合には，代金支払意思は注文の当然の前提となっている），預金の払戻請求自体を作為による欺罔行為とみることには無理があり，したがって，不作為による欺罔行為が認められるかが問われることになる。そのため，誤振込みについての告知義務を問題とする必要があることになるのである。

　本決定は，「銀行との間で普通預金取引契約に基づき継続的な預金取引を行っている者として……銀行に告知すべき信義則上の義務がある」としている。さらに，「社会生活上の条理からしても，誤った振込みについては，受取人において，これを振込依頼人等に返還しなければならず，誤った振込金額相当分を最終的に自己のものとすべき実質的な権利はないのであるから，上記の告知義務があることは当然というべきである」というのである。後者の点については，それが実際上決定的な根拠となっているとも推測されるが，受取人に誤振込みに係る金銭について返還義務があるとしても，それは振込依頼人に対してであり，そのことが銀行に対する告知義務を基礎付ける根拠となりうるかに疑問の余地はあろう。また，前者の点については，一般の預金者と銀行の間の継続的取引が十分な根拠となるかについて問題とする余地がある。しかし，銀行としては預金者に告知してもらう以外に実際上対処すべき手段がないことも考慮されるべきだといえよう。

Ⅲ 客　体

2　最判昭和 30・4・8 刑集 9 巻 4 号 827 頁

[事　案]
判決理由参照

[判決理由]
「所論は，原判決の判例違反を主張するけれども，控訴趣意は，単に犯意についての事実誤認の主張にすぎなかつたのであり，原判決が所論の事項につき法律上の判断を示しているものとはいえないから，判例違反の論旨を容れることはできない。しかし，つぎの理由により，結局，原判決は破棄を要するものと認められる。

すなわち，第一審判決の確定する本件犯罪事実は，被告人はりんごの仲買を業とするものであるが，Aに対し，りんご「国光」五百箱を売り渡す契約（上越線沼田駅渡の約）をし，その代金六十二万五千円を受領しながら，履行期限が過ぎても，その履行をしなかつたため，Aより再三の督促を受けるや，昭和二三年四月一一日その履行の意思のないのにAを五能線鶴泊駅に案内し，同駅でBをしてりんご四百二十二箱の貨車積を為さしめ，これに上越線沼田駅行の車標を挿入せしめ，「恰も林檎五百箱を沼田駅迄発送の手続を完了し着荷を待つのみの如くAに示してその旨同人をして誤信させAが安心して帰宅するやその履行を為さず因て債務の弁済を免れ以て財産上不法の利益を得たものである」というのである。

しかしながら，刑法二四六条二項にいう「〔人ヲ欺罔シテ〕財産上不法ノ利益ヲ得又ハ他人ヲシテ之ヲ得セシメタル」罪が成立するためには，他人を欺罔して錯誤に陥れ，その結果被欺罔者をして何らかの処分行為を為さしめ，それによつて，自己又は第三者が財産上の利益を得たのでなければならない。しかるに，右第一審判決の確定するところは，被告人の欺罔の結果，被害者Aは錯誤に陥り，「安心して帰宅」したというにすぎない。同人の側

にいかなる処分行為があつたかは、同判決の明確にしないところであるのみならず、右被欺罔者の行為により、被告人がどんな財産上の利益を得たかについても同判決の事実摘示において、何ら明らかにされてはいないのである。同判決は、「因て債務の弁済を免れ」と判示するけれども、それが実質的に何を意味しているのか、不分明であるというのほかはない。あるいは、同判決は、Aが、前記のように誤信した当然の結果として、その際、履行の督促をしなかつたことを、同人の処分行為とみているのかもしれない。しかし、すでに履行遅滞の状態にある債務者が、欺罔手段によつて、一時債権者の督促を免れたからといつて、ただそれだけのことでは、刑法二四六条二項にいう財産上の利益を得たものということはできない。その際、債権者がもし欺罔されなかつたとすれば、その督促、要求により、債務の全部または一部の履行、あるいは、これに代りまたはこれを担保すべき何らかの具体的措置が、ぜひとも行われざるをえなかつたであろうといえるような、特段の情況が存在したのに、債権者が、債務者によつて欺罔されたため、右のような何らか具体的措置を伴う督促、要求を行うことをしなかつたような場合にはじめて、債務者は一時的にせよ右のような結果を免れたものとして、財産上の利益を得たものということができるのである。ところが、本件の場合に、右のような特別の事情が存在したことは、第一審判決の何ら説示しないところであるし、記録に徴しても、そのような事情の存否につき、必要な審理が尽されているものとは、とうてい認めがたい。ひつきよう、本件第一審判決には、刑法二四六条二項を正解しないための審理不尽、理由不備の違法があるものというべく、同判決およびこれを支持して控訴を棄却した原判決は、刑訴四一一条一号により破棄を免れないものである。」

解説

1 詐欺罪は、人が欺かれて錯誤に陥り、財物又は財産上の利益を交付することによって成立する。交付行為についてはⅣで詳しく検討するが、交付の対象となる客体については、とくに財産上の利益に関しさまざまな問題がある。それは、有体性を備えた財物とは異なり、無形の財産上の利益については、その交付を観念することにそもそも困難があるからである。本件で

は，交付の対象・客体とともに，交付行為が問題とされているが，それは「財産上の利益を交付したこと」が詐欺罪の要件であり，両者には関連性があることによる。

　2　本判決は，被告人に欺かれて被害者Ａは錯誤に陥り，「安心して帰宅」したというにすぎないから，どのような処分行為（交付行為）があったが明確でなく，また，被告人がそれによってどのような財産上の利益を得たのかも明らかでないとする。

　まず，財産上の利益の点については，「すでに履行遅滞の状態にある債務者が，欺罔手段によつて，一時債権者の督促を免れたからといつて，ただそれだけのことでは，刑法二四六条二項にいう財産上の利益を得たものということはできない」とし，「債務の全部または一部の履行，あるいは，これに代りまたはこれを担保すべき何らかの具体的措置」「を伴う督促，要求を」一時的にせよ免れる場合にはじめて財産上の利益を得たといえるとしている。このような「具体的措置」が行われざるをえない「特段の情況」「特別の事情」が認められることが必要であるが，これが示されていないというのである。すなわち，履行遅滞に陥っている債務者が債務の履行の督促を一時免れただけでは，いまだ財産上の利益を得たとはいえず，「具体的な措置」を伴うような督促を免れてはじめて財産上の利益を得たということができるというわけである。ここでは，財産上の利益の交付・取得について，その実質的な内実をできるだけ明確に確保しようとする考えが窺われるといえよう。

　3　財産上の利益を交付することが2項詐欺罪には要求されるが，上述のように，本件では，交付の対象となる利益の実質的な内実が希薄であるため，したがって，それを交付する行為（処分行為・交付行為）もはっきりとしないことになるのである。交付の対象がはっきりしない以上，それを交付すべき行為がはっきりしないこともいわば必然であるといえよう。

IV　交付行為

3　最判昭和26・12・14刑集5巻13号2518頁

[事　案]

　Aは，自宅玄関先で面談していた被告人の虚言により誤信して，自ら現金70万円を油糧公団まで持参するつもりで，同金額の紙幣を入れた風呂敷包を自宅の奥から持ち出し，これを玄関の上がり口のところに置いた。その後，Aが被告人だけを玄関に残して便所に赴いたところ，被告人はその隙に現金を持って逃走した。

[判決理由]

　「刑法二四六条一項に定むる財産の騙取とは犯人の施用した欺罔手段により，他人を錯誤に陥れ，財物を犯人自身又はその代人若くは第三者に交付せしむるか或はこれ等の者の自由支配内に置かしむることを謂うのであつて（論旨引用の大正一二年（れ）一二七二号同年一一月二〇日大審院判決大審院判例集二巻八一六頁）原判決も亦本件について「被告人Xが判示Aに虚言を弄し，同人をしてその旨誤信させた結果同人をして任意に判示の現金を同被告人の事実上自由に支配させることができる状態に置かせた上でこれを自己の占有内に収めた事実であるから刑法二四六条一項に該る」と判断しているのであつて，大審院判決と相反する判断を示めしたものではない。（前記判決を除くその他の引用に係る大審院判決は何れも本件に適切でない。）されば原判決が本件について右Aが被告人Xの判示の欺罔手段に基き判示の現金を同被告人の自由に支配できる状態に置く意思で判示の玄関上り口に置いたものと認定したことの当否は格別，原判決が大審院判例と相反する判断をしたとの論旨は理由のないこと明らかである。」

[解　説]

　1　本件では，Aが被告人に欺かれて現金を自宅玄関の上がり口に置いて

便所に行ったことによって，当該現金についての詐欺罪が成立するかが問題となっている。そもそも，そのことによって現金の交付があったことになれば，詐欺罪が成立するし，それが認められなければ，Aが占有する現金を被告人が窃取したことになり窃盗罪が成立すると思われるが，本判決はそうした理解よりも詐欺罪の成立範囲を拡張するかに思われる考えを示しているのではないかが問題となる。なぜなら，本判決は，財物の詐取とは，「財物を犯人自身又はその代人若くは第三者に交付せしむるか或はこれ等の者の自由支配内に置かしむることを謂う」との大審院判例（大判大正 12・11・20 刑集 2 巻 816 頁）を引用し，「現金を同被告人の事実上自由に支配させることができる状態に置かせた上でこれを自己の占有内に収めた」ことがそれに当たるとしているからである。すなわち，財物を他人の占有に移さなくとも，それ以前の事実上自由に支配しうる状態に置くことでも詐欺罪が成立しうるという判示をしていることが問題となる。

2 まず，財物を交付するとは，本来，財物の占有を移転することをいうと解される。本件で問題となるのは，玄関の上がり口とはいえ自宅にある自己所有物について，その近くに他人がいることによって占有を失うのかということであるが，そのようなことを認めることができるかには疑問があるといえよう。自宅に招いた他人の近くにある物の占有が所有者から失われるといえないことは明らかである。占有が失われるのは，その他人が自己の占有を当該財物に対して設定したときであり，鞄の中に隠す，あるいはひそかに外に持ち出すなどのことによってそのようなことがはじめて認められるといえよう。

本判決で問題となるのは，すでに触れたように，詐欺罪の成立を肯定するためには，財物の交付がなくとも，財物を被告人が事実上自由に支配できる状態に置くことで足りるとしている点である。ここで「自由に支配できる状態」とは占有の取得までを意味するものでないであろう。もしそうであるとすれば，すでに財物の交付があったことになるはずだからである。したがって，「自由に支配できる状態」とは占有の移転がいまだない状態であり，このような「占有の弛緩」が認められるにすぎない場合には，詐欺罪の成立を認めるべきではなく，被害者になお残っている占有を移転させる行為によっ

て窃盗罪が成立すると解するべきではないかという疑問があるといえよう。本件で詐欺罪の成立を肯定するのであれば，現金を玄関の上がり口に置いた上で便所に行ったことによって，現金の占有移転があったことを認定する必要があろう。しかし，そのような認定が可能であるか疑問がある。

3 本判決後の下級審裁判例には，自動車の試乗を装って試乗車を乗り逃げした事案について，添乗員を付けない単独試乗であることから，試乗させた時点で自動車販売店の試乗車に対する事実上の支配，すなわち占有が失われたとして，詐欺罪の成立を認めたものがあり[1]，参考になる。

4 最決昭和30・7・7刑集9巻9号1856頁

[事　案]

決定理由参照

[決定理由]

「刑法二四六条二項にいわゆる「財産上不法の利益を得」とは，同法二三六条二項のそれとはその趣を異にし，すべて相手方の意思によって財産上不法の利益を得る場合をいうものである。従って，詐欺罪で得た財産上不法の利益が，債務の支払を免れたことであるとするには，相手方たる債権者を欺罔して債務免除の意思表示をなさしめることを要するものであって，単に逃走して事実上支払をしなかつただけで足りるものではないと解すべきである。されば，原判決が「原（第一審）判示のような飲食，宿泊をなした後，自動車で帰宅する知人を見送ると申欺いて被害者方の店先に立出でたまま逃走したこと」をもって代金支払を免れた詐欺罪の既遂と解したことは失当であるといわなければならない。しかし，第一審判決の確定した本件詐欺事実は「被告人は，所持金なく且代金支払の意思がないにもかかわらず然らざるものの如く装つて東京都文京区湯島天神町〇〇料亭A事B方に於て昭和二七年九月二〇日から同月二二日迄の間宿泊一回飲食三回をなし同月二二日逃亡してその代金合計三万二千二百九十円の支払を免れたものである」という

---

[1] 東京地八王子支判平成3・8・28判タ768号249頁。

のであるから，逃亡前すでにBを欺罔して，代金三二二九〇円に相当する宿泊，飲食等をしたときに刑法二四六条の詐欺罪が既遂に達したと判示したものと認めることができる。されば逃走して支払を免れた旨の判示は，本件犯罪の成立については結局無用の判示というべく，控訴を棄却した原判決は結局正当である。」

解説

1 本決定では，料亭から逃走して宿泊・飲食代金の支払いを免れた事案について，2項詐欺罪の成否が問題とされ，それが否定されている。人を欺いて財産上の利益を交付させることによって成立する2項詐欺罪（詐欺利得罪）については，交付する客体が財産上の利益という無形のものであるだけに，どのような利益が交付されたのか，交付されたとはいえないのかの判断において固有の困難な問題がある。このことは，すでに，判例2で問題となっていたことであるが，本件事案に即しさらに解説を加えることにする。

2 本決定は，「詐欺罪で得た財産上不法の利益が，債務の支払を免れたことであるとするには，相手方たる債権者を欺罔して債務免除の意思表示をなさしめることを要する」としている。本件では，「債務免除の意思表示」などは認められないから，このような基準によれば，2項詐欺罪は成立しないことになる。

しかし，人を欺いて財物を交付させる場合であっても，詐欺罪の成立を肯定するためには，売買等の意思表示がなされることが必須ではありえない。事実上の支配である占有を交付させることでも足りるのである。したがって，財産上の利益についても，人を欺いて，そうした利益を事実上交付する行為を行わせれば足りると解することは十分に可能であろう。もっとも，無形の財産上の利益については，それを事実上交付する行為をどのように捉えるのか，いかに明確に捉えることが可能かには問題がある。このような観点からは，処罰の明確性を担保するために，「債務免除の意思表示」をあえて要求するということも理解することができないではない。しかしながら，それによって，本来十分に処罰の対象とすべき実質を備えた事案が処罰しえなくなるのではないかという問題が生じるであろう。本件では，当初から詐欺

の意思があり，宿泊・飲食等をした時点で詐欺罪が成立するとされ，被告人が不可罰になっているわけではないが，詐欺の意思が事後的に生じた場合にはそのような解決を行うことはできないことになる。本決定に従い，現にそうした結論を甘受した下級審裁判例もある[2]。

しかしながら，本決定を前提としながらも，「債務免除の意思表示」は明示的なものであることを要しないとして，「今晩必ず帰ってくるから」と欺いて，被告人が旅館を立ち去る際に宿泊料の支払いの請求をさせなかったことが，「支払を少なくとも一時猶予する旨の意思を暗黙に表示させた」として2項詐欺罪の成立を肯定した下級審裁判例もあるのである[3]。

3　上記裁判例のように，暗黙の意思表示でもよいということになると，それは本決定との矛盾を避けただけであり，もはや意思表示は不要だとすることと変わりはないともいえる。そして，すでに述べたように，交付行為としては，意思表示自体は本来必須の要件ではなく，事実上利益を交付する行為であれば足りると解されるから，むしろ，そのような行為が認められるかを具体的な事実関係から認定することが考えられよう。旅館の宿泊客に外出を認めれば，帰ってくるか否かは宿泊客の気持ち次第だということになるから，少なくとも宿泊代金等の支払意思のない者についてみれば，宿泊代金を事実上免れることが可能となる地位を与えたという意味で，財産上の利益の交付を認めることができると考えられるように思われる。

5　大阪高判昭和44・8・7刑月1巻8号795頁

[事　案]

判決理由参照

[判決理由]

「論旨は，いわゆる「キセル乗車」による本件詐欺利得の公訴事実に対し，原判決は，被告人が「キセル乗車」の意図を秘し米子駅，上井駅間の乗車券

---

[2] 東京高判昭和31・12・5東高刑事報7巻12号460頁［映画を見に行ってくると欺いて逃走し，旅館の宿泊料を踏み倒した事案］。
[3] 東京高判昭和33・7・7裁特5巻8号313頁。

を改札係員に呈示した欺罔行為は，入場し，乗車する機会を得るためにのみ指向されたものであつて，それを越えて「キセル乗車」の終局目的である上井駅，園部駅間の乗車の許諾処分に対して直接向けられたものではないから，その欺罔行為は詐欺利得罪にいう欺罔行為には該当しないとして詐欺利得罪の成立を否定した。しかし，本件における事実関係のもとにあつては，米子駅，上井駅間の乗車券の購入，改札係員に対する呈示は，京都駅まで乗車し，途中区間の運賃を免れようとする違法な目的に向けられた欺罔行為であつて，改札係員が被告人に対して京都駅まで乗車することを承諾するかしないか，その決定の資料となる部分に錯誤を生ぜしめるよう指向されており，その処分行為は利得に対して直接的であるから，詐欺利得罪にいう欺罔行為があつたというべきである。したがつて，本件被告人の行為は詐欺利得罪を構成することは明らかであつて，原判決は事実を誤認し，ひいては法令の解釈適用を誤つた違法があり，その誤りは判決に影響を及ぼすことが明らかである，というのである。

　よつて案ずるに，原判決が，いわゆる「キセル乗車」による本件詐欺利得の公訴事実に対し，犯罪の証明がないとして無罪の言渡をしたが，その理由の要旨は，「刑法二四六条二項の詐欺利得罪にいう欺罔行為は，被欺罔者が処分行為をするかしないか，その決定の資料となる部分に錯誤を生ぜしめるよう，それに指向されたものでなければならず，また，処分行為は，結果たる利得を直接生ぜしめるようなものでなければならない。すなわち，欺罔は処分行為に指向されることを要し，処分行為の結果に対する因果関係は直接的でなければならない。欺罔手段を講じて相手方をある行為に導いたとしても，その行為が結果に対し因果関係において間接的な場合は詐欺罪は成立しないものと解すべきである。被告人が正当に購入した米子駅，上井駅間の第一原券と園部駅，京都駅間の第二原券とを所持し，途中区間である上井駅，園部駅間の運賃を免れる目的で第一原券，第二原券を使用して途中区間を乗車した場合は，旅客及び荷物営業規則（以下単に規則という）一六七条一項六号によりその全券片が無効とせられるのであつて，（中略）このような結果は途中区間の乗車を開始したと認められる時以降においてはじめて生ずるものであつて，途中区間の乗車を開始しない限り，その全券片はいまだ無効とな

るものではない。したがつて，被告人が第一原券を呈示する以上，乗車駅たる米子駅の改札係員はこれに入鋏のうえ入場せしめ所定の列車に乗車することを許容しなければならないものである。(中略) 途中区間の乗車を開始する以前においては，全券片いずれも有効なものであるから，被告人の乗車駅たる米子駅における入場，乗車は鉄道営業法四二条一項一号にいう「有効な乗車券を所持しない」場合には該当せず，したがつて改札係員は被告人に対し単に運賃前払を請求し得たに止まり，それからさらに進んで被告人の入場を阻止し，乗車を拒否する等，途中区間の無賃乗車による国鉄の損失を未然に防止するための具体的な措置はいまだこれをとることができない段階にあるものといわなければならない。かような関係にある以上，被告人が上井駅，園部駅間の乗車運賃を前記「キセル乗車」の方法により免れようとするものであるのに，その情を秘し，第一原券を呈示して改札係員に改札を求めた所為の客観的意味は，改札係員の運賃前払の請求を免れ，やすやすと入場し乗車する機会を得るために，それに対してのみ右の欺罔行為が指向されているとみるべきものであつて，それを越えて，「キセル乗車」の終局目的である途中区間乗車の許諾処分に対して直接向けられた欺罔行為であるとすべきものではない。また，これに対する改札係員の所為の客観的意味は，運賃前払の請求をすることなく入場，乗車を許容したというに止まり，途中区間の乗車まで許容した趣旨ではないのである。いわゆる「キセル乗車」の中心である途中区間乗車の許諾処分からすれば事はすべてその前にあり，間接的である。(中略) つまるところ，被告人が改札係員に対し右のような欺罔手段を講じ，その結果，運賃前払の請求を免れ，やすやすと入場し乗車する機会を得たとしても，その欺罔行為は詐欺利得罪にいう欺罔行為には該当しないものというべきである。右の事実関係からすれば，被告人の所為は鉄道営業法二九条にいう不正乗車罪に該当するとしても，刑法二四六条二項の詐欺利得罪を構成するものではない。そして，検察官が鉄道営業法二九条にいう不正乗車罪についての判断を求める意思はないのであるから，結局本件については犯罪の証明がないことに帰着する。」というのである。

　本件の事実関係は，原審で取り調べたすべての証拠によると，被告人は，京都市南区……番地有限会社Ａ陸送に勤務し，自動車陸送の業務に従事し

ていたが，昭和四三年六月七日，松江市……番地島根トヨペット販売株式会社ヘトヨエース一台を陸送することとなり，同日午前一〇時頃一三〇〇円（米子，京都間の国鉄乗車料金にあたる。）を所持し，右自動車を運転して京都市内を出発したが，かねて同僚運転手から「キセル乗車」すなわち，鉄道の乗車駅から降車駅までの区間を継続乗車する意思であるにかかわらず，乗車駅および降車駅付近だけの乗車券を購入し，途中区間の運賃を支払わないで輸送させる不正乗車の方法により運賃を浮かした話を聞いており，自分も数回試みた経験があるので，自動車を陸送したのち国鉄を利用して京都駅まで帰る際にいわゆる「キセル乗車」の方法により途中区間の運賃の支払をしないで輸送させようと企て，同日午前一一時過頃，山陰本線園部駅に立ち寄り，あらかじめ園部駅，京都駅間の往復二等乗車券一枚（片道であると通用期間が一日と考えて）を二八〇円で購入したうえ，さらに自動車を運転して，同日午後四時頃，前記島根トヨペット販売株式会社に納車したのち，国鉄を利用して一旦米子市内に行き，同日午後八時四九分米子駅発京都駅行普通第八二六列車に乗車するに際し，以前に同列車に乗車した際には上井駅付近で車内検札を受けたことがあつたので，上井駅までの乗車券を買つておけば無事に車内検札を受け「キセル乗車」が成功するだろうと考え，米子駅出札口で米子駅，上井駅間の片道二等普通乗車券一枚を二〇〇円で購入したうえ，同日午後八時四〇分頃，同駅改札係員Bに対し，真実は米子駅から京都駅まで乗車し，その間，上井駅，園部駅間の普通二等運賃八六〇円については，「キセル乗車」の方法によりその支払をしない意思であるにかかわらず，その意図を秘し，米子駅上井駅間の正当な乗客であるように装い，同区間の乗車券を呈示して同係員をその旨誤信させ，これに入鋏させて入場し，前記京都駅行普通列車に乗車し，上井駅の三つ四つ米子寄りの地点で車内検札を受け，翌朝京都駅に着くまでに京都駅，園部駅間の往復乗車券の復券を車外に捨て，八日午前五時二一分京都駅に到着下車し，国鉄山科駅まで帰る電車は相当時間待たなければならなかつたため，タクシーで帰ろうと思い，京都駅南口へ出るつもりで係員のいない東海道新幹線東口改札口の柵を押しあけて中にはいろうとしていたところ，被告人の行動に不審をいだいて尾行していた鉄道公安員に乗車券の呈示を求められ，同人に対し前記園部駅京都駅間の往

券を示したが，入鋏がなかつたため職務質問され，逮捕されるに至つたことが認められる。

　ところで，刑法二四六条二項の詐欺利得罪は，他人に対して虚偽の事実を告知し，もしくは真実の事実を隠ぺいするなどして欺罔することによりその他人を錯誤させ，その結果，特定の処分または意思表示（以下「処分行為」という。）をさせて，財産上の利益を得，または第三者をして得せしめた場合に成立するものであつて，その利得は処分行為から直接に生ずるものでなくてはならないことはいうまでもないが，被欺罔者以外の者が右の処分行為をする場合であつても，被欺罔者が日本国有鉄道のような組織体の一職員であつて，被欺罔者のとつた処置により当然にその組織体の他の職員から有償的役務の提供を受け，これによつて欺罔行為をした者が財産上の利益を得，または第三者をして得させる場合にも成立するものと解すべきであり，また，乗車区間の一部について乗車券を所持していても，その乗車券を行使することが不正乗車による利益を取得するための手段としてなされるときには，権利の行使に仮託したものに過ぎず，とうてい正当な権利の行使とはいえないから，その乗車券を有する区間を包括し，乗車した全区間について詐欺罪が成立するといわなければならない。本件についてこれをみるに，被告人は当初から米子駅，京都駅間を乗車する意図であつたから，鉄道営業法一五条により，その旅行区間に応じた乗車券を購入して乗車すべきであるところ，前記認定のように，あらかじめ，購入しておいた園部駅，京都駅間の乗車券と，乗車の際に購入した米子駅，上井駅間の乗車券とを使用して米子駅から京都駅まで継続乗車しながら，途中区間の運賃の支払をしない意思であるにかかわらず，その意図を秘して米子駅改札係員に対し米子駅，上井駅間の乗車券を呈示したというのであるから，その乗車券の呈示は，被告人が改札係員に対し，乗車区間に応じて運賃を支払う正常な乗客であるように装い京都駅行列車に乗車して「キセル乗車」という不正乗車の目的を達するための手段としてなされたことが明らかである。したがつて，その呈示は，被告人が正常な乗客を装うためにした仮装行為であつて，とうてい正当な権利行使とはいわれない。そして，昭和三三年九月日本国有鉄道公示第三二五号旅客及び荷物営業規則（旅客編）一六七条一項一四号は，その他乗車券を不正乗車船の

手段として使用したときは，その乗車券の全券片を無効として回収するものと規定し，右呈示にかかる乗車券がこれに該当するものと解せられるところ，米子駅改札係員がこれを回収する措置をとらなかつたのは，被告人を正常な乗客と誤信したためであつて，以上の被告人の行為は，単純な事実の緘黙ではなく，改札係員に対する積極的な欺罔行為といわなければならない。また，右欺罔行為により改札係員をして正常な乗客と誤信させた結果，同係員が乗車券に入鋏して改札口を通過させ，京都駅行列車に乗車させ，国鉄の職員が被告人を京都駅まで輸送したことは，被告人に対し輸送の有償的役務を提供するという処分行為をしたものというべきであり，右の処分行為により被告人が輸送の利益を受け，不法の利益を得たことは明らかである。したがつて，被告人の改札係員に対する欺罔行為は，国鉄職員の右の処分行為に直接指向されたものというべきであり，また，右処分行為は被告人の利得と直接因果関係があるから，詐欺利得罪にいう欺罔行為および処分行為があつたといわなければならない。原判決は，旅客及び荷物営業規則一六七条一項六号は，区間の連続していない二枚以上の乗車券を使用してその各券面に表示された区間と区間との間を乗車したときに該当する場合は，その全券片を無効として回収する旨規定し，その結果，同規則二六四条一項により無札乗客として同条項所定の運賃および増運賃を支払わなければならないことになるが，このような結果は，途中区間の乗車を開始したと認められるとき以降において初めて生ずるものであつて，途中区間の乗車を開始するまでは有効な乗車券であるから，改札係員は被告人の入場および乗車を拒否することはできない，と判示しているけれども，前記のように，当初から不正乗車の手段として乗車券を使用したという事実が認められる以上，それはもはや正当な権利行使ではなく，前記規則一六七条一項一四号により，改札係員に乗車券を呈示して使用したときに無効となるものと解すべきであるから，右原判決の見解は採用しがたいところであり，さらに，原判決は，右見解を前提とし，欺罔行為は「キセル乗車」の終局目的である途中区間乗車の許諾処分に対して直接向けられたものでなく，単に入場し乗車する機会を得るためにのみ指向されており，また，入場し乗車する機会を得たとしても，このような処分行為は財産上の利益として評価し得るものではないと判示するが起訴状

の公訴事実によれば，国鉄からの輸送の役務の提供をもって処分行為とする趣旨であることがうかがわれ，前記のとおり，欺罔行為は，その処分行為に指向されており，また，右処分行為は利得と直接因果関係があるから，右原判決の見解も採用しがたい。そうすると，被告人の本件行為は詐欺利得罪を構成するものというべきであつて，その成立を否定した原判決は，事実を誤認し，ひいては刑法二四六条二項の解釈適用を誤つた違法があり，その誤りは判決に影響を及ぼすことが明らかであるから，破棄を免れない。論旨は理由がある。」

解 説

1　本件はいわゆるキセル乗車の事案であり，詐欺罪の成否を判断するに当たり，欺罔行為（人を欺く行為），処分行為（交付行為），財産上の利益の取得等，さまざまな詐欺罪の成立要件が問題となる。キセル乗車は，改札口の自動改札化・無人改札化といった事情から，実際にはほとんど問題とならなくなりつつあるが，詐欺罪の諸問題のいわば宝庫であり，学習上は依然として検討を要するものであるといえる。

　まず，本判決は，米子駅における米子駅・上井駅間の乗車券の呈示は，不正乗車の目的でなされたもので，正当な権利行使とはいえず，その乗車券は無効として回収されるべきものであり，「被告人の行為は，単純な事実の緘黙ではなく，改札係員に対する積極的な欺罔行為といわなければならない」とする。ここでは，欺かれたのは改札係員として理解されている。

　本判決では，乗車券の呈示には「正常な乗客」であることの表示が含まれており，そうでない被告人は乗車券の呈示という作為によって改札係員を欺いたと解されているといえる。ここで，単なる乗越しを問題とするのでは，乗車駅での乗車券の呈示に乗越ししない意思が表示されているとはいえず，また乗越しの意思を告げる義務もないと解されるから，改札係員を欺いたとすることは困難である。

2　本判決は，被告人によって不正に取得されたのは，米子駅から京都駅までの「輸送の有償的役務」であるとしている。そうすると，このような輸送の役務を提供したのは，欺かれた改札係員ではない（役務を提供するのは列

車を運行する乗務員である。本判決も「国鉄の職員」が役務を提供したとされている）ため，欺かれて輸送の役務という財産上の利益を交付したといえるかが問題となる。本判決は，「被欺罔者以外の者が右の処分行為をする場合であっても，被欺罔者が日本国有鉄道のような組織体の一職員であつて，被欺罔者のとつた処置により当然にその組織体の他の職員から有償的役務の提供を受け，これによって欺罔行為をした者が財産上の利益を得，または第三者をして得させる場合にも［詐欺罪は］成立する」と解しているが，このようなことを認めてよい根拠が上記記述以上に示されているわけではない。あくまでも欺かれた改札係員が輸送の役務を交付したといえなければならないのではないかという疑問があるといえよう[4]。本判決は，「被告人の改札係員に対する欺罔行為は，国鉄職員の右の処分行為に直接指向されたものというべきであり，また，右処分行為は被告人の利得と直接因果関係があるから，詐欺利得罪にいう欺罔行為および処分行為があつたといわなければならない」とするが，処分行為（交付行為）の理解自体に問題があるのである。

　3　キセル乗車については，本判決のように乗車駅の段階で詐欺罪の実行の着手を認めることにはなお問題があるほか，途中でキセル乗車の意思が生じた場合にはその考えによることができない。したがって，降車駅の段階で改札係員を欺いて運賃の支払いを免れる点を捉え，詐欺罪の成立を肯定する見解が主張されている[5]。こちらの方が理論構成として無理がないといえよう。

6　最判昭和 45・3・26 刑集 24 巻 3 号 55 頁

[事　案]

　判決理由参照

[判決理由]

　「職権をもつて調査すると，原判決および第一審判決は，以下述べる理由

---

[4] 自動的に運行される無人列車のようなものであれば，このことを肯定しうるかもしれない。
[5] 高速道路の不正利用の事案に関し，福井地判昭和 56・8・31 判時 1022 号 144 頁が同様の理解を採用している。

により，破棄を免れないものと認められる。原判決が維持した第一審判決の判示事実の要旨は，次のとおりである。

被告人Xは，昭和二八年八月二九日大阪簡易裁判所において，裁判上の和解により，金融業A商事株式会社に対する金三百万円の債務の存在を承認し，その担保として自己所有の大阪市北区……番地所在木造鉄板葺三階建家屋一棟を提供し，これに抵当権を設定し，その登記並びに代物弁済予約による所有権移転請求権保全の仮登記を経由したが，その後右債務を完済したので，同年一二月二日右各登記は抹消され，右和解調書はその効力を失つた。そのため，かねて被告人Xに対し債権を有し，その担保として右不動産に対し後順位の抵当権の設定を受け，その登記並びに代物弁済予約を登記原因とする右家屋の所有権移転請求権保全の仮登記を経由していたBが一番抵当権者に昇格し，昭和三〇年四月二五日その権利の実行として右不動産の所有権移転登記を了したうえ，同年五月九日右不動産の明渡の強制執行をしたので，右家屋はBの所有かつ占有するところとなつた。しかるに，被告人両名は他三名と共謀のうえ右家屋の奪回を企て，すでに右家屋は被告人Xの所有，占有を離れているのに，依然として同被告人が所有，占有しているかのように装い，同年一一月一八日ごろ大阪簡易裁判所に対し，すでに効力を失つている前記A商事との間の和解調書正本につき執行文付与の申請をし，同裁判所書記官補Cをその旨誤信させて執行文の付与を受けたうえ，同月二六日ごろ大阪地方裁判所構内において同裁判所所属執行吏Dに対しても，前示各事実を秘して右執行文を提出し，右執行吏を右書記官補同様誤信させ，よつてそのころ同執行吏をして右家屋に対する強制執行をなさしめ，Bの占有下にある同家屋をA商事の占有に移転させてこれをBから騙取した。

第一審判決は，右事実は詐欺罪に該当するとして，被告人両名に対し刑法二四六条一項，六〇条を適用処断しており，原判決もまた，これを是認維持しているのである。

ところで，詐欺罪が成立するためには，被欺罔者が錯誤によつてなんらかの財産的処分行為をすることを要するのであり，被欺罔者と財産上の被害者とが同一人でない場合には，被欺罔者において被害者のためその財産を処分

しうる権能または地位のあることを要するものと解すべきである。

　これを本件についてみると，二番目の強制執行に用いられた債務名義の執行債務者は，あくまで被告人Ｘであつて，Ｂではないから，もとより右債務名義の効力がＢに及ぶいわれはなく，したがつて，本件で被欺罔者とされている裁判所書記官補および執行吏は，なんらＢの財産である本件家屋を処分しうる権能も地位もなかつたのであり，また，同人にかわつて財産的処分行為をしたわけでもない。してみると，被告人らの前記行為によつて，被告人らが本件家屋を騙取したものということはできないから，前記第一審判決の判示事実は罪とならないものといわなければならない（もつとも，記録によれば，被告人両名はあらかじめＢの占有に属する本件家屋に泊まりこみ，あたかも被告人らがこれを占有しているかのように装い，情を知らない執行吏をして同家屋に対するＸの占有を解いて被告人らと意を通じたＡ商事に引き渡す旨の強制執行をなさしめたことがうかがわれ，右行為は，不動産の侵奪にあたることが考えられるけれども，昭和三五年法律第八三号による不動産侵奪罪制定以前のものであるから，同罪による刑事責任を問うこともできない。）。

　そうすると，本件において詐欺罪の成立を認めた第一審判決は，法令の解釈適用を誤り，罪とならない事実について被告人両名を有罪とした違法があり，これを看過した原判決もまた違法といわなければならない。そして，右違法は判決に影響を及ぼすことが明らかであり，刑訴法四一一条一号によつてこれを破棄しなければいちじるしく正義に反するものと認める。」

解　説

1　本件は裁判制度を悪用して他人の財産を不正に取得するいわゆる訴訟詐欺の一種である。事実関係は本判決中に示されているとおりであるが，本件では，裁判所書記官補及び執行吏を欺いて，失効した和解調書正本に執行文の付与を受けた上で，強制執行により本件家屋を取得したことが問題となっている。

　本件の被害者はＢであり，Ｂが欺かれているわけではない。このように，欺かれた者（被欺罔者）と被害者が異なる場合であっても詐欺罪は成立しうるが（これを，犯人・被欺罔者・被害者の三者が関係することから，三角詐欺と呼んで

いる)，本判決は，三角詐欺の場合，すなわち「被欺罔者と財産上の被害者とが同一人でない場合には，被欺罔者において被害者のためその財産を処分しうる権能または地位のあることを要する」と解している。本件で用いられた和解調書はXとA商事との間のものであり，債務名義の効力が被害者であるBに及ぶいわれはないから，被欺罔者である裁判所書記官補及び執行吏には，法律上，「被害者のためその財産を処分しうる権能または地位」は認められない。したがって，本件事実について詐欺罪は成立しないことになるのである。

7　最決平成 15・12・9 刑集 57 巻 11 号 1088 頁

[事　案]
決定理由参照

[決定理由]
「1　原判決及びその是認する第1審判決の認定並びに記録によれば，本件に関する事実関係は，次のとおりである。

(1) 被告人は，他の1名と共謀の上，病気などの悩みを抱えている被害者らに対し，真実は，被害者らの病気などの原因がいわゆる霊障などではなく，「釜焚き」と称する儀式には直接かつ確実に病気などを治癒させる効果がないにもかかわらず，病気などの原因が霊障であり，釜焚きの儀式には上記の効果があるかのように装い，虚偽の事実を申し向けてその旨誤信させ，釜焚き料名下に金員を要求した。

(2) そして，被告人らは，釜焚き料を直ちに支払うことができない被害者らに対し，被害者らが被告人らの経営する薬局から商品を購入したように仮装し，その購入代金につき信販業者とクレジット契約（立替払契約）を締結し，これに基づいて信販業者に立替払をさせる方法により，釜焚き料を支払うように勧めた。これに応じた被害者らが上記薬局からの商品売買を仮装の上クレジット契約を締結し，これに基づいて信販業者が被告人らの管理する普通預金口座へ代金相当額を振込送金した。

2　以上の事実関係の下では，被告人らは，被害者らを欺き，釜焚き料名

下に金員をだまし取るため，被害者らに上記クレジット契約に基づき信販業者をして立替払をさせて金員を交付させたものと認めるのが相当である。

この場合，被告人ら及び被害者らが商品売買を仮装して信販業者をして立替金を交付させた行為が信販業者に対する別個の詐欺罪を構成するか否かは，本件詐欺罪の成否を左右するものではない。

したがって，被告人に対し本件詐欺罪の成立を認めた原判断は，正当である。」

解説

1 本件は，被告人らに欺かれた被害者が「釜焚き」料名下に金員を交付した事案であるが，その特殊性は，被害者が自分で金員を直接交付したのではなく，「クレジット契約に基づき信販業者をして立替払をさせて金員を交付させた」というところにある。あくまでも交付行為者は欺かれた被害者であり，交付行為は「クレジット契約に基づき信販業者をして立替払をさせ」る行為に他ならない。

2 本件の特色は，「被告人ら及び被害者らが商品売買を仮装して信販業者をして立替金を交付させた行為が信販業者に対する別個の詐欺罪を構成する」可能性があることである。このような「空クレジット」はクレジット契約上許容されていない行為であり，クレジット会社を欺く行為に当たる。そしてクレジット会社に被告人らに対して立替払という形で金員を交付させることは詐欺罪に該当しうると思われる。

本件で，被告人らに欺かれた被害者らの刑事責任が問題となっているわけではないが，被告人らについては，被害者らに対する詐欺罪とクレジット会社に対する詐欺罪の関係が本来問題となりうるところである。というのも，被告人らが得たものは，クレジット会社から立替払という形で交付された金員であり，詐取した同一の金員で両罪の成立を基礎付けるのでは許されない二重評価になるのではないかが問われうるからである。確かに，犯人が取得したものという観点からはそのような問題が生じるところであるが，クレジット会社の立替金，被害者らの支払債務が別個の法益侵害とみることができるから，被害という観点から両罪の成立を認めることは不可能ではないであ

ろう。

V　詐欺罪成立の限界

8　最決平成 16・2・9 刑集 58 巻 2 号 89 頁

[事　案]
決定理由参照

[決定理由]
「なお，所論にかんがみ，詐欺罪の成否について，職権をもって判断する。
　1　原判決及びその是認する第 1 審判決並びに記録によれば，本件の事実関係は，次のとおりである。
　(1) Aは，友人のBから，同人名義の本件クレジットカードを預かって使用を許され，その利用代金については，Bに交付したり，所定の預金口座に振り込んだりしていた。
　その後，本件クレジットカードを被告人が入手した。その入手の経緯はつまびらかではないが，当時，Aは，バカラ賭博の店に客として出入りしており，暴力団関係者である被告人も，同店を拠点に賭金の貸付けなどをしていたものであって，両者が接点を有していたことなどの状況から，本件クレジットカードは，Aが自発的に被告人を含む第三者に対し交付したものである可能性も排除できない。なお，被告人とBとの間に面識はなく，BはA以外の第三者が本件クレジットカードを使用することを許諾したことはなかった。
　(2) 被告人は，本件クレジットカードを入手した直後，加盟店であるガソリンスタンドにおいて，本件クレジットカードを示し，名義人のBに成り済まして自動車への給油を申込み，被告人がB本人であると従業員を誤信させてガソリンの給油を受けた。上記ガソリンスタンドでは，名義人以外の者によるクレジットカードの利用行為には応じないこととなっていた。
　(3) 本件クレジットカードの会員規約上，クレジットカードは，会員で

ある名義人のみが利用でき，他人に同カードを譲渡，貸与，質入れ等することが禁じられている。また，加盟店規約上，加盟店は，クレジットカードの利用者が会員本人であることを善良な管理者の注意義務をもって確認することなどが定められている。

　2　以上の事実関係の下では，被告人は，本件クレジットカードの名義人本人に成り済まし，同カードの正当な利用権限がないのにこれがあるように装い，その旨従業員を誤信させてガソリンの交付を受けたことが認められるから，被告人の行為は詐欺罪を構成する。仮に，被告人が，本件クレジットカードの名義人から同カードの使用を許されており，かつ，自らの使用に係る同カードの利用代金が会員規約に従い名義人において決済されるものと誤信していたという事情があったとしても，本件詐欺罪の成立は左右されない。したがって，被告人に対し本件詐欺罪の成立を認めた原判断は，正当である。」

解　説

　1　本件は他人名義のクレジットカードを不正に使用した事案である。通常，そのような事案においては，他人名義のクレジットカードを呈示する行為が人を欺く行為（欺罔行為）であり，錯誤に陥った加盟店（の店員）が商品を交付することによって詐欺罪が成立すると解される。この結論自体には，自己名義のクレジットカードを不正に使用した事案とは異なって通常問題はない。

　本件で問題となりうるのは，クレジットカードの名義人がカードの使用を許可し，さらに，利用代金の支払いにも同意していたような場合であっても，他人名義のクレジットカードを使用すること自体によって詐欺罪の成立を肯定することができるかということである。もっとも，本件では，クレジットカードの名義人が被告人にカードの使用を許可したことはないから，被告人が利用代金の支払いを含めクレジットカードの使用が許されていると思っていた場合に，詐欺罪の故意が否定され，同罪が成立しなくなることはないかということが問題となるのである。

　2　本決定は，上記の点に関し，「仮に，被告人が，本件クレジットカー

ドの名義人から同カードの使用を許されており，かつ，自らの使用に係る同カードの利用代金が会員規約に従い名義人において決済されるものと誤信していたという事情があったとしても，本件詐欺罪の成立は左右されない」としている。これは，少なくとも本件事案に関する限り，他人名義のクレジットカードを使用するということ（名義の偽り）自体が人を欺く行為（欺罔行為）であって，したがって詐欺罪の成立が可能であり，代金が決済されるかどうかは無関係であることを示しているといえよう。もっとも，他人名義のクレジットカードの使用事案とはいえ，夫婦間で使用の許可があったような場合にまでこの趣旨が及ぶのかについては今後なお残された問題と考えられる。

9　最決昭和 34・9・28 刑集 13 巻 11 号 2993 頁

[事　案]
　決定理由参照

[決定理由]
「弁護人Aおよび被告本人の各上告趣意は，いずれも事実誤認の主張をいでないものであつて，刑訴四〇五条の上告理由に当らない（なお，たとえ価格相当の商品を提供したとしても，事実を告知するときは相手方が金員を交付しないような場合において，ことさら商品の効能などにつき真実に反する誇大な事実を告知して相手方を誤信させ，金員の交付を受けた場合は，詐欺罪が成立する。そして本件の各ドル・バイブレーターが所論のようにD型で，その小売価格が二，一〇〇円であつたとしても，原判決の是認した第一審判決が確定した事実によると，被告人は判示B外一六名に対し判示のごとき虚構の事実を申し向けて誤信させ，同人らから右各ドル・バイブレーターの売買，保証金などの名義のもとに判示各現金の交付を受けたというのであるから，被告人の本件各所為が詐欺罪を構成するとした原判示は正当に帰する。また，記録を調べると，原判決が，証第四号のドル・バイブレーターは三A型である旨の第一審証人Cの供述を引用したのは失当であるが，本件に則してみると，右の瑕疵に刑訴四一一条を適用すべきものとは認められない。）。」

解　説

1　本件は，一般に市販され容易に入手可能な電気あんま器を一般には入手困難な特殊治療器であると偽って販売したという事案である。本決定は，「たとえ価格相当の商品を提供したとしても，事実を告知するときは相手方が金員を交付しないような場合において，ことさら商品の効能などにつき真実に反する誇大な事実を告知して相手方を誤信させ，金員の交付を受けた場合は，詐欺罪が成立する」としている。

詐欺罪（246条）は，背任罪（247条）とは異なって，「財産上の損害」の発生を独立した要件として規定していない。もちろん詐欺罪においても法益侵害の発生は必要であるが，それは，財物・財産上の利益を交付することによって失う財物・財産上の利益自体に他ならないのである。これが，詐欺罪は個別財産に対する罪だとされることの意味でもある。本件では，被害者が支払った「価格相当の商品」が提供されたとしても詐欺罪は成立するとしているが，そこでは，全体財産に対する罪として規定された背任罪における「財産上の損害」の判断とは異なって，取得したものと失ったものとの差引計算が問題となっているわけではないことが明らかである。

2　本件で被害者は特殊治療器を得ようとして現金を交付しているのであり，被害者が得ようとした物が得られるかがあくまでも重要である。それが得られないのであれば，被害者は錯誤に陥り財物を交付したことになり，詐欺罪が成立することになるといえよう。交付した現金に見合うだけの財物を取得したとしても，取得しようとしたものが取得できなければ，被害者の財物（現金）交付の目的は達成されないのであり，そのような錯誤は詐欺罪の成立を基礎付ける重要な錯誤であるといえるのである。

10　最決昭和51・4・1刑集30巻3号425頁

［事　案］

　決定理由参照

［決定理由］

「原審の確定した事実は，ひつきよう，国がその所有する本件未墾地を農

地法六一条以下の規定により売渡処分をする旨を公示したところ，被告人両名は，原審相被告人Ｐと共謀し，右Ｐが国の定める増反者等選定の基準適格者であることを奇貨として，同人において，農地法所定の趣旨に従つてみずから右土地を保有し，これを開墾利用して自己の営農に役立てる意思がなく，売渡しを受けたうえは被告人Ｑにその所有権を取得させ，同人の隠居所敷地に供する意図であるのに，この事情を秘匿し，売渡事務をつかさどる県知事にあて，所定の買受予約申込書等の必要書類を順次提出してその売渡しを求め，同知事を欺罔して右Ｐが売渡処分名下に本件国有地の所有権を取得した，というのであって，これによれば，被告人らの行為は刑法二四六条一項に該当し，詐欺罪が成立するものといわなければならない。被告人らの本件行為が，農業政策という国家的法益の侵害に向けられた側面を有するとしても（農地法にはかかる行為を処罰する規定はない。），その故をもつて当然に，刑法詐欺罪の成立が排除されるものではない。欺罔行為によつて国家的法益を侵害する場合でも，それが同時に，詐欺罪の保護法益である財産権を侵害するものである以上，当該行政刑罰法規が特別法として詐欺罪の適用を排除する趣旨のものと認められない限り，詐欺罪の成立を認めることは，大審院時代から確立された判例であり，当裁判所もその見解をうけついで今日に至っているのである（配給物資の不正受配につき，大審院昭和一八年（れ）第九〇二号同年一二月二日判決・刑集二二巻一九号二八五頁，最高裁昭和二二年（れ）第六〇号同二三年六月九日大法廷判決・刑集二巻七号六五三頁，昭和二三年（れ）第五〇八号同年一一月四日第一小法廷判決・刑集二巻一二号一四四六頁参照。）。また，行政刑罰法規のなかには，刑法に正条あるものは刑法による旨の規定をおくものもあるが，そのような規定がない場合であつても，刑法犯成立の有無は，その行為の犯罪構成要件該当性を刑法独自の観点から判定すれば足りるのである（大審院明治四三年（れ）第一七九一号同年一〇月二七日判決・刑録一六輯二二巻一七五八頁，最高裁昭和二四年（れ）第二九六二号同二五年三月二三日第一小法廷判決・刑集四巻三号三八二頁参照）。原判断は，正当として是認することができる。」

裁判官団藤重光の反対意見　「詐欺罪の規定（刑法二四六条）は，個人的法益としての財物または財産上の利益を保護するために設けられているものである。財物がたまたま国家や公共団体の所有に属していても，それが個人的

法益であることにかわりはないから、これを騙取すれば詐欺罪が成立することは、もちろんである。これに反して、本来の国家的法益に向けられた詐欺的行為は、詐欺罪の構成要件の予想する犯罪定型の範囲に属しないものといわなければならない。たとえば、欺罔的手段を用いて脱税すれば、人を欺罔して財産上不法の利益を得るという点でいわゆる二項詐欺の構成要件に該当するようにみえるが、これは各種税法の違反に問われるだけである。（たとえば所得税法二三八条以下等）。欺罔手段によつて旅券の交付を受けた者は、旅券も財物であるにはちがいないが、旅券法違反（同法二三条一項一号）を構成するにすぎない（昭和二四年（れ）第一四九六号同二七年一二月二五日第一小法廷判決・刑集六巻一二号一三八七頁参照）。これらは特別規定だから刑法の詐欺罪の規定の適用が排除されるのだという説もあるが、もし本来詐欺罪に該当するものだとするならば、何故にわざわざ特別規定を設けて軽い法定刑を規定したのかということの説明に窮するであろう。

　ところで、本件事案の骨子を略述すれば、被告人ら両名は、みずからは国の定める増反者等選定基準に該当しない者であるところ、共犯者（第一審および原審では共同被告人）Ｐがその基準に適合し国から未墾地の売渡を受ける資格をもつているのを奇貨として、Ｐ自身は本件土地を保有して自己の営農に役立てる意思がないのに、その意思があるように装つて、同人名義で手続を進めて本件国有地の売渡を受けた、というのである。なるほど、そこには欺罔的手段によるところの財物の移転があるにはちがいないが、およそこのような行為は、もつぱら農地法の想定する農地政策に背反するという点で違法性を有するにすぎない。同法一条によれば、「この法律は、農地はその耕作者みずからが所有することを最も適当であると認めて、耕作者の農地の取得を促進し、及びその権利を保護し、並びに土地の農業上の効率的な利用を図るためその利用関係を調整し、もつて耕作者の地位の安定と農業生産力の増進とを図ることを目的とする」というのであつて、本件被告人らの行為は、まさしく、このような農地法の規定が存在しなければ、本件のような売買は、はじめからなんら問題とならない性質のものである。換言すれば、本件行為は詐欺罪の定型にあたらない行為というべきであり、もし立法者が本件行為のような種類のものを処罰する必要を認めたならば、農地法にしかる

べき罰則を設けて置くべきであつたとおもう。かような特別の罰則がない現行法のもとでは、本件行為は犯罪を構成しないものというべきである。

なお、ここに留意されなければならないのは、食糧の不正受配に関する食糧緊急措置令 (昭和二一年勅令第八六号) の規定である。同令一〇条前段は「主要食糧 (中略) ノ配給ニ関シ不実ノ申告ヲ為シ其ノ他不正ノ手段ニ依リ主要食糧ノ配給ヲ受ケ又ハ他人ヲシテ受ケシメタル者ハ五年以下ノ懲役又ハ五万円以下ノ罰金ニ処ス」というのであるが、その後段には「其ノ刑法ニ正条アルモノハ刑法ニ依ル」という明文の規定が置かれていて、立法者自身が刑法の詐欺罪の規定の適用を予想しているようであり、当裁判所の判例も騙取の態様における不正受配については詐欺罪の成立を認めているのである (昭和二三年 (れ) 第三二九号同年七月一五日第一小法廷判決・刑集二巻八号九〇二頁、昭和二三年 (れ) 第五〇八号同年一一月四日第一小法廷判決・刑集二巻一二号一四四六頁、昭和二四年 (れ) 第二五三五号同二五年二月二四日第二小法廷判決・刑集四巻二号二五一頁等)。わたくしはこの判例に対しても疑問をいだくものであるが、(団藤・刑法綱要各論・増補・昭和四九年・四九一頁参照)、おそらく農地法の立案者は、こうした判例を念頭に置いて、特別の罰則を設けるまでもなく刑法の規定でまかなえると考えたものとも推測される。そうだとすれば、多数意見のように、本件行為について詐欺罪の成立をみとめることも、あながちに否定し去ることはできないのであろう。しかし、右の食糧緊急措置令のように明文の規定に解釈上の根拠のある場合と、かような明文の根拠を欠く農地法の場合とは、同日の談ではない。わたくしとしては、やはり、前記のように解するほかなく、したがつて、原判決は破棄を免れないものと考える。」

解　説

1　本件は、県知事を欺いて、未墾地である国有地の売渡処分名下に当該土地の所有権を取得したという事案である。被告人「Pが国の定める増反者等選定の基準適格者であることを奇貨として、同人において、農地法所定の趣旨に従つてみずから右土地を保有し、これを開墾利用して自己の営農に役立てる意思がなく、売渡しを受けたうえは被告人Qにその所有権を取得させ、同人の隠居所敷地に供する意図である」ことを秘して、売渡事務をつか

さどる県知事に土地の売渡しを求め，当該土地の所有権を取得したというのであり，所定の土地代金を支払っているにもかかわらず，詐欺罪が成立するかが問題となっている。すなわち，被告人らの行為は国の農業政策を害しただけであり，詐欺罪の成立を認めるべきではないのではないかが問題とされているわけである。

　本決定は，「被告人らの本件行為が，農業政策という国家的法益の侵害に向けられた側面を有するとしても（農地法にはかかる行為を処罰する規定はない。)，その故をもつて当然に，刑法詐欺罪の成立が排除されるものではない。欺罔行為によつて国家的法益を侵害する場合でも，それが同時に，詐欺罪の保護法益である財産権を侵害するものである以上，当該行政刑罰法規が特別法として詐欺罪の適用を排除する趣旨のものと認められない限り，詐欺罪の成立を認める」という従来からの判例の立場を踏襲して，詐欺罪の成立を肯定した。国の政策を害する行為であっても，同時に財産権を侵害する以上，詐欺罪の成立を否定する理由はないのであり，このことは，「行政刑罰法規のなかには，刑法に正条あるものは刑法による旨の規定をおくものもある[6]が，そのような規定がない場合であつても」同様だとしている。このような判例の立場は今日では一般的に支持されているということができよう。

　2　団藤裁判官の反対意見も，「財物がたまたま国家や公共団体の所有に属していても，それが個人的法益であることにかわりはないから，これを騙取すれば詐欺罪が成立することは，もちろんである」とされる。しかし，「本来の国家的法益に向けられた詐欺的行為は，詐欺罪の構成要件の予想する犯罪定型の範囲に属しないものといわなければならない」とする見地から，本件について詐欺罪の成立を認めることに反対されるわけである。もちろん，関連規定の趣旨が詐欺罪の適用を排除することにあるなら，詐欺罪は成立しないことになろうが，問題は，本件でそのような趣旨が認められるかというところにある。団藤裁判官は，「「其ノ刑法ニ正条アルモノハ刑法ニ依ル」という明文の規定が置かれていて，立法者自身が刑法の詐欺罪の規定の適用を予想している」か否かを重視され，そのような規定がない場合には，

---

[6] その場合には，詐欺罪の成立を否定しない趣旨が明らかだと解することができよう。

詐欺罪の適用が排除されると解することが可能であり，本件はそのような場合に当たるというわけである。これに対し，法廷意見はそのような明文規定の有無に絶対的な意義を認めていない。

　国有地の売渡しが農業政策の観点から行われるとしても，それは当該土地をどのように処分するかという点についての国の財産権の行使方法に係わることである。一般人もさまざまな理由から財産を処分するが，国はその公的地位からしてさまざまな政策目的を実現するために所有する財産を処分する。このような政策目的が達成できない場合には，国の政策（本件の場合には農業政策）が害されたといいうるばかりではなく，その財産権も侵害されたということができよう。このような意味で，本件では詐欺罪の成立を肯定することが許されるものと思われる。

11　最判昭和 27・12・25 刑集 6 巻 12 号 1387 頁

[事　案]
　判決理由参照

[判決理由]
　「職権を以て調査するに原判決は「被告人は昭和二二年八月二五日肩書本籍地〇〇村役場において被告人が日本において兵役に服したことがない旨並びに選挙に投票したことがない旨夫々虚偽の内容を記載した証明願各一通宛合計二通を同役場係員 A に提出し情を知らない同係員をして同村長 B から委任を受けていた村長のこの種証明書発行の職務に関し，行使の目的を以て，右証明書二通に順次同村長 B 名義の証明文の奥書及び同村長職印の押捺を為さしめ，以て右各証明書記載の内容が事実相違ないことを証明する旨の同村長名義の虚偽の証明書二通を順次作成せしめ」と認定し，被告人の右所為を刑法一五六条，一五五条に該当すると判示している。しかし刑法は，いわゆる無形偽造については公文書のみに限つてこれを処罰し，一般私文書の無形偽造を認めないばかりでなく，公文書の無形偽造についても同法一五六条の他に特に公務員に対し虚偽の申立を為し，権利義務に関する公正証書の原本又は免状，鑑札若しくは旅券に不実の記載を為さしめたときに限り同

法一五七条の処罰規定を設け，しかも右一五六条の場合の刑よりも著しく軽く罰しているに過ぎない点から見ると公務員でない者が虚偽の公文書偽造の間接正犯であるときは同法一五七条の場合の外これを処罰しない趣旨と解するのを相当とする。そして右判示の証明書が同法一五七条にいわゆる権利義務に関する公正証書の原本又は免状，鑑札，旅券のいずれにも当らないことはいうまでもないところであるから被告人の右判示無形偽造の所為は罪とならないものといわなければならぬ。従つて，前記各証明書は虚偽の公文書とはいえないから，原判決が認定したように，たとえ被告人が同年九月一九日米国領事館に到り，同館係員に対し，右作成に係る虚偽の証明書二通を恰も真実の内容を記載したものである様に装い，旅券下附申請書と共に一括して提出行使したとしても刑法一五八条一項，一五六条，一五五条一項に該当する虚偽文書行使の罪にあたるとはいえない。それ故この点も罪とならないものといわなければならぬ。

更に原判決は「被告人は同係員を欺罔して旅券の下付を受けようとしたけれども，その後占領軍官憲の調査により右証明書二通の記載内容が虚偽であることを発見されたため竟に旅券騙取の目的を遂げなかつたものである」と認定し，刑法二四六条一項，二五〇条に該当する詐欺未遂である旨判示している。そして，刑法一五七条二項には，公務員に対し虚偽の申立を為し免状，鑑札又は旅券に不実の記載を為さしめたる者とあるに過ぎないけれども，免状，鑑札，旅券のような資格証明書は，当該名義人においてこれが下付を受けて所持しなければ効用のないものであるから，同条に規定する犯罪の構成要件は，公務員に対し虚偽の申立を為し免状等に不実の記載をさせるだけで充足すると同時にその性質上不実記載された免状等の下付を受ける事実をも当然に包含するものと解するを正当とする。しかも，同条項の刑罰が一年以下の懲役又は三百円以下の罰金に過ぎない点をも参酌すると免状，鑑札，旅券の下付を受ける行為のごときものは，刑法二四六条の詐欺罪に間擬すべきではなく，右刑法一五七条二項だけを適用すべきものと解するを相当とする。されば，原判決が右下付を受けようとした行為を目して詐欺未遂としたことは擬律錯誤の違法があるものといわなければならない。そして判示の米国領事館員のごときは，刑法七条，従つて同法一五七条二項にいわゆる

公務員とはいえないから，右判示行為は，刑法一五七条二項の未遂罪にも該当しないものといわなければならない。従って原判決の認定した前記下付を受けようとした行為も結局罪とならないものと断じなければならぬ。されば，被告人並びに弁護人Cの各上告趣意につき判断するまでもなく，本件上告は結局その理由があり，原判決は全部破棄を免れない。」

解　説

1　本件では，①虚偽の事実を告げて内容虚偽の公務員名義の証明書を作成させた事実と，②その証明書を使って③旅券の交付を受けようとした事実について犯罪の成否が問題となっている。①及び②は文書偽造罪に関する問題であるので，最後に若干触れるにとどめることにして，ここでは③を中心に検討を加えることにする。

2　本判決は，旅券の不正取得事案について詐欺罪（246条）の成立を否定する立場を示しているが，その理由とするところは，「刑法一五七条二項には，公務員に対し虚偽の申立を為し免状，鑑札又は旅券に不実の記載を為さしめたる者とあるに過ぎないけれども，免状，鑑札，旅券のような資格証明書は，当該名義人においてこれが下付を受けて所持しなければ効用のないものであるから，同条に規定する犯罪の構成要件は，公務員に対し虚偽の申立を為し免状等に不実の記載をさせるだけで充足すると同時にその性質上不実記載された免状等の下付を受ける事実をも当然に包含するものと解するを正当とする。しかも，同条項の刑罰が一年以下の懲役又は三百円以下の罰金に過ぎない点をも参酌すると免状，鑑札，旅券の下付を受ける行為のごときものは，刑法二四六条の詐欺罪に問擬すべきではなく，右刑法一五七条二項だけを適用すべきものと解するを相当とする。」ということである。要するに，刑法157条2項の規定は旅券の取得までを当然包含するものであるが，その法定刑が詐欺罪よりも軽いことからすると，それは詐欺罪の規定を排除する趣旨と考えられるというのである。

このような理由自体は十分に理解しうるものであるが，いくつか問題がある。まず，詐欺罪の成立を文書偽造に関する規定を援用することによって否定しうるか理論的には問題があろう。確かに，詐欺罪の成立を肯定してしま

っては，刑法157条2項が軽い刑を規定するにとどめていることが没却されるのではないかが問題となるが，文書の信用性という刑法157条の保護法益と異なる法益の侵害がある以上，詐欺罪と刑法157条2項の罪とは観念的競合となるという理解が全く不可能ではない。詐欺罪の成立を否定するのであれば，本来，詐欺罪固有の論理で基礎付けられることが望ましいといえる。

　本判決でより問題なのは，実は，本件は「旅券」の不正取得の事案ではなく，そもそも刑法157条2項の適用の余地がない事案だということである。この意味で，本判決の理由はその結論を支えることのできるものであるかにそもそも疑問があり，せいぜい傍論，さらには事案と無関係な一般論と評価しうるものにすぎないといえる。というのは，本件で取得しようとした旅券は「米国旅券」であり，これは刑法157条2項にいう「旅券」ではなく，わが国の刑法上単なる私文書（しかも，内容虚偽ですらないと思われる）にすぎないからである[7]。したがって，本判決の論理は，刑法157条2項が適用可能な内容虚偽の「日本国旅券」の不正取得について詐欺罪が成立しないのだから，内容虚偽でない私文書である「米国旅券」の不正取得についても詐欺罪は成立しないというように理解することが必要となろう。しかし，そのような推論が可能かには問題がある。刑法157条2項があるからとして刑法246条の適用を否定し，実は，刑法157条2項の適用もないとして不可罰とする本判決の論理には理解しがたいものがあるとすらいえる。むしろ，このような文書の不正取得については，そもそも詐欺罪が成立しないことを前提として，刑法157条2項は文書の信用性を保護する見地から，一定の場合に処罰を認めているにすぎないと解するべきではないかと思われるのである。

　そうだとすると，ここには，申請による文書の不正取得について詐欺罪が成立するかという一般的な解釈問題が潜んでいることになり，その解決なしには本当の答えを与えることができないように思われる。すなわち，詐欺罪に内在する論理によって同罪の成立を否定することがそもそも必要となるの

---

[7] 本判決も，米国の領事館員は157条の公務員ではないとして，このことを間接的に認めている。

である。ところが，本判決はこの点に何ら答えるものではないといえよう。この点について判例は解決を示していないが，次のような理解が可能であろう。すなわち，単なる証明文書については，申請者に文書が交付される限り，交付者の目的は達成されており，したがって詐欺罪は成立せず，あとは文書の信用性の問題，すなわち，文書偽造に関する罪の成否の問題として解決すべきことになるのではないかと思われる[8]。

　3　本判決は，虚偽申請により，内容虚偽の公務員名義の証明書を作成させたという事実①について，「刑法は，……，公文書の無形偽造についても同法一五六条の他に特に公務員に対し虚偽の申立を為し，権利義務に関する公正証書の原本又は免状，鑑札若しくは旅券に不実の記載を為さしめたときに限り同法一五七条の処罰規定を設け，しかも右一五六条の場合の刑よりも著しく軽く罰しているに過ぎない点から見ると公務員でない者が虚偽の公文書偽造の間接正犯であるときは同法一五七条の場合の外これを処罰しない趣旨と解するのを相当とする。」として，被告人の行為について犯罪の成立を否定している。刑法156条は公務員を主体とする犯罪（身分犯）であって，そのような構成要件要素を充足することのできない私人が犯すことができないことは明らかであり，刑法157条の刑が156条よりも軽いことに言及する必要性まではなかったともいえるであろう。なお，本件文書は刑法157条所定のものでないことから，同条の罪も成立しないことになる。

　さらに，問題となるのは，こうして作成させた内容虚偽の公文書を行使した事実②である。本判決は，これを「虚偽の公文書とはいえない」という理由で，虚偽公文書行使罪の成立も否定している。しかし，公務員名義の公文書であって，内容虚偽のものである以上，「虚偽の公文書」であることを否定することはできないはずであり，刑法156条の虚偽公文書作成罪は成立しないとしても，同行使罪の成立までも否定できるのかについては，疑問があるといえよう。なぜなら，たとえば，行使の目的がないため文書偽造罪が成立しない場合であっても，そうして偽造された文書を行使すれば偽造文書行使罪が成立すると解されるように，行使罪の成立は偽造罪・作成罪の成立

---

[8]　この問題に対する答えのこうした試みとして，山口厚『新判例から見た刑法〔第2版〕』225頁以下（2008年）参照。

を前提としないというのが一般的な理解だからである。

12 最決平成 12・3・27 刑集 54 巻 3 号 402 頁

[事　案]
決定理由参照

[決定理由]
　「なお，簡易生命保険契約の事務に従事する係員に対し，被保険者が傷病により入院中であること又は被保険者につき既に法定の保険金最高限度額を満たす簡易生命保険契約が締結されていることを秘して契約を申込み，同係員を欺罔して簡易生命保険契約を締結させ，その保険証書を騙取した行為について，刑法（平成七年法律第九一号による改正前のもの）二四六条一項の詐欺罪の成立を認めた原判決の判断は，正当である。

解　説
　1　本件は，係員を欺いて簡易生命保険契約を締結させてその保険証書を取得した事案である。本決定は，判例11とは異なり，文書の不正取得の事案について，詐欺罪（246条）の成立を肯定した。
　本件文書の特色は，旅券と異なり，単なる証明文書にとどまるものではなく，保険事故が発生した場合に保険金給付を受けることができる契約上の地位を表す文書だということである。この意味で，保険証書のように，財産的給付を受けうる地位を表す文書については，判例は，単なる証明文書とは異なり，その不正取得について詐欺罪の成立を肯定していることになるといえる。かつて争いがあった健康保険被保険者証についても，現在では，同様の判断が判例により示されているところである[9]。
　財産的給付に係る文書については，当該給付を与えることができない者にそうした地位を表す文書を交付することは，たとえ当該文書が申請者自身に交付される場合であっても，そうした文書に基づいて申請者が財産的給付を

---

[9] 最決平成 18・8・21 判タ 1227 号 184 頁。

受けることが可能となるから，財産的給付を目的とする交付者の文書交付目的に反しているため，重要な錯誤があり，詐欺罪が成立することになるものと解される。

13 最決平成 19・7・17 刑集 61 巻 5 号 521 頁

[事　案]
決定理由参照

[決定理由]
「所論にかんがみ，本件各詐欺罪の成否について検討する。

1　原判決及びその是認する第 1 審判決の認定並びに記録によれば，本件の事実関係は次のとおりである。

(1) 被告人は，第三者に譲渡する預金通帳及びキャッシュカードを入手するため，友人のAと意思を通じ，平成 15 年 12 月 9 日から平成 16 年 1 月 7 日までの間，前後 5 回にわたり，いずれも，Aにおいて，五つの銀行支店の行員らに対し，真実は，自己名義の預金口座開設後，同口座に係る自己名義の預金通帳及びキャッシュカードを第三者に譲渡する意図であるのにこれを秘し，自己名義の普通預金口座の開設並びに同口座開設に伴う自己名義の預金通帳及びキャッシュカードの交付方を申し込み，上記行員らをして，Aが，各銀行の総合口座取引規定ないし普通預金規定等に従い，上記預金通帳等を第三者に譲渡することなく利用するものと誤信させ，各銀行の行員らから，それぞれ，A名義の預金口座開設に伴う同人名義の普通預金通帳 1 通及びキャッシュカード 1 枚の交付を受けた。

(2) 被告人は，A及びBと意思を通じ，平成 17 年 2 月 17 日，Bにおいて，上記 (1) と同様に，銀行支店の行員に対し，自己名義の普通預金口座の開設等を申込み，B名義の預金口座開設に伴う同人名義の普通預金通帳 1 通及びキャッシュカード 1 枚の交付を受けた。

(3) 上記各銀行においては，いずれもA又はBによる各預金口座開設等の申込み当時，契約者に対して，総合口座取引規定ないし普通預金規定，キャッシュカード規定等により，預金契約に関する一切の権利，通帳，キャッ

シュカードを名義人以外の第三者に譲渡，質入れ又は利用させるなどすることを禁止していた。また，A又はBに応対した各行員は，第三者に譲渡する目的で預金口座の開設や預金通帳，キャッシュカードの交付を申し込んでいることが分かれば，預金口座の開設や，預金通帳及びキャッシュカードの交付に応じることはなかった。

2 以上のような事実関係の下においては，銀行支店の行員に対し預金口座の開設等を申し込むこと自体，申し込んだ本人がこれを自分自身で利用する意思であることを表しているというべきであるから，預金通帳及びキャッシュカードを第三者に譲渡する意図であるのにこれを秘して上記申込みを行う行為は，詐欺罪にいう人を欺く行為にほかならず，これにより預金通帳及びキャッシュカードの交付を受けた行為が刑法246条1項の詐欺罪を構成することは明らかである。被告人の本件各行為が詐欺罪の共謀共同正犯に当たるとした第1審判決を是認した原判断に誤りはない。」

解説

1 本件は，第三者に譲渡する意図を秘して，預金口座の開設を申し込み，口座開設に伴う預金通帳及びキャッシュカードの交付を受けたという事案である。

本件以前に，他人名義を偽って預金口座を開設し，預金通帳の交付を受けたという事案について詐欺罪（246条）の成立を肯定した最高裁決定が存在する[10]。同決定は，「預金通帳は，それ自体として所有権の対象となり得るものであるにとどまらず，これを利用して預金の預入れ，払戻しを受けられるなどの財産的な価値を有するものと認められるから，他人名義で預金口座を開設し，それに伴って銀行から交付される場合であっても，刑法246条1項の財物に当たる」として，詐欺罪の成立を肯定していた。

これに対し，本決定は，自己名義ではあるが，第三者に譲渡する目的で預金通帳及びキャッシュカードの交付を受けた場合に詐欺罪の成立を肯定したのであり，この点で，平成14年の最高裁決定よりもさらに一歩詐欺罪の成

---

[10] 最決平成14・10・21刑集56巻8号670頁。

立範囲を拡張したものということができる。

2　本決定は，預金通帳，キャッシュカード等の第三者への譲渡は禁止され，銀行としても，そのような意図を知れば，預金口座の開設，預金通帳及びキャッシュカードの交付に応じることはなかったという前提で，「預金通帳及びキャッシュカードを第三者に譲渡する意図であるのにこれを秘して上記申込みを行う行為は，詐欺罪にいう人を欺く行為」に当たると解している。なお，「銀行支店の行員に対し預金口座の開設等を申し込むこと自体，申し込んだ本人がこれを自分自身で利用する意思であることを表しているというべきである」とされているところから，作為による欺罔行為（人を欺く行為）であると解されているといえよう。

3　預金口座の開設には厳しい本人確認が法律上要請されることから，銀行としては，あくまでも預金口座の名義人本人が使用するものとして預金口座やキャッシュカードを交付することに交付目的があるとされ，詐欺罪の成立が肯定されるに至ったということができる。

4　なお，近時の判例として，第三者を搭乗させる意図を秘して国際航空運送に係る航空会社関係係員から自己に対する搭乗券の交付を受ける行為について，「搭乗券の交付を請求する者自身が航空機に搭乗するかどうかは，本件係員においてその交付の判断の基礎となる重要な事項であるというべきであるから，自己に対する搭乗券を他の者に渡してその者を搭乗させる意図であるのにこれを秘して本件係員らにその搭乗券の交付を請求する行為は，詐欺罪にいう人を欺く行為にほかならず，これによりその交付を受けた行為が刑法246条1項の詐欺罪を構成することは明らかである。」としたものがある[11]。ここでも，いわば本人確認の重要性を介して，詐欺罪にいう人を欺く行為，ひいては錯誤の要件の充足が認められているといえる。

---

[11] 最決平成22・7・29刑集64巻5号829頁。

VI 権利行使と財産犯の成否

14 最判昭和 30・10・14 刑集 9 巻 11 号 2173 頁

[事　案]
判決理由参照

[判決理由]
「他人に対して権利を有する者が，その権利を実行することは，その権利の範囲内であり且つその方法が社会通念上一般に忍容すべきものと認められる程度を超えない限り，何等違法の問題を生じないけれども，右の範囲程度を逸脱するときは違法となり，恐喝罪の成立することがあるものと解するを相当とする（昭和二六年（れ）二四八二号同二七年五月二〇日第三小法廷判決参照）。本件において，被告人等が所論債権取立のために執つた手段は，原判決の確定するところによれば，若し債務者Aにおいて被告人等の要求に応じないときは，同人の身体に危害を加えるような態度を示し，且同人に対し被告人X及び同Y等は「俺達の顔を立てろ」等と申向けAをして若しその要求に応じない時は自己の身体に危害を加えられるかも知れないと畏怖せしめたというのであるから，もとより，権利行使の手段として社会通念上，一般に忍容すべきものと認められる程度を逸脱した手段であることは論なく，従つて，原判決が右の手段によりAをして金六万円を交付せしめた被告人等の行為に対し，被告人ZのAに対する債権額のいかんにかかわらず，右金六万円の金額について恐喝罪の成立をみとめたのは正当であつて，所論を採用することはできない。」

[解　説]
1　本件は，脅迫により債権の取立てを行い，金銭を交付させた事案であり，権利行使の場合に恐喝罪（249条）が成立するかが問題となっている。同様の問題は詐欺罪（246条）との関係でも生じるところである。

2　この問題について，かつての大審院判例は，次のような態度を採っていた[12]。①権利の範囲内であれば，弁済は有効であり，犯人の権利はそれによって消滅するから，不当の利得がなく，詐欺罪・恐喝罪は成立しない。正当な権利の範囲外において領得した財物・利益の部分についてだけ詐欺罪・恐喝罪が成立する。②正当な権利があっても，犯人にこれを実行する意思がなく，実行に仮託して不正に財物・利益を領得する場合，犯人が財物・利益を領得した原因が正当に有する権利とは全く異なる場合には領得した財物・利益の全部について詐欺罪・恐喝罪が成立する。③犯人が領得した財物・利益の一部について犯罪の成立を認めるためには，財物・利益が法律上可分であることを要し，そうでないときは，全部について詐欺罪・恐喝罪が成立する。

また，別の大審院判例は，権利実行のため恐喝手段を用いても，権利の範囲で得た財物・利益については，不法利益の要件を欠いて恐喝罪は成立しないが，恐喝手段が法律の認める範囲を超えた場合には，脅迫罪が成立するとしていた[13]。

これに対し，本判決は，「他人に対して権利を有する者が，その権利を実行することは，その権利の範囲内であり且つその方法が社会通念上一般に忍容すべきものと認められる程度を超えない限り，何等違法の問題を生じないけれども，右の範囲程度を逸脱するときは違法となり，恐喝罪の成立することがある」と解している。すなわち，権利行使が，「権利の範囲内」で，「社会通念上一般に忍容すべきものと認められる程度」を超えない限り，恐喝罪は成立しないが，それを超えた場合には恐喝罪が成立するというのである。つまり，「権利の範囲内」であっても，権利行使の手段が「社会通念上一般に忍容すべきものと認められる程度」を超えれば恐喝罪は成立することになり，大審院判例のように脅迫罪が成立するにとどまるものではないことになる。このような本判決の理解は，自力救済を禁止して法的手段による紛争解決を志向する，財産犯の保護法益に関する占有説の考え方によって支えられているといえよう。

---

[12] 大連判大正2・12・23刑録19輯1502頁。
[13] 大判昭和5・5・26刑集9巻342頁。

第5章　財産犯3（横領罪・背任罪）

[横領罪の諸問題]
1　最判昭和30・12・26刑集9巻14号3053頁
2　大判大正元・10・8刑録18輯1231頁
3　最判昭和30・12・26刑集9巻14号3053頁
4　最判昭和26・5・25刑集5巻6号1186頁
5　最判昭和23・6・5刑集2巻7号641頁
6　大判大正2・12・16刑録19輯1440頁
7　最判昭和24・3・8刑集3巻3号276頁
8　最判昭和28・12・25刑集7巻13号2721頁
9　最判昭和31・6・26刑集10巻6号874頁
10　最判昭和32・11・19刑集11巻12号3073頁

[背任罪の諸問題]
11　最判昭和31・12・7刑集10巻12号1592頁
12　最決昭和63・11・21刑集42巻9号1251頁
13　最決昭和58・5・24刑集37巻4号437頁
14　最決平成15・2・18刑集57巻2号161頁

[横領罪と背任罪の区別]
15　大判昭和9・7・19刑集13巻983頁
16　最判昭和33・10・10刑集12巻14号3246頁
17　最判昭和34・2・13刑集13巻2号101頁

I　はじめに

　本章では非移転罪である横領罪（252条以下），そして，それに関連して，背任罪（247条）の解釈論上の諸問題について解説する。まず，「自己の占有する他人の物」を客体とする横領罪（252条）について，占有の意義，物の他人性に関する問題を扱い，その後に，横領の意義について解説を加える。その後，横領罪に関する共犯の問題を取り扱う。背任罪については，まず，その主体である事務処理者の意義が問題となる。そして図利加害目的，財産上の損害の要件に検討を加え，さらに，不正融資の相手方について近年議論されている背任罪の共同正犯の成否の問題を扱う。最後に，議論されること

の多い，横領罪と背任罪の区別について解説を行う。

II　横領罪の諸問題

1　占　有

1　最判昭和 30・12・26 刑集 9 巻 14 号 3053 頁

[事　案]

判決要旨参照

[判決要旨]

「所論は，事実誤認の主張であつて刑訴四〇五条の上告理由にあたらない。なお所論について考えてみるに，不動産の所有権が売買によつて買主に移転した場合，登記簿上の所有名義がなお売主にあるときは，売主はその不動産を占有するものと解すべく，従つていわゆる二重売買においては横領罪の成立が認められるとする趣旨は，大審院当時くりかえし判例として示されたところであり，この見解は今なお支持せられるべきものである（例えば大正一一年（れ）第五号，同年三月八日判決，刑集一巻一号一二四頁。昭和六年（れ）第一七七六号，同七年三月一一日判決，刑集一一巻一六七頁。昭和七年（れ）第二四二号同年四月二一日判決，刑集一一巻三四二頁等参照）。本件について原判決の是認する第一審の確定した事実は，被告人は判示のように本件山林をAに売却したのであるが，なお登記簿上被告人名義であるのを奇貨とし，右山林をさらにBに売却したというのであるから，原審が横領罪の成立を認めたのは相当であつてなんら誤はない。所論は情状または右と反する法律上の見解に立つて原判決の事実認定を非難するに帰し，採用することはできない。また記録を調べても刑訴四一一条を適用すべきものとは認められない。」

[解　説]

1　横領罪（252 条）は「自己の占有する他人の物」を横領したときに成立

する。この占有は，委託に基づくものでなければならず，そうでなければ遺失物等横領罪（刑法254条）が成立するにすぎない。すなわち，占有が委託に基づくことは「書かれざる構成要件要素」であり，それによって，委託物横領罪が遺失物等横領罪から区別されることになるのである。したがって，自己の占有する他人の物であっても，誤配達された郵便物のように，その占有が委託に基づかない場合には，それを横領しても遺失物等横領罪が成立するにとどまることになる[1]。

　本件は，不動産の二重売買の事案である。不動産の第1買主が当該不動産についての所有権を取得したが，登記簿上の所有名義が依然として売主にあるとき，売主はなお当該不動産を占有しているといえるか，そしてその占有が委託に基づくものといえるかが問題となる。さらに，いかなる時点で横領罪が既遂となるのか（横領罪の未遂は不可罰である）が問われることになる。

　2　本判決は，不動産の売主が登記簿上の所有名義を持つことによって，不動産に対する占有を売主に認めている。つまり，登記済み不動産については，「登記による占有」が肯定されていることになるのである。

　横領罪は所有権が保護法益であり，所有権を害する行為でなければ同罪は成立しない。したがって，質物の保管者が質物を債務者に返還した事例では，債権者の質権を侵害したにすぎず，横領罪は成立しないことになる[2]。不動産については，所有権登記を失う，又はそれを得ることができないことによって，当該不動産についての所有権が害されることになる。所有権登記がなければ，当該不動産について，移転登記等をなすといった所有者としての処分ができないからである。このため，不動産については，事実上の支配ではなく，むしろ「登記による占有」が占有の基準となるということができよう。したがって，登記簿上所有名義を有さず，他人の土地に一定の利用権限を有しているにすぎない者がその権限を超えて土地を利用し，その土地の利用価値を侵害した場合には，横領罪ではなく，不動産侵奪罪（235条の2）が成立するにとどまることになるのである[3]。

---

[1] 大判大正6・10・15刑録23輯1113頁。
[2] 背任罪が成立するのみである。大判明治44・10・13刑録17輯1698頁。
[3] 最決平成11・12・9刑集53巻9号1117頁（第3章判例 **8**）。

3　本判決は，また，土地について登記簿上の所有名義を有する売主は，第１買主の委託に基づいて当該土地を（登記により）占有していることを認めたことになる。土地の売主は売買契約上買主に所有権登記を移転する義務があり，それを履行するために，登記移転まで当該土地を委託に基づいて占有しているといえるわけである。判例は，債権の譲渡人は，債権譲渡の通知を債務者にする前に債務者から支払われた金銭について，債権の譲受人の所有する金銭を譲受人のために占有していること，すなわち，譲渡人の金銭の占有が譲受人の委託に基づくことを認めているが[4]，これも本判決と同様の理由によるものと解される。

　4　なお，本件では，不動産の二重売買の場合，どの段階で横領罪が既遂となるかも問題となるが，この点については，判例 3 で後述することにする。

2　大判大正元・10・8 刑録 18 輯 1231 頁

[事　案]

判決理由参照

[判決理由]

「刑法ニ所謂占有アリト認ムルニハ物ヲ現実ニ支配スルノ事実アレハ則チ足ルモノトス原判決第三事実認定ニ依レハ被告ＸハＡ村長トシテ其保管スル同村基本財産タル判示金員換言スレハ現ニ被告ノ支配内ニ存セル右公金ヲ判示銀行ニ預ケ入レタル事実アリト雖モ右事実ハ被告ノ前示公金ノ保管者タル地位ニ変動ヲ生セシムルモノニアラサレハ従テ被告ノ右公金ニ対スル支配関係ニ毫モ消長アルコトナク即チ該公金ハ其預入後ト雖モ依然被告ノ支配内ニ存セシモノナルヲ以テ右金員ハ刑法第二百五十三条ニ所謂自己ノ占有スル他人ノ物ニ該当スルモノトス故ニ苟クモ原判決認定ノ如ク被告ニ於テ右銀行ヨリ該金員ヲ引出シ以テ之ヲ横領シタル事実アル以上ハ右ハ前記法条ノ横領罪ヲ構成スルコト亦論ヲ俟タス」

---

[4] 最決昭和 33・5・1 刑集 12 巻 7 号 1286 頁。

解　説

1　本件は，村の公金を銀行預金という形で保管していた村長である被告人が，それを引き出して横領したという事案である。本件で問題となるのは，横領の客体である。すなわち，横領されたのは，預金されていた金銭か，預金口座から引き出された金銭かが問題となり，本判決は，預金されていた金銭を横領の客体としたものと解される。

預金されていた金銭は村の公金であるから，その所有権は村にあるといえよう。「金銭については所有と占有は一致する」といっても，それは取引の安全の見地から認められるものであり，本来金銭を所有している者の利益保護が問題となる横領罪の関係では，このような法原則をそのまま妥当させる必要はないといえる。そうすると，引き出した金銭は本来村の公金であるから，これは被告人にとって「他人の物」であるといってよいであろう。

2　本件で問題となるのは，預金されていた村の公金について，被告人の占有があるといえるかということである。本判決はこれを肯定したものと解することができる。このような「預金による金銭の占有」はいかなる意味で認めることができるのであろうか。とくに，不正に入手した預金通帳・印鑑を用いて預金の払戻しを行えば，銀行に対する詐欺罪が成立することから明らかなように，預金された金銭については銀行に占有があることが否定できない以上，預金された金銭に対する銀行の占有との関係で，預金された金銭に対する預金者の占有の意義が確定される必要があるといえる。

まず，預金者の「預金による金銭の占有」は，単に事実上預金を払い戻すことができる地位によって認められるわけではない。このような地位は預金通帳・印鑑を盗んだ者にも認められるのであるが，預金通帳等を窃取した段階で預金についても窃取したことにはならないし，窃取した預金通帳等を用いて預金の払戻しを行えば，銀行に対する詐欺罪 (246条) が成立するように，払戻しの事実上の可能性によって預金された金銭に対する占有が認められるわけではないのである。

預金者の「預金による金銭の占有」は，銀行の占有との関係でみると，預金の払戻権限によって基礎付けられると解される。なぜなら，払戻権限が行使された場合には，それに対し，銀行は預金された金銭についての占有利益

を主張することができず，すなわち，銀行の占有は払戻権限を行使する預金者との関係では保護されなくなるからである。したがって，預金者の預金による金銭の占有が認められ，預金者は金銭を占有していることになり，当該金銭が「他人の物」といえる場合には，預金による金銭の占有が委託に基づくとき，横領罪の客体となるのである。このことは預金者から払戻権限を与えられた者についても妥当するといえよう。したがって，このような者が，横領の意思で，払戻権限を行使して預金を払い戻して着服する場合には，預金者に対する横領罪が成立することになると解される。

　なお，預金者の「預金による金銭の占有」は，特定した金銭についてのものではありえないから，いわば預金された一定「金額」についての占有ということになろう。この意味で，占有の客体・対象である物の意義が抽象化されることになることは否定できないように思われる。

2　他人の物

3　最判昭和30・12・26刑集9巻14号3053頁

[事　案]

判決理由参照

[判決理由]

　「所論は，事実誤認の主張であつて刑訴四〇五条の上告理由にあたらない。なお所論について考えてみるに，不動産の所有権が売買によつて買主に移転した場合，登記簿上の所有名義がなお売主にあるときは，売主はその不動産を占有するものと解すべく，従つていわゆる二重売買においては横領罪の成立が認められるとする趣旨は，大審院当時くりかえし判例として示されたところであり，この見解は今なお支持せられるべきものである（例えば大正一一年（れ）第五号，同年三月八日判決，刑集一巻一号一二四頁。昭和六年（れ）第一七七六号，同七年三月一一日判決，刑集一一巻一六七頁。昭和七年（れ）第二四二号同年四月二一日判決，刑集一一巻三四二頁等参照）。本件について原判決の是認する第一審の確定した事実は，被告人は判示のように本件山林をAに売却したのである

が、なお登記簿上被告人名義であるのを奇貨とし、右山林をさらにBに売却したというのであるから、原審が横領罪の成立を認めたのは相当であってなんら誤はない。所論は情状または右と反する法律上の見解に立つて原判決の事実認定を非難するに帰し、採用することはできない。また記録を調べても刑訴四一一条を適用すべきものとは認められない。」

解説

1　本判決は判例**1**と同じものである。本判決は、不動産の二重売買の事案について、横領罪の成立を認めたものであるが、すでに述べたように、客体である不動産の所有権は売買によって買主に移転したため、被告人にとっては「自己が占有する他人の物」となっているのである。

このように物の二重売買については、売買の対象物の所有権が買主に移転している場合、横領罪が成立しうる。横領とは、不法領得の意思を発現させる一切の行為（又は、それを実現する一切の行為）をいうが、売買の対象物が動産の場合には、売却の意思表示によって横領罪の成立を認めることが可能である。なぜなら、他人所有の動産を売却する意思表示には不法領得の意思が発現しているからである。したがって、売却の意思を表示した段階で横領罪は既遂となり、二重売買であることの事情を知る買主には盗品等有償譲受け罪（256条2項）が成立しうることになるといえる。

2　本件のように、二重売買の対象物が不動産の場合には、第2譲受人が移転登記を取得することによって、第1譲受人に対抗しうる所有権を取得し、第1譲受人は所有権を失うから、登記の移転によって横領罪の既遂が成立すると解することになるのである。したがって、二重売買であることの事情を知る第2譲受人については、動産の二重譲渡とは異なり、盗品等有償譲受け罪ではなく、横領罪の共犯としての罪責が問題となる。

4　**最判昭和26・5・25刑集5巻6号1186頁**

［事　案］

判決理由参照

[判決理由]

「原判決は所論金銭は製茶買受資金として被告人に寄託されたものであることを認定している。即ち，右金銭についてその使途が限定されていた訳である。そして，かように使途を限定されて寄託された金銭は，売買代金の如く単純な商取引の履行として授受されたものとは自らその性質を異にするのであつて，特別の事情がない限り受託者はその金銭について刑法二五二条にいわゆる「他人ノ物」を占有する者と解すべきであり，従つて，受託者がその金銭について擅に委託の本旨に違つた処分をしたときは，横領罪を構成するものと言わなければならない。」

解　説

1　金銭については，「占有と所有が一致する」というのは，取引の安全の見地からいわれていることであり，内部的な所有権保護を目的とする横領罪の解釈にはそのまま妥当しない。

金銭が「封金」として寄託された場合には，その金銭は特定物として寄託されたものであり，所有権は寄託者に留保されていると解される。したがって，受寄者がその金銭を着服すれば横領罪が成立することになる。なお，この場合に「封金」を「封緘物」とみて，内容物の占有が寄託者に留保されているとして窃盗罪の成立を肯定する見解もあり，そのような場合がないとはいえないかもしれないが，通常，「封」の意味は処分禁止を意味しているにすぎず，したがって，窃盗罪ではなく，横領罪の成立を認めることができると考えられる。

これに対し，金銭が消費寄託として，費消を許す趣旨で寄託された場合には，金銭の所有権は受寄者に移転するから，受寄者による不法処分について横領罪が成立する余地はないことになる（背任罪の成否が問題となるにすぎない）。

2　本件で問題となっているのは，上記事例とは異なり，金銭が使途を定めて寄託された場合において受寄者が不法処分を行った場合にいかなる刑事責任が生じるかということである。本判決は，そのような金銭も「他人の物」であり，横領罪が成立するとしている。このような場合には，特定物と

して金銭を寄託したときとの均衡からしても，金銭の所有権は寄託者にあり，したがって，受寄者による不法処分について横領罪が成立すると解することが適当である。

5　最判昭和 23・6・5 刑集 2 巻 7 号 641 頁

[事　案]
　判決理由参照

[判決理由]
　「原判決の確定した事実によれば被告人は昭和二十一年五月二十八日頃 A 警察署外一個所で原審相被告人 P 及び Q から同人等の収賄行為を隠蔽する手段として同人等の上司である A 警察署司法主任等を買収する為め金二万二千円を受取り保管中同年六月一日頃から同月中旬頃迄の間犯意を継続して数回に神戸市その他で右金員の内二万円を自己のモルヒネ買入代金等に費消したものであるというのである。ところで不法原因の為め給付をした者はその給付したものの返還を請求することができないことは民法第七百八条の規定するところであるが刑法第二百五十二条第一項の横領罪の目的物は単に犯人の占有する他人の物であることを要件としているのであって必ずしも物の給付者において民法上その返還を請求し得べきものであることを要件としていないのである。そして前示原判示によれば被告人は他に贈賄する目的をもつて本件金員を原審相被告人 P 及び Q から受取り保管していたものであるから被告人の占有に帰した本件金員は被告人の物であるといふことはできない。又金銭の如き代替物であるからといつて直ちにこれを被告人の財物であると断定することもできないのであるから本件金員は結局被告人の占有する他人の物であつてその給付者が民法上その返還を請求し得べきものであると否とを問わず被告人においてこれを自己の用途に費消した以上横領罪の成立を妨げないものといわなければならない。然らば原判決が右と同一見解の下に被告人を横領罪として処断したのは正当であつて論旨は理由がない。」

解　説

1　本件は、収賄行為を隠蔽するための買収資金として受領した金銭を不法に費消したという事案である。受領した金銭の使途は定められており、判例 4 の理解によれば、その金銭は「他人の物」であるから、それを不法に費消すれば横領罪が成立することになる。しかし、本件の特色は、定められた使途が贈賄という不法なものであり、したがって、「不法原因の為め給付をした」ことになると考えることができる。そして、民法 708 条によれば「不法な原因のために給付をした者は、その給付したものの返還を請求することができない。」このような不法原因給付物についても、それを不法処分すると横領罪が成立するかが問題となったのが本件である。

2　本判決は、「刑法第二百五十二条第一項の横領罪の目的物は単に犯人の占有する他人の物であることを要件としているのであつて必ずしも物の給付者において民法上その返還を請求し得べきものであることを要件としていない」として、給付者が返還請求できなくとも、給付された物は「他人の物」であり、それを不法処分すれば横領罪が成立するというのである。

しかし、本判決後に、最高裁は、民事判例において、不法原因給付であるため給付者が返還請求しえなくなる反射的効果として、受給者に所有権が帰属すると判断するに至った[5]。そうだとすると、その金銭は受給者にとって「他人の物」ではなくなり、その結果、横領罪は成立しないことになるのではないかと解されることになる。これに対し、学説には、不法な目的で物を寄託するのは「給付」に当たらず、したがって、不法原因給付ではないから、所有権は寄託者に残り、受寄者が不法に処分すると横領罪が成立するという見解も主張されている[6]。

---

[5] 最大判昭和 45・10・21 民集 24 巻 11 号 1560 頁。
[6] このような見解が民法 708 条の解釈として成り立つかが問題となろう。

3 横　領

6　大判大正2・12・16 刑録19輯1440頁

[事　案]

判決理由参照

[判決理由]

「原判決ハ第三事實理由トシテ「右校舍（A市第七小學校校舍）新築後間モナク暴風雨ノ際其一部倒壞シタルヨリA市會ノ物議ヲ惹起シ同市會ニ於テ工事執行上不正ノ默許ナキヤ否ヤヲ調査セントスルヤ被告X・Y・Zノ三名共謀シテ被告Xカ助役トシテ保管ノ責アル同市役所備付ノ校舍新築ニ關スル設計圖面ノ内最重要ナル青色骨組圖面二葉ヲ取出シ被告ニ於テ當時Zノ住居セシA市B町○○方ニ隱匿シ之ヲ横領シタルモノトス」ト判示シ右所爲ニ對シテ刑法第二百五十三條ヲ適用シタリ然レトモ横領罪ノ構成ニハ其物ヲ横領スルノ意思即チ其物ニ對シテ自己ノ物ニ對スルカ如キ支配ヲ爲サントスルノ意思ヲ有スルコトヲ要件トシ此意思ナク單ニ一時之ヲ隱匿シ又ハ毀棄セントスルノ意思ヲ有スルニ過キサリシ場合ニ於テハ刑法第四十章ノ罪ヲ構成スルコトアルハ格別横領罪ヲ構成セサルモノトス而シテ原判決事實ニ認ムル處ハ前示ノ如クシテ之ニ由リテ見レハ上告人等ハ右圖面ニ付キ之ヲ自己ノ物トシテ支配セントスルノ意思ヲ有スルニアラスシテ單ニ不正工事ノ暴露センコトヲ虞レ一時之ヲ藏匿シ若クハ之ヲ毀棄シ去ラントスルノ意思ヲ有スルモノニ過キサルコト一點ノ疑ナキ處ナリトス而カモ原判決カ右所爲ヲ以テ横領罪トシテ處斷シタルハ違法ニシテ此點ニ於テ破毀セラルヘキモノトス云フニ在リ○然レトモ横領罪ハ自己ノ占有内ニ在ル他人ノ物ニ對シテ自己領得ノ意思實行アルニ由リテ成立スルヲ以テ苟モ同罪ノ目的タル物ノ所有者ヲシテ其經濟的利益ヲ喪失セシメ因リテ自己ニ其經濟的利益ヲ收得スル如キ行爲アレハ自己領得ノ意思實行アリタルモノト謂フヘク横領罪ヲ以テ該行爲ヲ論スルハ相當ナリ原判決ノ認定セル事實ニ據レハ被告X等ハ共謀シテXノ市助役トシテ保管セル公文書ヲ相被告Zヲシテ市役所以外ニ帶出シテ之ヲ隱匿

セシメタル者ニシテ右隠匿ノ行爲ハ所有者タル市ヲシテ其公文書ヲ保存使用スルノ利益ヲ喪失セシメ被告等ニ於テ自由ニ之ヲ處分シ得ヘキ状態ニ措キタルモノ即チ自己領得ノ意思ヲ外形ニ表示シタルモノニ外ナラサレハ其行爲ノ終局ノ目的如何ヲ問ハス被告等ノ行爲ヲ以テ横領罪ニ問擬シタル原判決ハ相當ニシテ本論旨ハ理由ナシ」

解 説

1 横領罪における横領とは，判例によれば，不法領得の意思を発現ないし実現する一切の行為をいう。ここにいう不法領得の意思とは，次の判例 7 によると，「他人の物の占有者が委託の任務に背いて，その物につき権限がないのに所有者でなければできないような処分をする意志［思］」をいうとされている。本件では「隠匿の意思」がある場合，横領罪における不法領得の意思があるといえるかが問題となっているのである。

本判決は，「横領罪ハ自己ノ占有内ニ在ル他人ノ物ニ對シテ自己領得ノ意思實行アルニ由リテ成立スル」とし，「物ノ所有者ヲシテ其經濟的利益ヲ喪失セシメ因リテ自己ニ其經濟的利益ヲ收得スル如キ行爲アレハ自己領得ノ意思實行アリタル」として横領罪の成立を肯定している。本件ではいかなる意味で「經濟的利益」の喪失・収得があるかが問題となるが，この点について本判決は，「公文書ヲ保存使用スルノ利益ヲ喪失セシメ被告等ニ於テ自由ニ之ヲ處分シ得ヘキ状態ニ措キタルモノ」であるとしてこれを肯定しているのである。これは，要するに，隠匿によって「保存使用」の利益を喪失させ，「自由ニ之ヲ處分シ得ヘキ状態」を得たということであるが，処分可能状態の取得というのは支配取得と同義だともいえ，支配取得の意思を超えた意思がそこで要求されているのか疑問があるといえよう。仮に本件が被告人に占有がなく，窃盗となる事例であれば，こうした被告人の意思が占有取得の意思を超えるものであることには下記のように疑問があり，不法領得の意思は否定されることになるのではないかと考えられる。こうしたことから，横領の意義に関して，判例は領得行為説に立ちながらも，その実質は越権行為説と変わらないのではないかという指摘が妥当する根拠が存在するといえる。ちなみに，窃盗罪等における不法領得の意思については，毀棄・隠匿の意思

は基本的にそれに当たらないというのが判例の立場であり[7]，この点で，横領罪と窃盗罪等で不法領得の意思に関する理解が異なっているのである。

7　最判昭和24・3・8刑集3巻3号276頁

[事　案]
判決理由参照

[判決理由]
「横領罪の成立に必要な不法領得の意志とは，他人の物の占有者が委託の任務に背いて，その物につき権限がないのに所有者でなければできないような処分をする意志をいうのであつて，必ずしも占有者が自己の利益取得を意図することを必要とするものではなく，又占有者において不法に処分したものを後日に補填する意志が行為当時にあつたからとて横領罪の成立を妨げるものでもない。本件につき原審の確定した事実によると，被告人はA村の農業会長として，村内の各農家が食糧管理法及び同法に基ずく命令の定めるところによつて政府に売渡すべき米穀すなわち供出米を農業会に寄託し政府への売渡を委託したので，右供出米を保管中，米穀と魚粕とを交換するため，右保管米をB消費組合外二者に宛て送付して横領したというのである。農業会は各農家から寄託を受けた供出米については，政府への売渡手続を終つた後，政府の指図によつて出庫するまでの間は，これを保管する任務を有するのであるから，農業会長がほしいままに他にこれを処分するが如きことは，固より法の許さないところである。そして，前段に説明した理由によれば，原審の確定した事実自体から被告人に横領罪の成立に必要な不法領得の意志のあつたことを知ることができるのであるから，原判決には所論のような理由の不備若しくは齟齬の違法はなく，論旨は理由がない。」

解　説

1　本判決は，「横領罪の成立に必要な不法領得の意志［思］とは，他人の

---

[7] 大判大正4・5・21刑録21輯663頁，最決平成16・11・30刑集58巻8号1005頁（第3章判例7）参照。

物の占有者が委託の任務に背いて，その物につき権限がないのに所有者でなければできないような処分をする意志［思］をいう」としている点において重要である。そして，「自己の利益取得を意図することを必要」としないとしている点は，第三者に取得させる意思であっても，不法領得の意思が認められうることからすると[8]，当然であるともいえよう（もっとも，この場合に，不法領得の意思がやや緩やかに認められていることもあり，後述する背任罪との区別が最も問題となる）。

　本判決で問題となるのは，「自己の占有する他人の物」を一時流用した後に補填する意思があるとしても，不法領得の意思があるとしている点である。一時流用の対象となった物が特定物ではなく，金銭等の代替可能物であれば，適宜に補填可能な限り，所有者の利益は害されておらず，したがって，横領罪の成立を肯定するまでもないと考えることが可能である。しかしながら，単に補填の意思があるだけでは，補填が可能かどうかはっきりしないことがあり，結果として補填できなかった場合，所有者の利益が害されることになってしまう。したがって，一時流用について，窃盗における一時使用（同一物を短時間の無断使用後に返還する場合）と同じく，補填の意思だけを根拠として不可罰とすることには困難があるといえよう。一時流用について横領罪の成立を否定するためには，補填が可能・確実であるという客観的事情が必要ではないかと思われる。

　2　本判決は，補填の意思があるだけでは横領罪の成立は否定されないとしているが，一時流用は「固より法の許さないところである」というところに理由付けの重点があるように思われる。これは，補填の意思や可能性・確実性があっても，流用自体およそ法的に許されないことであるから，そのような事情は考慮せずに横領罪の成立を肯定しようとするものとも理解することができよう。

---

[8] 大判大正12・12・1刑集2巻895頁など。

8 最判昭和 28・12・25 刑集 7 巻 13 号 2721 頁

[事　案]
判決理由参照

[判決理由]
「業務上横領の点につき職権を以つて調査するに，記録上判示農業協同組合の組合長たる被告人が判示貨物自動車営業に関して組合資金を支出したことが，被告人自身の利益を図る目的を以つてなされたものと認めるべき資料はないばかりでなく，それが組合のためにもなされたものであることはこれを否定し得ない。殊に被告人が判示組合名義を以つて A 等から譲受け，組合名義を以つて経営するに至つた貨物自動車営業は，原判決の説示する如く，組合の総会及び理事会の議決を経ず，定款に違反して被告人が独断でその営業を継承したものであるとしても，この営業のためにした支出が専ら組合以外の者のためになされたと認めるに足る資料はない。してみると，判示貨物自動車営業が，原判決の認定する如く，たとえ判示組合の内部関係において，その事業に属しないとしても，被告人が該営業のため組合資金をほしいままに支出した一事を以つて直ちに業務上横領罪を構成するものと即断することはできない。即ち，右支出が専ら本人たる組合自身のためになされたものと認められる場合には，被告人は不法領得の意思を欠くものであつて，業務上横領罪を構成しないと解するのが相当である。然るに，原判決は被告人自身の利得を図る目的に出たか否かは同罪の成立に影響を及ぼすものではないとして右支出が何人のためになされたものであるかとの点について何ら判断を示すことなく，直ちに業務上横領罪を構成すると判示しているのであつて，結局事実を誤認したかまたは法律の適用を誤つたものといわなければならない，そして，その誤は当然判決に影響を及ぼすべきものであり，且つ原判決を破棄しなければ著しく正義に反するものと認められる。」

[解　説]
1　本判決によれば，組合名義で経営している貨物自動車営業に関して組

合資金を支出した場合には，当該営業が組合の内部関係において組合の事業に属ないとしても，「この営業のためにした支出が専ら組合以外の者のためになされた」と認められない場合には，業務上横領罪（253条）の成立を肯定することに問題があることになる。それは，「右支出が専ら本人たる組合自身のためになされたものと認められる場合には，被告人は不法領得の意思を欠くものであつて，業務上横領罪を構成しないと解するのが相当である」といえるからである。すなわち，権限に含まれない財産支出行為であっても，それが「専ら本人のためになされた」場合には，不法領得の意思が否定され，横領罪は成立しないことになるのである。

このことは，本判決以前にも，寺の住職が寺の建設費に充てる目的で什物を処分した事例[9]などにおいて認められてきたところである。

2　もっとも，判例・裁判例の中には，本人のために処分する意思でも，本人がなすべきでない行為，本人がなしえない行為をなす意思の場合には，本人のためにする行為とはいえないことから不法領得の意思を肯定し，横領罪の成立を肯定したものが存在する（判例7参照）。このような判例・裁判例については，横領罪と背任罪の区別に関連して後述する（判例17参照）。

4　共　犯

9　最判昭和31・6・26 刑集10巻6号874頁

[事　案]

判決理由参照

[判決理由]

「職権をもつて調査するに，原判決は，控訴趣意第二点の判断において，被告人Yは，「前記の事実を良く知りながら本件不動産の占有者である被告人Xと共謀して擅に本件不動産につき自己に所有権移転登記をしたことを認め得るのであるから被告人Yにも共謀による横領罪が成立するものとい

---

[9] 大判大正15・4・20 刑集5巻136頁。

わねばならない」と判示している。しかしながら同第四点について判示するところと第一審判決の判示によれば，被告人Yは，被告人Xに対する元金二万八千円の債権に基きその代物弁済として昭和二四年二月五日本件不動産の所有権移転登記を受けその所有権を取得したというのであるから代物弁済という民法上の原因によつて本件不動産所有権を適法に取得したのであつて，被告人Xの横領行為とは法律上別個独立の関係である。されば本件においてたとい被告人Yが「前記の事実を良く知りながら」右所有権の移転登記を受けたとしても，これをもつて直ちに横領の共犯と認めることはできないのである。原判決はこの点において刑法の解釈適用を誤つた違法あるに帰する。」

解 説

1　本件は不動産の二重売買と同等の事案である。すでに判例1＝3でみたように，不動産の二重売買の事案においては，当該不動産の売主には横領罪（252条）が成立するが，横領罪は移転登記の時点で既遂となるから，二重売買であることの情を知る第２譲受人には，動産の二重売買の事案とは異なり，盗品等有償譲受け罪（256条２項）ではなく，横領罪の共犯の成否が問題となる。

本判決は，横領罪が成立しうるXから，事情を知りながら当該不動産についての所有権移転登記を受けたYについて，それだけで「直ちに横領の共犯と認めることはできない」としている。それは，「代物弁済という民法上の原因によつて本件不動産所有権を適法に取得した」ことによる。これは，民法上適法に所有権を取得したといえる場合であれば，刑法上横領罪の共犯として処罰の対象とすることは適当でないと解しているものといえよう。

2　不動産の二重売買において，第２譲受人は，民法上，背信的悪意者ではなく，単純悪意であるにすぎないのであれば，取得した所有権を第１譲受人に対して対抗しうるから[10]，民法上許容された取引を刑法上処罰の対象

---

[10] 最判昭和36・4・27民集15巻4号901頁参照。

とすることによって禁止することは適当でないと考えられる。したがって，本判決が問題としているように，第２譲受人について，二重売買の点についての単純悪意を根拠として，横領罪の共犯の成立を肯定することはできないと解するべきことになるのである。

10 最判昭和 32・11・19 刑集 11 巻 12 号 3073 頁

[事　案]
　判決理由参照

[判決理由]
　「原審の是認した第一審判決の認定した判示第一事実は，被告人 X は元 A 郡 B 村村長及び同村新制中学校建設工事委員会の工事委員長，同 Y は元同村助役及び同工事委員会の工事副委員長として右 X を補佐していたものであるが，当時同村収入役として出納その他の会計事務を掌り，傍ら前示中学校建設委員会の委託を受け同校建設資金の寄附金の受領，保管その他の会計事務を管掌していた Z と共謀の上，同人が昭和二四年四月一〇日頃から同年一〇月一一日頃までの間 A 郡 B 村 P 外一九〇余名から学校建設資金として前記工事委員会又は B 村に対する寄附金として合計金二三一，五五〇円を受け取りこれを業務上保管中，該金員中から合計金八一，六四七円を別表記載の如く昭和二四年七月二三日頃から同年一二月頃までの間ほしいままに A 郡 B 村 Q 方外一個所において，同人外一名から酒食等を買い入れてこれが代金として支払い，もつてこれを費消横領したというのであり，挙示の証拠によると，右 Z のみが昭和二四年四月一〇日頃より同年八月三〇日までの間右中学校建設委員会の委託を受け同委員会のため，昭和二四年八月三一日より同年一二月頃までの間 B 村の収入役として同村のため右中学校建設資金の寄附金の受領，保管その他の会計事務に従事していたものであつて，被告人両名はかかる業務に従事していたことは認められないから，刑法六五条一項により同法二五三条に該当する業務上横領罪の共同正犯として論ずべきものである。しかし，同法二五三条は横領罪の犯人が業務上物を占有する場合において，とくに重い刑を科することを規定したものであるから，業務

上物の占有者たる身分のない被告人両名に対しては同法六五条二項により同法二五二条一項の通常の横領罪の刑を科すべきものである。しかるに，第一審判決は被告人両名の判示第一の所為を単に同法二五三条に問擬しただけで，何等同法六〇条，六五条一項，二項，二五二条一項を適用しなかつたのは違法であり，この違法は原判決を破棄しなければ著しく正義に反するものと認められる（なお，原判決は，所論判例違反の点につき何ら判示をしていないこと判文上明らかであるから，論旨援用の判例と相反する判断をしたものということはできない。）。」

解 説

1 本件は，X（村長）及びY（助役）が，公金の業務上占有者であるZ（収入役）と共謀して公金を横領したという事案である。業務上占有者であるZについて業務上横領罪（253条）の共同正犯が成立しうることに問題はないが，業務上の占有者でないX及びYについて，どのような犯罪が成立するかが問題となる。

本判決は，業務上占有者でないX・Yについても，刑法65条1項により業務上横領罪の共同正犯が成立するが，同条2項により横領罪（252条）の刑を科するとしている。

2 上記の判例の立場は現在に至るまで変更されていないため，実務の運用はなおこのようになされているが，判例の一般的立場に照らしても，そこにはいくつかの問題が含まれている。

まず，本判決は，X・Yについて業務上横領罪が犯罪としては成立するものの，科される刑は横領罪のそれによるとして，犯罪の成否と科刑とを分離する考え方を採用している。しかしながら，科刑は犯罪が成立する限度で正当化されるものであり，犯罪の成否と科刑とを分離することには基本的な問題があるとして学説から批判されているところであり，判例も他の問題の処理についてではあるが，犯罪の成否と科刑とを分離しない理解を採用しているところである。それは，被告人ら数人が共謀して被害者を殺害したという事案において，殺意のなかった者については，「殺人罪の共同正犯と傷害致死罪の共同正犯の構成要件が重なり合う限度で軽い傷害致死罪の共同正犯が

成立する」とし，犯罪としては殺人罪の共同正犯となるが，刑は傷害致死罪の共同正犯の限度によるという従前の処理を変更する判断を示したところに現れている[11]。このような理解からすると，犯罪の成否と科刑とを分離する本判決の理解は修正されるべきものとなるように思われる。

　3　本判決は，業務上占有者でないX・Yについて刑法65条1項を適用しているが，同項を身分犯一般についての規定と解するのでない限り，業務上横領罪を同項の適用がある構成的身分犯と理解したことになる。このことも問題とする余地がある。なぜなら，業務上横領罪は，その主体が業務上占有者であることによって重い犯罪となるものであり，刑法65条1項ではなく，2項の適用対象となるべきものではないかと思われるからである。もっとも，構成的身分犯と加減的身分犯の区別はみかけほど明瞭ではないことを指摘することはできる。なぜなら，加減的身分犯であっても，そのような身分がなければ成立しえないという意味では構成的身分犯だといえるからである。それにもかかわらず，両者を区別するためには何らかの区別基準が必要となるが，これについては65条の解釈論の解説に譲ることにする[12]。本判決は，65条1項を身分犯一般についての規定，同条2項を加減的身分犯についての規定と解したのかもしれないが，この解釈には2項の存在根拠を説明できないという問題がある。いずれにせよ，業務上横領罪に65条1項の適用を認めたことには疑問があり，犯罪の成否と科刑とを分離する立場を前提とするとしても，横領罪について65条1項を適用し，犯罪としては，X・Y・Zに横領罪の成立を肯定し，業務上占有者であるZについては同条2項を適用して業務上横領罪の刑を科する処理をすべきではなかったかという疑問があるように思われる。

　犯罪の成否と科刑とを分離しない立場からは，X・Yについては，刑法65条1項を横領罪について適用して同罪の共同正犯の成立を肯定し，業務上占有者であるZについては同条2項を適用して業務上横領罪の共同正犯の成立を肯定すべきではないかと思われる。いずれにせよ，本判決は変更されることが望ましいと思われる。

---

[11] 最決昭和54・4・13刑集33巻3号179頁。
[12] 山口厚『基本判例に学ぶ刑法総論』255頁以下（2010年）参照。

III　背任罪の諸問題

1　事務処理者

11　最判昭和 31・12・7 刑集 10 巻 12 号 1592 頁

[事　案]
判決理由参照

[判決理由]
　「論旨第一は，背任罪の成立要件たる事務は他人の事務であることを要件とする。しかるに本件第一番抵当権者たるべき A に対する被告人の抵当権設定の登記義務は設定者である被告人固有の事務であつて他人の事務ではないのに，原審が被告人の所為を背任罪に問擬したのは刑法二四七条の解釈適用を誤つた違法があり，且つ憲法三一条，一一条違憲の判決であると主張する。しかし抵当権設定者はその登記に関し，これを完了するまでは，抵当権者に協力する任務を有することはいうまでもないところであり，右任務は主として他人である抵当権者のために負うものといわなければならない。この点に関する原判決の判示はまことに正当である。所論はひつきよう登記義務の性質に関し独自の見解を主張するものであつて，違憲の主張はその前提を欠く，論旨は採用できない。
　論旨第二は，背任罪は，財産上の損害を加えることを成立の要件とする。しかるに原判決は本件犯罪時における本件抵当物件の価額と両根抵当による借入債務額との関係を何等審査せずして，漫然背任罪の要件たる損害の事実を肯定したのは，審理不尽，理由不備，同そご，事実誤認の各違法があり，延いて憲法三一条，一一条違憲の違法があると主張する。しかし，抵当権の順位は当該抵当物件の価額から，どの抵当権が優先して弁済を受けるかの財産上の利害に関する問題であるから，本件被告人の所為たる A の一番抵当

権を，後順位の二番抵当権たらしめたことは，既に刑法二四七条の損害に該当するものといわなければならない。されば所論の点の審査如何は何等本件犯罪の成否に消長を来すものではない。所論は背任罪の要件たる損害につき独自の見解を主張するものであり，違憲の主張はその前提を欠くものである。論旨は理由がない。」

解説

1　本判決はいわゆる二重抵当の事案について背任罪の成立を肯定したものである。背任罪（247条）の成立を認めるためには，まず，「他人のためその事務を処理する者」（＝事務処理者）の要件が充たされることが必要であり，この要件によって背任罪の適用範囲が基本的に画されることになるのである。

本件で問題となる「事務」は，本来1番抵当権を有するはずの者のために抵当権設定の登記を行う義務，その登記に関し抵当権者に協力する任務である。弁護人は，これは被告人固有の事務であって，他人の事務ではないから背任罪は成立しないと主張している。本判決の意義は，そのような事務・任務であっても，「主として他人である抵当権者のために負うもの」だから，被告人はなお「他人のためその事務を処理する者」といえるとした点にある。すなわち，本判決によれば，「主として他人のために負う事務」も「他人のため……の事務」といえるというわけである。

2　本判決以前には，鉱業権の二重譲渡の事案について，権利移転の登録申請は「売買完成の手続」にほかならず，これを行うとは「他人のためその事務を処理する」ことに当たらないとした大審院判例があった[13]。しかしその後，電話加入権の二重譲渡の事案について背任罪の成立を認める大審院判例が出され[14]，その影響下で指名債権の二重譲渡の事案について背任罪の成立を肯定する下級審裁判例が出されていたところであった[15]。そうした中で，本判決が出されるに至ったのである。

---

[13] 大判大正8・7・15新聞1605号21頁。
[14] 大判昭和7・10・31刑集11巻1541頁。
[15] 名古屋高判昭和28・2・26判特33号9頁。

本判決後は，県知事の許可をもって発効する農地の所有権移転契約を締結した後に，当該農地に抵当権を設定したという事案について背任罪の成立を肯定する判例が出されている[16]。さらに，株式質権の設定者が株券を質権者に交付した後，裁判所を欺いて除権判決を得て株券を失効させた事案について，背任罪の成立が肯定されている[17]。こうして，本判決以後は「主として他人のために負う事務」を処理する者も背任罪の主体となりうることが明らかにされ，このような判例の動向は多数の学説の支持するところともなっている。そこから生じる問題は，単なる債務者が負担する債務の不履行と背任罪とをいかに区別するかにあることになる。この点に関し，下級審裁判例には，背任罪が成立するためには「物権的な信任関係」の存在が必要だとするものがあるが[18]，このこと自体は債務不履行を背任罪としないためにはいわば当然のことであり，このことを指摘することによって問題の解決がもたらされるわけではない。一体どのような論理でどのようにして背任罪の成立範囲を限定していくのかは依然として未解決のままである。

　3　本判決は，「抵当権者に協力する任務」を「他人のため……の事務」として認めたが，その後の判例では「質権者のために，株券の担保価値を保全する任務」を「他人のため……の事務」として認めるものがある。これは担保権保全義務を「他人のため……の事務」とするものともいえ，このような場合には背任罪の成立を肯定する考えに立つものということができよう。なお，このような，裁量の余地のない単なる不作為義務についても「他人のため……の事務」とされていることが重要である。学説には，裁量の余地のある事務が「他人のため……の事務」であるためには必要だとするものがあり，これは，横領罪と区別された背任罪の特徴を「権限濫用」にみいだそうとするところから「濫用可能な事務」を背任罪の「他人のため……の事務」として要求することに基づいていると解される。しかし，このような学説からも，上記の判例は支持されているのであるから，実際に裁量の余地のある事務であることが「他人のため……の事務」であるために必要だとされてい

---

[16] 最決昭和 38・7・9 刑集 17 巻 6 号 608 頁。
[17] 最決平成 15・3・18 刑集 57 巻 3 号 356 頁。
[18] 広島地判平成 14・3・20 判夕 1116 号 297 頁。

るわけではない。

4　本判決は，1番抵当権が後順位の2番抵当権になったこと自体が背任罪の要件である「財産上の損害」に当たるとしている。抵当物件の価値と債務額に，この判断は左右されないとしている点も重要である。この点は，優先弁済を受けるという財産上の利害に関するとすることによって肯定されているのである。

2　図利加害目的

12　最決昭和 63・11・21 刑集 42 巻 9 号 1251 頁

[事　案]

決定理由参照

[決定理由]

「所論にかんがみ，被告人Xの関係において，特別背任罪（昭和五六年法律第七四号による改正前の商法四八六条一項）におけるいわゆる図利加害目的につき，職権をもつて検討する。

原判決及び原判決が是認する差戻し後の第一審判決の認定によれば，株式会社P相互銀行のQ支店長であつた被告人Xは，被告人Yの経営するR食品株式会社（以下「R食品」という。）が同支店に開設していた当座預金口座に決済資金が不足した場合には，右不足分を同銀行において立替払いをするいわゆる過振りの便宜を図つていたが，R食品の資金状態が改善される見通しのないことが明らかとなつた後も，その任務に違背し，被告人Y及びR食品を利し同銀行を害することを熟知しながら，あえて回収不能のおそれのある過振りを長期間連続的に行い，同銀行に財産上の損害を加えたものであり，しかも，被告人Xが右任務違背行為に出たのは，同銀行の利益を図るためではなく，従前安易に行つていた過振りの実態が本店に発覚して自己の面目信用が失墜するのを防止するためであつたというのである。

ところで，特別背任罪における図利加害目的を肯定するためには，図利加害の点につき，必ずしも所論がいう意欲ないし積極的認容までは要しないも

のと解するのが相当であり，右事実関係のもとにおいては，被告人Y及びR食品を利し同銀行を害する図利加害目的の存在を認めることができるものというべきであるから，これと同旨に解される原判断は，正当である。」

解　説

1　背任罪（247条）が成立するためには，任務違背行為を「自己若しくは第三者の利益を図り又は本人に損害を加える目的」で行うことが必要である。ここにいう図利加害目的の内容をどのように理解し，背任罪の成否を決するかが重要な解釈問題となっている。

故意犯である背任罪が成立するためには，もちろん故意が必要であり，したがって，背任罪の客観的成立要件である「財産上の損害」についての認識・予見も当然のこととして必要となる。もしも，このような「財産上の損害」についての認識・予見によって「本人に損害を加える目的」が肯定されるのだとすると，図利加害目的に背任罪の成立を限定する意義は全く存在しないこととなる。これは，ことさらに図利加害目的を要求している刑法の法文に照らしても疑問のある解釈だといえよう。そうだとすると，図利加害目的の内容は一体何かが問われざるをえないことになるのである。

こうしたことから，本件で弁護人が主張するように，図利加害目的を認めるためには，一般の故意の要件とは異なり，図利加害の点について「意欲ないし積極的認容」が必要だとする理解が生じうることになるのである。しかしながら，本決定はそのような解釈を否定した。このこと自体は，正当であろう。なぜなら，「意欲ないし積極的認容」といっても，認識・予見との限界はかなり不明瞭であり，適切に処罰範囲を画することができるかに疑問が生じうるからである。しかし，そうだとすると，本決定のような立場からは，一体図利加害目的の内容をどのようなものとして理解するかが問題となる。本決定は，上記解釈を前提として，本件の事実関係の下では，共犯者である被告人Y及びYが経営するR食品の利益を図り，「本人」であるP相互銀行に損害を加える目的が認められるとしているにすぎない。図利加害目的の理解は今後開かれた問題となっているといえる。

2　本決定の後に有力となった理解として，図利加害目的の意義は，そこ

に挙げられていない「本人の利益を図る目的」の不存在を背任罪の成立要件とするところに意義がある，換言すれば，「本人の利益を図る目的」が主たる目的として存在する場合には，背任罪の成立が否定されることになるという見解がある。これは，図利加害について「意欲ないし積極的認容」を要求せず，なお図利加害目的の要件に独自の意義を与えることを可能とするものであるといえよう。もっとも，このように解するからといって，図利加害目的を認定するためには，「本人の利益を図る目的」の不存在を認定すれば足りるというわけではないであろう。やはり，背任罪の成立を肯定するためには，法文に掲げられている「自己若しくは第三者の利益」を図る目的，又は，「本人に損害を加える目的」の認定が当然必要であり，その後の判例・裁判例もそれを行っている。主たる目的が「本人の利益を図る目的」である場合には，これらの目的が否定されうるというにすぎないと理解すべきではないかと思われる。

　本決定は，被告人Xは，「被告人Y及びR食品を利し同銀行を害することを熟知しながら，あえて回収不能のおそれのある過振りを長期間連続的に行い，同銀行に財産上の損害を加えた」として，被告人Y及びR食品の利益を図る目的，P相互銀行に損害を加える目的を認めている。被告人Xが過振りを行ったのは，「従前安易に行つていた過振りの実態が本店に発覚して自己の面目信用が失墜するのを防止するためであつた」とされているが，これは被告人X自身の利益を図る目的があったことを示すとともに，本人である銀行の利益を図る目的ではなかったことを示すという観点から言及されていると理解することができよう。

3　財産上の損害

13　最決昭和58・5・24刑集37巻4号437頁

[事　案]
　決定理由参照

[決定理由]

「上告趣意は，「（一）信用保証協会が金融機関に対し保証債務を負担することが，直ちに同協会に損害を生じさせるものとはいえないから，被告人の行為により同協会が保証債務を負担したときに背任罪が既遂になるとした原判決の判断は誤りである。（二）信用保証協会は，元来，経営に行きづまつたり資産が不足している担保力の弱い中小企業に対する援助機関であつて，当該企業が単に破産に陥る危険があるという理由でこれを放置することはできないから，同協会にそのような企業の債務を保証させたからといつて，同協会の業務担当者が背任行為をしたとはいえない。」というにあるが，右はいずれも単なる法令違反の主張であつて，刑訴法四〇五条の上告理由にあたらない。

なお，所論にかんがみ，職権をもつて，次のとおり判断する。

一　刑法二四七条にいう「本人ニ財産上ノ損害ヲ加ヘタルトキ」とは，経済的見地において本人の財産状態を評価し，被告人の行為によつて，本人の財産の価値が減少したとき又は増加すべかりし価値が増加しなかつたときをいうと解すべきであるところ，被告人が本件事実関係のもとで同協会をしてＰの債務を保証させたときは，同人の債務がいまだ不履行の段階に至らず，したがつて同協会の財産に，代位弁済による現実損失がいまだ生じていないとしても，経済的見地においては，同協会の財産的価値は減少したものと評価されるから，右は同条にいう「本人ニ財産上ノ損害ヲ加ヘタルトキ」にあたるというべきである。

二　また，信用保証協会の行う債務保証が，常態においても同協会に前記の意味の損害を生じさせる場合の少なくないことは，同協会の行う業務の性質上免れ難いところであるとしても，同協会の負担しうる実損には資金上限度があり，倒産の蓋然性の高い企業からの保証申込をすべて認容しなければならないものではなく，同協会の役職員は，保証業務を行うにあたり，同協会の実損を必要最小限度に止めるべく，保証申込者の信用調査，資金使途調査等の確実を期するとともに，内規により役職に応じて定められた保証決定をなしうる限度額を遵守すべき任務があるものというべきである。本件においては，信用保証協会の支所長であつた被告人が，企業者の債務につき保証

業務を行うにあたり，原判示の如く，同企業者の資金使途が倒産を一時糊塗するためのものにすぎないことを知りながら，しかも，支所長に委任された限度額を超えて右企業者に対する債務保証を専決し，あるいは協会長に対する稟議資料に不実の記載をし，保証条件として抵当権を設定させるべき旨の協会長の指示に反して抵当権を設定させないで保証書を交付するなどして，同協会をして保証債務を負担させたというのであるから，被告人はその任務に背いた行為をし同協会に財産上の損害を加えたものというべきである。」

裁判官団藤重光の補足意見　「一　従来の判例によれば，刑法二四七条にいう「財産上ノ損害ヲ加ヘタルトキ」とは，財産上の実害を発生させたばあいだけでなく，「実害発生の危険を生じさせた場合」をも包含するものとされている（最高裁昭和三七年二月一三日第三小法廷判決・刑集一六巻二号六八頁，同昭和三八年三月二八日第一小法廷決定・刑集一七巻二号一六六頁，なお，大審院昭和一三年一〇月二五日判決・刑集一七巻一七号七三五頁）。背任罪は危険犯ではなく侵害犯なのであるから，この判示は表現として誤解を招きかねないものを含んでいるようにおもわれるが，その趣旨は，まさしく，「経済的見地において本人の財産状態を評価し，被告人の行為によつて，本人の財産の価値が減少したとき又は増加すべかりし価値が増加しなかつたとき」をいうものとするにあると考えられる。本件判旨は，従来の判例の正しい趣旨を明確にしたものにほかならない。

わたくしは，もちろんこれに賛成であるが，ただ，判旨が「経済的見地」を基準としていることについて，一言しておきたいとおもう。けだし，財産状態の評価について，経済的見地だけでなく，事案によつては，修正原理としてさらに法的見地を加味しなければならないばあいがありうるとおもわれるからである。たとえば，公序良俗違反の理由で無効とされるべき法律行為が介入しているばあいに，純粋に経済的価値だけに着眼して背任罪の成否を決するとすれば，公序良俗違反の法律行為を是認する結果を生じるおそれがあるであろう。しかし，いずれにせよ，本件はこのようなことが問題となる事案ではない。判旨がこの問題に言及していないのはそのためであつて，法廷意見も法的見地をいつさい排除して純粋に経済的見地のみを基準とするほどの積極的な趣旨を含むものではないと，わたくしは理解したい。そうし

て，わたくしは，その趣旨において，この法廷意見に同調する者である。
　二　本件を特徴づけるのは，信用保証協会の事案であることである。これは，背任罪の構成要件中とくに「任務ニ背キ」の要件にかかわりをもつ。信用保証協会は，中小企業者等が金融機関から貸付を受けるについてその債務を保証することによつてこれに金融援助をあたえる任務をもつものであるから（信用保証協会法一条参照），その業務は，本来，ある程度の財産上損害の危険を覚悟しなければならないものであり，したがつて，協会の役職員が職務を行うにあたつて，ある程度の危険をおかして協会に財産上の損害を及ぼすことがあつても，ただちに任務の違背があつたものとすることはできない。しかし，このように協会の信用保証業務が微妙なものであるだけに，役職員が職務を行うについては，協会内部にこれに対処するための態勢が整えられているのが一般であり，本件協会においても，「事務決済規程」（記録第五冊一九八七丁以下）が設けられていることがうかがわれる。役職員各自は，それぞれの役割に応じて，定められたとおりにその職務を行うのでなければ，協会の業務にいつ破綻を生ぜしめることになるかわからないのである。被告人は本件協会の一支所長の職にありながら，上記「事務決済規程」によって内部的に定められた支所長としての権限の範囲を逸脱して本件行為をしたのであつた。もちろん，形式的に「事務決済規程」に違反することがすべて当然に任務の違背になるものということはできないが，協会の業務を適切に行うために重要とみとめられるような内部規制に違反することは，当の役職員にとつてあきらかに任務違背になるものといわなければならない。したがつて，仮に本件において，正規の手続をとつたとすれば協会として本件保証が認容されたかも知れないという余地があつたとしても，そのことは被告人の任務違背の有無を左右するに足りないのである。（いずれにせよ，本件では，法廷意見に要約されているとおり，被告人は，「支所長に委任された限度額を超えて右企業者に対する債務保証を専決し」たというだけでなく，さらに「協会長に対する稟議資料に不実の記載をし，保証条件として抵当権を設定させるべき旨の協会長の指示に反して抵当権を設定させないで保証書を交付するなどして，同協会をして保証債務を負担させた」のであるから，任務違背にあたることについては，問題の余地がないというべきである。)」
　裁判官谷口正孝の補足意見　「一　所論は，本件において，刑法二四七条

にいう財産上の損害を加えたといいうるには，信用保証協会が代位弁済をし，あるいは求償権の行使が事実上不可能に帰するなど具体的損害が現実に発生することが必要であるという見解に立つているようであるが，同罪にいう財産上の損害とは，必ずしもそのようなものであることを要せず，経済的意味において全財産的価値の減少をもたらすと評価される債務を負担させたこと自体で足りると解すべきである。このような損害は，判例上，しばしば「実害発生の危険を生じさせた場合」と表現される（最高裁昭和三三年（あ）第一一九九号同三七年二月一三日第三小法廷判決・刑集一六巻二号六八頁等参照）が，その判示は，本人をして債務を負担させた場合について，その債務を弁済させるなどの具体的損害（実害）が発生することは必要でないという見解に立つた上で，本人をして債務を負担させたという事態を法律的観点から捉え，本人をして事実上債務の履行を免れえない地位に置いたということを説明しただけのことであつて，実は，本人に当該判例掲記の債務を負担させたこと自体で，本人に経済的意味において財産上の損害を加えたものといえるわけである。したがつて，本件においても，同協会をして原判示の債務保証をさせたこと自体で同協会に損害を加えたものとすることは，当裁判所の判例上からも当然のことである。また，このように本人をして債務を負担させたことじたいを目して財産上の損害を加えたと解しても，背任罪の財産罪としての性格を基礎づけている財産上の損害の概念を無内容なものとし，あるいは同罪の未遂犯処罰規定の適用される余地を不当に狭めることにはならないと思われる。

　なお，附言すれば，背任罪の成立要件である財産上の損害の意義については，法律上の保護に値しない経済的損害までをそのなかに取り込むことは同罪の財産罪としての性質上相当でないと考える。この点については，私としても団藤裁判官の所説に全面的に賛成するものである。経済的損害については法的観点からの規制が要求されるものであり，財産上の損害は法的＝経済的観点からとらえられるべきものと思う。もつとも，本件は財産上の損害の発生について法的観点からの規制を考える必要のない場合であるから，前記判例の理解のしかたとして，「実害発生の危険を生じさせた」というのは，経済的意味において本人に財産上の損害を加えた場合を判示しているもので

ある，と説明しておいたのである。

　二　ところで，信用保証協会は，中小企業者が金融機関から融資を受けるにあたり，中小企業者が金融機関に対し負担する債務等の保証をすることを業務としている（信用保証協会法二〇条参照）うえ，その保証によって得る同協会の収入は，わずかな信用保証料（当時年一・二二パーセント）であつて，多くの場合実損の危険に見合うものではないから，同協会は，その業務の正常な運営によつて負担する保証債務によつても，その債務負担の時点においては，ほとんど常にある程度の財産上の損害（換言すれば資産減少評価）を受けているともいいうるのであり，しばしば行われる，いわゆる病体の中小企業者に対する救済的保証の場合には，その損害はさらに大きいものと評価されるのである。

　したがつて，同協会役職員の行う保証業務行為が背任罪に該当するというについては，その債務保証によって同協会に損害が生じたか否かという点以上に，当該役職員の行為の違法性すなわち任務違背の有無の点が重要な問題となるのであつて，単に同協会に前記の意味の損害が生じることを知りながら債務保証業務を行つたというだけでは，同協会の業務の前記特殊性にかんがみ，任務違背とはならないというべきであろう。

　しかしながら，本件においては，被告人が，A県信用保証協会B支所長としての任務に違背し，その権限を乱用し，あるいは逸脱し，同協会をして，いわゆる病体企業者であるPの債務を保証させたものであることは，法廷意見に要約されたとおり（詳細は原判決参照）であるから，被告人の所為は，本人である信用保証協会に財産上の損害を加えたとの点を含め，背任罪の成立要件を充足するものである。」

解　説

　1　本決定は，背任罪（247条）の成立要件である「財産上の損害」の意義について判断を示したものである。それは，「経済的見地において本人の財産状態を評価し，被告人の行為によって，本人の財産の価値が減少したとき又は増加すべかりし価値が増加しなかつたときをいう」。本決定以前，最高裁は，団藤・谷口両裁判官の補足意見で引用されているように，「背任罪に

おける財産上の損害を加えたるときとは，財産上の実害を発生させた場合だけではなく，財産上の実害発生の危険を生じさせた場合をも包含するものである」としており[19]，「財産上の損害」のおそれの発生で足りるかのように理解されうるもので，法文の解釈としては問題があった。本決定は，「財産上の損害」は「実害」を意味するものではないこと，それは「経済的見地」から判断されるものであることを示した点において重要である。したがって，たとえば，不良貸付を行った場合，融資先に交付した金銭の代わりに同額の債権を取得してはいるものの，担保がないなどの事情もあり，融資の返済が不能ないし著しく困難であれば，その債権を経済的に評価したとき，履行期到来以前の段階で，すでに「財産上の損害」が発生したとみることができることになるのである。

　団藤・谷口両裁判官は，その補足意見において，「財産上の損害」を判断するに当たっては，「修正原理としてさらに法的見地を加味しなければならないばあいがありうる」とされる。これは，公序良俗違反のため無効な債務等については「財産上の損害」として計上しないということを意味しうるものであるが，最高裁判例の一般的立場との整合性についてはなお問題とする余地があろう。なぜなら，最高裁は，無効な請求権でも保護されるとの判断を示しているからである[20]。

　2　本件の特殊性は，信用保証協会に係る背任事案だということである。この点についても，団藤・谷口両裁判官の補足意見で触れられている。すなわち，「同協会は，その業務の正常な運営によって負担する保証債務によっても，その債務負担の時点においては，ほとんど常にある程度の財産上の損害（換言すれば資産減少評価）を受けているともいいうる」からである。したがって，とくに任務違背の有無が精査される必要があるといえる。しかしながら，本件で被告人の行った行為は任務違背行為として評価しうるだけのものであるといえよう。

---

[19] 最判昭和37・2・13刑集16巻2号68頁。
[20] 最決昭和61・11・18刑集40巻7号523頁（第3章判例**12**）参照。

4 共　犯

14 最決平成 15・2・18 刑集 57 巻 2 号 161 頁

[事　案]
決定理由参照

[決定理由]
「所論にかんがみ，被告人に対する特別背任罪の共同正犯の成否について，職権で判断する。
　1　原判決及びその是認する第 1 審判決の認定によれば，本件の事実関係は，以下のとおりである。
　(1)　被告人は，R 証券株式会社審査部長等を経て，昭和 57 年 12 月に，株式の店頭公開の準備を進めるため，不動産の売買，賃貸，仲介等を目的とする P 株式会社（以下「P 社」という。）に出向し，取締役，代表取締役副社長を経て，平成 2 年 11 月に辞任した A の後を受けて，同社の代表取締役社長に就任し，同社の創業者で実質的経営者であり同社の発行済株式の過半数を所有する A の指示の下に，同社の業務を統括していたものである。
　(2)　P 社は，住宅金融専門会社である Q 株式会社（以下「Q 社」という。）から，事業用・販売用不動産の取得費用等として，多額の借入れをしていたものであるが，昭和 62 年 12 月以降，毎月のように運転資金の不足を来し，その都度 Q 社からの融資により急場をしのいでいた。
　(3)　その後，バブル経済の崩壊により P 社の売上げが激減し，その資金繰りが悪化する一方で金利負担が増大するにつれ，Q 社から P 社に対する運転資金の融資が担保割れを起こしたが，Q 社は，代表取締役社長 B の指示により，なおも P 社に対する運転資金の融資を継続し，平成 3 年 4 月の時点で同社に対する融資金の残高は約 270 億円に達した。Q 社は，同月以降も，実質無担保状態に陥った P 社に対する融資を継続したが，同社に対する融資が対外的に突出するのを避けるため，被告人の協力を得て書類を整えた上，Q 社の関連会社や P 社の子会社を経由する迂回融資の方法を採っ

た。

(4) P社は、平成3年8月には、Q社以外の金融機関からの融資が受けられなくなり、Q社からの融資がなければ倒産に追い込まれる危機的状態に陥った。しかし、BらQ社の融資担当者は、同社の貸出規定等の定めを遵守し、貸付金の回収に万全の措置を講ずるなど、同社のために職務を誠実に実行すべき任務に背き、同月から同年11月までの間、4回にわたり、上記の迂回融資の方法により、合計18億7000万円をP社に貸し付けた（以下「本件融資」という。）。Bらは、P社に対する上記融資が焦げ付く可能性が高いことを十分認識していたが、これに応じないと、P社がたちまち倒産し、巨額の融資金が回収不能となることが予想されたため、それまで同社に運転資金として巨額の金員を放漫に貸し続けてきたことに対する責任が問われることを懸念して、自らの責任を回避し、保身を図るとともに、P社の利益を図る目的を有していた。

(5) 被告人は、P社の代表取締役として、同社に返済能力がなく、Q社以外の金融機関からの融資が受けられない状態であるにもかかわらず、本件融資が実質無担保の高額な継続的融資であり、迂回融資の方法が採られるなど明らかに不自然な形態の融資であることを認識しており、証券会社の審査部長等を務めた経験等に照らしても、本件融資がBらのQ社に対する任務に違背して行われたものであること、本件融資がQ社に財産上の損害を与えるものであることを十分認識していた。しかし、被告人は、抜本的な経営改善策を講じないまま、Q社に対し繰り返し運転資金の借入れを申し入れて、Bら融資担当者をして任務に違背するよう仕向けた。その際、被告人は、P社がQ社に資金面で深く依存し、財務的に破綻状況にあったにもかかわらず、Q社からの継続的な運転資金の借入れにより倒産を免れているという状態にあったため、Bら融資担当者がP社に対する過剰融資、貸付金の回収不能から生ずる自己らの責任を回避し、保身を図る目的で本件融資に応じざるを得ないことを知っていた。また、被告人は、Bら融資担当者と個人的に親密な関係にはなかったが、Aの意向を体し、Bと個人的に親密なAと共同して、本件融資の実現に寄与した。

2 以上の事実関係によれば、被告人は、Bら融資担当者がその任務に違

背するに当たり，支配的な影響力を行使することもなく，また，社会通念上許されないような方法を用いるなどして積極的に働き掛けることもなかったものの，Bらの任務違背，Q社の財産上の損害について高度の認識を有していたことに加え，Bらが自己及びP社の利益を図る目的を有していることを認識し，本件融資に応じざるを得ない状況にあることを利用しつつ，Q社が迂回融資の手順を採ることに協力するなどして，本件融資の実現に加担しているのであって，Bらの特別背任行為について共同加功をしたとの評価を免れないというべきである。

これと同旨の見解の下に，被告人に特別背任罪の共同正犯の成立を認めた原判決の判断は相当である。」

解説

1 本件は，住宅金融専門会社であるQ社の代表取締役社長Bら同社の融資担当者による背任（特別背任罪）に，融資の相手方として関与したP社代表取締役である被告人に背任罪の共同正犯が成立するかが問題となっている。

身分犯である背任罪（さらには，特別背任罪）について，非身分者であっても，刑法65条1項の適用により共同正犯となりうるのであるが，不正融資の相手方については固有の問題があり，どのような場合であれば共同正犯となりうるかについてかねて問題とされてきた。それは，融資の相手方としては，何とかして融資を受けようとするのはいわば当然のこととも言え，さらに，融資側と認識面で同一に論じることができないなどの事情が存在するからである。

2 かつての下級審裁判例には，事務処理者が抱く任務違背の認識と同程度の任務違反の認識を必要とするとして，融資の相手方であることを踏まえた判断が必要であるとして共同正犯の成立を否定したものがあった[21]。本決定は，「支配的な影響力を行使することもなく，また，社会通念上許されないような方法を用いるなどして積極的に働き掛けることもなかった」場合で

---

[21] 東京高判昭和38・11・11公刊物未登載（千葉銀行事件）。

あっても,「Bらの任務違背,Q社の財産上の損害について高度の認識を有していたことに加え,Bらが自己及びP社の利益を図る目的を有していることを認識し,本件融資に応じざるを得ない状況にあることを利用しつつ,Q社が迂回融資の手順を採ることに協力するなどして,本件融資の実現に加担している」として,背任行為についての共同加功を肯定している。さらに,本決定後,融資の実現に積極的に加担した諸事情を挙げて背任罪の成立を肯定した判例も出されており[22],この問題についての今後の判例の動向が注目されるところである。

IV 横領罪と背任罪の区別

15 大判昭和9・7・19刑集13巻983頁

[事　案]

判決理由参照

[判決理由]

「仍テ案スルニ他人ノ爲其ノ事務ヲ處理スルニ當リ自己ノ占有スル本人ノ物ヲ自ラ不正ニ領得スルニ非スシテ第三者ノ利益ヲ圖ル目的ヲ以テ其ノ任務ニ背キタル行爲ヲ爲シ本人ニ財産上ノ損害ヲ加ヘタルトキハ背任罪ヲ構成スヘク之ヲ横領罪ニ問擬スヘキモノニ非サルコトハ本院ノ判例（昭和八年（れ）第九號同年三月十六日判決）トスル所ナリ原判決ノ認定シタル判示第一事實ハ措辭妥當ヲ缺クノ嫌ナキニ非サレトモ判文ノ全體ヲ通讀スルニ被告人Xハ判示A村村長在職中豫テ親交アル被告人Yノ懇請ニ因リ同人ノ社長トシテ經營セルB無盡株式會社ノ利益ヲ圖リ自己ノ村長トシテ職務上保管セル同村基本財産ヲ同村ノ計算ニ於テ同會社ニ貸與センコトヲ決意シ同村會ノ決議ヲ經スシテ昭和三年十月三日同基本財産中金五千四百圓ヲ同年十一月十八日同金四百二十四圓三十四錢ヲ被告人Yニ交付シテ其ノ任務ニ背キタル行爲ヲ

---

[22] 最決平成20・5・19刑集62巻6号1623頁。

爲シ仍テ右A村ニ財産上ノ損害ヲ加ヘ被告人Yハ右行爲ニ加功シタル趣旨ニ解スルヲ相當トス從テ原判示第一事實ハ背任罪ノ事實關係ヲ判示シタルモノナリト謂フヲ得ヘシ尤モ原判示中ニ橫領ナル文字アレトモ卍ハ原審カ法律上ノ見解ヲ表示シタルモノト解スヘク斯ル文字アルノ故ヲ以テ右原判決ニ表示シタル具體的事實關係タル背任行爲ヲ橫領行爲ナリト論スルヲ得サルコト勿論ナリ然レハ則チ原判決カ背任行爲タル判示第一事實ニ對シ業務上橫領罪ノ法條タル刑法第二百五十三條ヲ適用シタルハ擬律錯誤ノ違法アルモノニシテ論旨理由アリ」

解説

1 背任罪と横領罪とをどのように区別するかについては，かねて議論されてきたところである。もっとも問題となるのが，他人の事務の処理として，他人の物を占有する者が第三者の利益を図ってその物を処分する場合であり，本件はそのような事案であるといえる。第三者の利益を図る場合に，自己が占有する物を横領した，すなわち不法領得の意思によって処分したといえるのか（この場合には横領罪が成立する），そのような事情は認められず，第三者の利益を図った任務違背行為が認められるにすぎないのか（この場合には背任罪が成立する）が問題となるわけである。

本判決は，被告人XはＡ村の計算において公金をＢ無尽株式会社に貸与したとして，横領罪ではなく，背任罪の成立を肯定している。これは，第三者の利益を図る不法処分について，自己の名義又は計算によるか，それとも，本人の名義又は計算によるかによって，横領罪と背任罪とを区別しようとする判例の一般的な立場に沿ったものと理解することができよう。「計算」とは利益が帰属することをいうが，行為者自身の計算によって処分が行われた場合には，行為者が当該客体を領得した上で第三者に交付していることになるから，そのようなときには当然横領罪が成立することになるのである。

2 なお，横領罪と背任罪との区別の問題は横領罪の成否（横領の有無）によって両罪の限界が画されるという点ですでに理論的解決はついているといえるが，背任として起訴されたために，背任罪として処罰される結果となる事例がありうるため，実際の判例・裁判例を統一的な区別基準によって理解

することに問題が生じる場合があることにも留意する必要があると思われる。

16 最判昭和 33・10・10 刑集 12 巻 14 号 3246 頁

[事　案]
　被告人は信用組合の支店長であったが、支店の預金成績向上を装うため、組合から仮払伝票又は貸出伝票によって支出させた金銭から、預金謝礼金を支払い、又は、融資を受けられる資格のない者に高利貸付けを行った。

[判決理由]
　「論旨は、本件においては、第一審判決第一事実の（一）（二）共にその効果が直接信用組合に帰属するものであり、被告人等の計算においてなされたものでないことは、事案から見ても、また原判示から見てもこれを推認し得るから、被告人等の所為が背任罪を構成することあるは格別、横領罪を構成することはあり得ないのに、これを業務上横領として処断した原判決は法令の解釈適用を誤つたものであり且つは従来の判例にも違反すると主張する。しかし原判決の認容する第一審判決挙示の証拠によれば、判示第一（一）の事実は、被告人等が擅に組合から仮払伝票により支出せしめた金員を預金謝礼金として支払つたものであり、又第一（二）の事実は、融資を受けられる資格ある者に貸付けるものの如く手続を偽装し、貸出伝票により支出せしめた金員を被告人等が擅に第三者に高利貸付をしたものであること、即ち前者は仮払伝票により後者は貸出伝票により組合から支出を受けて、被告人等が自由に処分し得る状態に置き、これを被告人等が預金謝礼金として支払いまたは融資希望者に貸付けていたものであることが窺われるから（被告人の検察官に対する供述調書記録三六〇丁以下には「回収不能の場合は組合は責任を負わず、被告人等が責任を負うことになる」旨の供述記載もある）本件は、所論のように組合の計算においてなされた行為ではなく、被告人等の計算においてなされた行為であると認むるを相当とする。従つて原判決が本件につき業務上横領罪の成立を認めたのは正当で、論旨引用の諸判例は本件に適切でなく、所論判例違反の主張は採用できない。」

解　説

1　本件でも，被告人の行為について業務上横領罪が成立するのか，背任罪が成立するのかが問題となっている。本判決は，「組合から支出を受けて，被告人等が自由に処分し得る状態に置き，これを被告人等が預金謝礼金として支払いまたは融資希望者に貸付けていたものである」として，組合の計算においてなされた行為ではなく，被告人の計算においてなされた行為であることから，業務上横領罪の成立を肯定している。被告人の計算においてなされたとは，被告人に経済的な効果が帰属するものとして行われたということであり，被告人が金銭を横領した上で，第三者に交付したとみうるということを意味する。これも，判例15の解説で触れた判例の一般的な立場に沿った判断であるといえる。

17　最判昭和 34・2・13 刑集 13 巻 2 号 101 頁

[事　案]

判決理由参照

[判決理由]

「論旨前段は，原判示第一の（一），（二）の事実共に被告人らには不法領得の意思なく且つ本件政府貸付金はこれを貸付目的以外の目的に使用してもそれ自体何ら処罰の対象とはならないのに，被告人らに対し業務上横領罪の成立を認めた原判決は，法令の解釈を誤り且つ従来の判例にも違反すると主張する。

農林漁業資金融通法（昭和二六年法律一〇五号，同年四月一日施行，同二七年法律三五五号農林漁業金融公庫法附則八項一号により廃止）による政府貸付金は，これを貸付の目的以外の目的に使用してはならないが，貸付金の使途の規正に反する行為に対しては何ら罰則の定がなく，同法による政府貸付金は消費貸借による貸金として貸付を受けた自然人若しくは法人の所有に帰し，これを貸付の目的以外の目的に使用した場合そのこと自体は，貸主たる政府に対する関係において単なる貸付条件違反として一時償還を生ずるに止まり，直ちに横領罪が成立するものでないことは，正に所論のとおりであり，この理は借

受人が自然人であると法人であるとにより何ら差異はない（同法三条四項二号，四条一項参照）。

そして右政府貸付金は，自然人に対して貸し付けられる場合とその自然人が組織する法人に対して貸し付けられる場合とあり（同法二条参照），いずれの場合にもその使途が規正されていること前叙の如くであつて，後者の場合該貸付金は政府と法人との消費貸借の当然の結果として一旦は法人の所有に帰するが，必ず予定転借人である自然人に転貸することを要し，事業の進捗状態に応じ速かに転貸交付するか，直ちに転貸しないときは転貸資金として受託機関（例えば，農林中央金庫，地方銀行）に預託し，法人の通常の収入，資金とは別途に保管すべきもので，一定の手続さえ履践すれば転貸資金以外の用途に流用支出することができるものと異なり，保管方法と使途が限定され，転貸資金以外他のいかなる用途にも絶対流用支出することができない性質の金員であること，本件の場合判示Ａ町森林組合は旧森林法（明治四〇年法律四三号）により設立された同町区域内の森林所有者の組織する営利を目的としない社団法人であつて，被告人Ｘは当時組合長として組合の業務一切を掌理し，同Ｙは当時組合常務理事として組合長を補佐し組合の業務を執行していたこと，本件政府貸付金一七五万円は，政府が農林漁業資金融通法により右組合の組合員のうち造林事業を営む者に交付するため，右組合に対し貸付決定したもので同法四条一項により造林資金以外の用途に使用することのできない金員であること，被告人らは右組合の業務執行機関として組合のためその委託に基き業務上これを保管する責に任じていたことは，いずれも原判決挙示の証拠により十分に認められ，この点の原審認定に誤りはない。

とすれば，たとえ右貸付金一七五万円が一旦は組合の所有に帰したとしても，組合の業務執行機関として組合のためその委託に基きこれが保管の責に任じていた被告人らが，これを使途の規正に反し貸付の目的以外の目的に使用したときは，借主たる組合自体と貸主たる政府との外部関係において貸付条件違反として一時償還の問題を生ずるのは勿論のこと，更にこれとは別個に，金員保管の委託を受けている被告人らと委託者本人である組合との内部関係においては，金員流用の目的，方法等その処分行為の態様如何により業

務上横領罪の成否を論ずる余地のあることは当然といわなければならない。

ところで原審の確定した事実によれば，判示第一の（一）のＡ町に対する貸付は年末に際し諸経費の支払資金に窮していた同町からの要請に基き専ら同町の利益を図るためになされたものであつて，組合の利益のためにする資金保管の一方法とは到底認め難く，又同（二）のカラ松毬果採取事業は被告人らの経営する個人事業であつて同事業のための借入金元利返済に充てられた本件四〇万円余りは専ら被告人ら個人の利益を図るために使用されたものと認めるの外なく，しかも右（一），（二）の各支出は組合役員会の決議の趣旨にも反し，組合本来の目的を逸脱し，たとえ監事Ｂの承認を経ているとはいえ，この承認は監事の権限外行為に属し，これあるがため被告人らの右各支出行為が組合の業務執行機関としての正当権限に基く行為であると解すべきものでないことは原判示のとおりであり，結局原判示第一の（一），（二）の各支出行為は，被告人らが委託の任務に背き，業務上保管する組合所有の金員につき，組合本来の目的に反し，役員会の決議を無視し，何ら正当権限に基かず，ほしいままに被告人ら個人の計算において，Ａ町及び被告人ら個人の利益を図つてなしたものと認むべきである。

されば，たとえ被告人らが組合の業務執行機関であり，本件第一の（一）のＡ町に対する貸付が組合名義をもつて処理されているとしても，上来説示した金員流用の目的，方法等その処分行為の態様，特に本件貸付のための支出は，かの国若しくは公共団体における財政法規違反の支出行為，金融機関における貸付内規違反の貸付の如き手続違反的な形式的違法行為に止まるものではなくて，保管方法と使途の限定された他人所有の金員につき，その他人の所有権そのものを侵奪する行為に外ならないことにかんがみれば，横領罪の成立に必要な不法領得の意思ありと認めて妨げなく，所論指摘の事由は未だもつて横領罪の成立を阻却する理由とはならず，背任罪の成否を論ずる余地も存しない。

従つて，原判決が本件につき業務上横領罪の成立を認めたのは正当であり，論旨引用の諸判例はすべて本件に適切でなく，所論判例違反の主張は採用することができない。」

裁判官河村大助の少数意見　「原判決認定の事実関係を要約すると，

社団法人Ａ町森林組合は，昭和二六年一二月一二日農林漁業資金融通法により，政府から造林資金として一七五万円の貸付交付を受けたこと，右金員は政府と組合との消費貸借による当然の結果として組合の所有に帰属したものであること，右金員は組合員の造林資金に転貸すべきものであつて他に流用することが禁ぜられ，これに違反したときは，政府は組合に対し一時に償還を命じ得ること，然るに組合長である被告人Ｘ及び常務理事である被告人Ｙは，監事Ｂの承認を得て右金員の内四三万円をＡ町に貸付けをなし，町は翌二七年三月末日利子八，〇〇〇円と共に組合に弁済を了した，というのである。

　しかして右町の借入れは組合の貸付であつて，被告人等個人からの貸付でないことは原判決引用の証拠（……）により明らかであり，個人が貸主であると認むべき証拠は存在しない。尤も此点に関する判示は明確を欠く嫌いはあるが，組合は町から元金の外利息八，〇〇〇円の弁済を受け，被告人等は何等利得していない旨の判示から見れば，組合対町の消費貸借を認めている趣旨と解するの外はない。

　ところで右融通法に於ける流用の禁止及びその違反に対する期限の利益喪失の条項は，消費貸借に附帯する制裁約款であつて，借主の遵守すべき債権的の義務を定めたものと解すべきである。そして同法には右違反に付て別段罰則の定がないから刑事上の横領罪を構成するかどうかは，その行為が同罪の構成要件を充足するかどうかによつて決せられる問題である。

　横領罪の構成要件はいう迄もなく，主観的要件である不法領得の意思と，客観的要件である不法領得の意思実現の客観的行為である，すなわち自己の占有する他人の物を不法に領得することが犯罪の客体であつて，自己の所有物を自己が処分する場合はたとえその物につき法律上又は特約上処分の制限又は禁止の存する場合（刑法二五二条二項の場合を除く）であつても，他人の物の処分でないから横領罪を構成することはない。又たとえ他人の物の占有者であつても，その処分が所有者のためにする場合は横領罪を構成しないこともいうをまたないところである。村長が第三者の利益を図り其の職務上保管する村の基本財産を村の計算に於て貸与しようと決意し，村会の決議を経ず擅に之を第三者に交付し因て村に財産上の損害を加えた場合，寺院の住職が

寺院のためにする意思を以て法律上必要な手続を履まないで寺院の什器を処分した場合等，いずれも背任罪を構成するは格別業務上横領罪を構成しないことは夙に判例の存するところである。(前者，大判昭和九，七，一九，集一三巻九八三頁，後者，大判大正一五，四，二〇，集五巻一三六頁)

　本件森林組合の借入金は消費貸借に基いて政府から交付を受けたものであるから所有権が組合に属することは原判決も認むるところである。唯組合はこれを組合員に転貸すべき義務を負うものではあるが，その義務に違反して，町に一時貸与したとしても，その金員は組合から町に所有権が移転し，すなわち，組合はその金員を失う代りに消費貸借債権を取得するものであつて，その間何等被告人等個人の領得乃至処分行為の介在する余地はないのである。勿論法人の貸付行為と謂つても代表者たる機関によつて行われるものではあるが，その機関の行為は法人の組織の裡に吸収されて法人の行為となつてしまい，個人の行為としての存在意義を失い，その行為の効果も法人に帰属するものであることはいうをまたないところである。(なお町への貸付は，不法行為ではない，唯組合が政府に対し債権的義務違背という別個の問題を生ずるに過ぎない) 本件組合の財産たる金員を町に貸付けることは組合が組合財産を処分することであつて，たとえそれが前記融通法に違反する行為であつても代表者等個人が個人のためにこれを処分するものでないから，その代表者等個人に不法領得の意思を認むる余地は存しないものというべきである。然るに組合から町への貸付であること明らかな本件において唯流用禁止違反の事由があるからといつて，卒然として個人を業務上横領罪に問擬するのは，不正領得という財産犯罪の本質を逸脱するものであつて，到底これを是認し得ないのである，すなわち，被告人等の行為が他の法定要件を具備する場合背任罪を構成するは格別，業務上横領罪を構成するものではない。従つて原判決は横領罪に楽する法律の解釈を誤りたるか審理不尽の違法あるものであつて，此点の論旨は結局理由があり，被告人両名に対し原判決を破棄するを相当と思料する。」

解 説

1 本件では被告人X・Yの組合財産である金員の支出行為について，横

領罪が成立するか，背任罪が成立しうるにとどまるのかが問題となっている。とくにA町への貸付けについては，横領罪は成立しないとする河村裁判官の少数意見が本判決には付されているところである。

　2　多数意見は，本件で問題となっている「各支出行為は，被告人らが委託の任務に背き，業務上保管する組合所有の金員につき，組合本来の目的に反し，役員会の決議を無視し，何ら正当権限に基づかず，ほしいままに被告人ら個人の計算において，A町及び被告人ら個人の利益を図つてなしたものと認むべきである」としている。すなわち，いずれも組合の計算においてなされた行為ではなく，被告人らの計算においてなされた行為であり，したがって，業務上横領罪が成立するというのである。

　これは，第三者に対する交付事例においては，被告人の計算においてなされたか（横領罪が成立する），本人の計算においてなされたか（背任罪が成立しうるにすぎない）によって横領罪と背任罪とを区別する判例の一般的な立場に沿った判断であるが，すでに述べたところからも明らかなように，被告人の計算においてなされたというのは横領が成立するという結論を述べているとほぼ同義だともいえ，そのように事実関係を評価しうるかが真の問題である。本件の具体的な事案との関係では，被告人の計算においてなされたといえるかについて少数意見があることからも明らかなように，その評価には異論がありうるところである。

　多数意見が被告人の計算による行為だとした背景には，本件の金員は「一定の手続さえ履践すれば転貸資金以外の用途に流用支出することができるものと異なり，保管方法と使途が限定され，転貸資金以外他のいかなる用途にも絶対流用支出することができない性質の金員である」との理解が相当影響しているものと思われる。すなわち，組合自体，本件のような支出を行うことはおよそ許されないのであるから，被告人も組合のために支出することはありえず，被告人の計算でなした行為とみざるをえないという理解がその背景にあるものと思われる。しかし，最高裁は，その後，こうした，「交付が委託者である会社自体であれば行い得る性質のものであったか否かという観点からも検討する必要がある。すなわち，その行為の目的が違法であるなどの理由から，金員の委託者である会社自体でも行い得ない性質のものである

場合には，金員の占有者である被告人がこれを行うことは，専ら委託者である会社のためにする行為ということはできない」という理解に対して，「行為の客観的性質の問題と行為者の主観の問題は，本来，別異のものであって，たとえ商法その他の法令に違反する行為であっても，行為者の主観において，それを専ら会社のためにするとの意識の下に行うことはあり得ないことではない。したがって，その行為が商法その他の法令に違反するという一事から，直ちに行為者の不法領得の意思を認めることはできないというべきである」としている[23]ことに注目する必要がある。

---

[23] 最決平成 13・11・5 刑集 55 巻 6 号 546 頁（國際航業事件）。

第6章　財産犯4（その他の財産犯）

［盗品等に関する罪］
 1　最決平成 14・7・1 刑集 56 巻 6 号 265 頁
 2　最判昭和 24・10・20 刑集 3 巻 10 号 1660 頁
 3　最決昭和 50・6・12 刑集 29 巻 6 号 365 頁
 4　最決昭和 38・11・8 刑集 17 巻 11 号 2357 頁
［毀棄罪］
 5　最判昭和 57・6・24 刑集 36 巻 5 号 646 頁
 6　最決昭和 61・7・18 刑集 40 巻 5 号 438 頁
 7　最決平成 19・3・20 刑集 61 巻 2 号 66 頁
 8　最決平成 18・1・17 刑集 60 巻 1 号 29 頁

I　はじめに

　本章では，盗品等に関する罪及び毀棄罪について解説を加える。まず，盗品等に関する罪については，その保護法益ないし罪質をどのように理解するかが問題となる。その後，個別の行為類型をめぐる解釈について解説し，さらに，親族等の間の犯罪に関する特例の解釈について検討する。毀棄罪については，客体となる文書，建造物の意義，そして建造物の他人性の問題について，それぞれ解説を行う。最後に，毀棄・損壊の意義について検討することにする。

II　盗品等に関する罪

1　保護法益・罪質

1　最決平成 14・7・1 刑集 56 巻 6 号 265 頁

[事　案]
　A社は，約束手形181通（額面額合計約7億8578万円）ほかを何者かに盗まれたが，被告人らは，氏名不詳者から，このうちの一部である約束手形131通（額面額合計約5億5313万円）の売却を依頼され，これらが盗品であることを知りながら，A社の関連会社であるB社に，代金合計8220万円と引換えに交付して売却した。

[決定理由]
　「なお，所論にかんがみ，職権で判断するに，盗品等の有償の処分のあっせんをする行為は，窃盗等の被害者を処分の相手方とする場合であっても，被害者による盗品等の正常な回復を困難にするばかりでなく，窃盗等の犯罪を助長し誘発するおそれのある行為であるから，刑法256条2項にいう盗品等の「有償の処分のあっせん」に当たると解するのが相当である（最高裁昭和25年（れ）第194号同26年1月30日第三小法廷判決・刑集5巻1号117頁，最高裁昭和26年（あ）第1580号同27年7月10日第一小法廷決定・刑集6巻7号876頁，最高裁昭和31年（あ）第3533号同34年2月9日第二小法廷決定・刑集13巻1号76頁参照）。これと同旨の見解に立ち，被告人の行為が盗品等処分あっせん罪に当たるとした原判断は，正当である。」

[解　説]
　1　本件では，窃盗の被害者を処分の相手方とする場合であっても，盗品等有償処分あっせん罪（256条2項）が成立するかが問題となり，それが肯定されている。その理由は，そのような場合であっても，①被害者による盗

品等の正常な回復を困難にする，②窃盗等の犯罪を助長し誘発するおそれのある行為であるということである。これは，盗品等に関する罪は，窃盗等の被害者の被害物に対する追求権（被害物を回復する権利・利益）を侵害するとともに，窃盗等の本犯（盗品等に関する罪の前提犯罪である窃盗罪等を「本犯」と呼ぶ）を助長し誘発するおそれがあることから処罰されることを示すものといえる。この意味で，本決定は，本犯の被害者の被害物に対する追求権を保護法益とし，そして，本犯助長性を加味して理解する立場に立脚するものといえる。こうした理解（追求権説）は，通説も支持しているところである。

2　本決定は，①最判昭和26・1・30刑集5巻1号117頁，②最決昭和27・7・10刑集6巻7号876頁，③最決昭和34・2・9刑集13巻1号76頁を引用して上記の判断を示している。

①最判昭和26・1・30は，盗品等有償処分あっせん罪（当時は，贓物牙保罪）は，盗品等の売却の周旋行為が行われれば，盗品等の売買が完成に至らなくとも成立するとして，「有償の処分のあっせん」（当時は，牙保）の意義について判示したものであり，さらに，「法が贓物牙保を罰するのはこれにより被害者の返還請求権の行使を困難ならしめるばかりでなく，一般に強窃盗の如き犯罪を助長し誘発せしめる危険があるからである」として，本罪の罪質に関し本決定と同様の理解を示していた。

②最決昭和27・7・10は，窃盗の被害者から盗品の回復を依頼されて，これを被害者宅に運搬して返還したという事案について，「本件贓物の運搬は被害者のためになしたものではなく，窃盗犯人の利益のためにその領得を継受して贓物の所在を移転したものであって，これによって被害者をして該贓物の正常なる回復を全く困難ならしめた」として盗品等運搬罪（当時は，贓物運搬罪）の成立を肯定した原判決を是認したものである。単に盗品等が本犯の被害者に返還されることではなく，その「正常なる回復」が認められるかを問題としている点で，本決定と同様の理解を採るものといえる。とくに，②決定は，「窃盗犯人の利益のためにその領得を継受して贓物の所在を移転した」ことを重視しており，本犯の犯人側の立場から盗品等を本犯の被害者宅まで運搬したにすぎず，したがって，本来無償で被害物の返還を求めることのできる被害者の追求権は実現されていないということができる。すなわ

ち，被害者が被害物を買い戻すことによっては，被害物の「正常なる回復」は実現されていないというわけである。

③最決昭和34・2・9は，盗品・遺失物に関する即時取得の特例（民法193条）の意義が問題とされた事案について，「贓物に関する罪は，被害者の財産権の保護を目的とするものであり，被害者が民法の規定によりその物の回復を請求する権利を失わない以上，その物につき贓物罪の成立する」としたもので，盗品等に関する罪は被害者の財産権（被害物の回復請求権）を保護法益とするものであることを示したものである。

3　本決定及び上記判例②に対しては，被害物が被害者に返還される以上追求権（被害物の回復請求権）は侵害されていないという立場から批判がある。しかし，被害物が返還されても，それが「正常な回復」でなければ，被害者の権利は実現したとはいえないという見地によれば，判例の立場を理解することができよう。

2　最判昭和24・10・20刑集3巻10号1660頁

[事　案]

　判決理由参照

[判決理由]

「原判決は，被告人がAなる当時十六年の少年が窃取して来た中古婦人用二六吋自転車一台の車輪二個（タイヤーチウブ附）及び「サドル」を取外しこれらを同人の持参した男子用自転車の車体に組替え取付けて男子用に変更せしめてこれをBに代金四千円にて売却する斡旋をして贓物の牙保をしたものと認定判示したもので，要するに他人所有の婦人用自転車の車輪二個及び「サドル」を贓物と認めこれを牙保したものと判断したものであること明白である。そして，右原判決の事実認定は，その挙示の証拠により肯認することができる。且つその認定によれば判示のごとく組替え取付けて男子用に変更したからといつて両者は原形のまま容易に分離し得ること明らかであるから，これを以て両者が分離することできない状態において附合したともいえないし，また，もとより所論のように婦人用自転車の車輪及び「サドル」を

用いてＡの男子用自転車の車体に工作を加えたものともいうことはできない。されば中古婦人用自転車の所有者たる窃盗の被害者は，依然としてその車輪及び「サドル」に対する所有権を失うべき理由はなく，従つて，その贓物性を有するものであること明白であるから，原判決には所論の違法は認められない。」

解　説

1　本件でも盗品等有償処分あっせん罪（256条2項。当時は，贓物牙保罪）の成否が問題となっている。本件で問題となるのは，盗品である婦人用自転車の車輪2個及びサドルが同罪の客体となるかということである。それは，車輪2個及びサドルは自転車から取り外され，別の自転車の車体に取り付けられて，その売却があっせんされたからである。この場合，本犯の被害者が被害物に対する追求権を失えば，その物はもはや盗品等に関する罪の客体とはならない。このことは，盗品等に関する罪の保護法益が本犯の被害者の被害物に対する追求権（回復請求権）であることに由来する。したがって，本件では，自転車の車輪2個及びサドルに対する被害者の所有権が失われたといえるかどうかが争点となっている。

2　本判決は，盗んだ婦人用自転車から取り外した自転車の車輪2個及びサドルは盗品等有償処分あっせん罪の客体となることを肯定した。それは，それらは自転車の車体から容易に取り外し可能であり，「原形のまま容易に分離し得る」から民法上の付合（民法243条）は成立せず，主たる動産である男子用自転車の車体の所有者にその所有権が帰属することにならないからである。もしも，付合が成立するのだとすると，車輪等に対する被害者の追求権が失われるという主張が成り立ちうることになる。また，車輪等を用いて男子用自転車に工作を加えたともいえないとして民法上の加工（民法246条）の適用も問題としていない。こうしたことから，窃取された婦人用自転車の所有者は，車輪2個及びサドルに対する所有権を有しており，したがって，盗品等有償処分あっせん罪の客体となるとされたのである。正当な判断であるといえよう。

2　行為類型

3　最決昭和 50・6・12 刑集 29 巻 6 号 365 頁

[事　案]

決定理由参照

[決定理由]

「所論に鑑み職権で判断するに，贓物であることを知らずに物品の保管を開始した後，贓物であることを知るに至つたのに，なおも本犯のためにその保管を継続するときは，贓物の寄蔵にあたるものというべきであり，原判決に法令違反はない。」

[解　説]

1　本件では，保管を始めた物品が盗品等であることを当初は知らなかったが，それを知った後になお保管を継続した場合に，盗品等保管罪（256 条 2 項。当時は，贓物寄蔵罪）が成立するかが問題となった。本決定は，おそらく，盗品等保管罪が継続犯であるという理解から，保管している物品が盗品等であることを知った後の保管行為について盗品等保管罪が成立すると解したものと思われる。

2　盗品等保管罪を盗品等の保管を実行行為とする継続犯と理解する立場からは，本決定の結論は理解可能である。しかし，①保管罪は盗品等を受領した上で保管する行為を対象にしているのではないか，盗品等を受領する時点で盗品等の知情が不要なのか，②事後的な知情の場合にも，果たして本犯助長性が認められるかという点で，なお問題はありうるであろう。ただし，①については保管だけが実行行為である，②については被害者等へ盗品等を返還する作為義務が生じると解すれば，本決定の結論を正当化する余地があろう。しかし，①についてはともかく，②のようなことが認められるかにはなお問題がある。

3　親族等の間の犯罪

4　最決昭和38・11・8刑集17巻11号2357頁

[事　案]

被告人は，妻が情を知って買い受けた盗品を，盗品であることを知りながら運搬した。

[決定理由]

「刑法二五七条一項は，本犯と贓物に関する犯人との間に同条項所定の関係がある場合に，贓物に関する犯人の刑を免除する旨を規定したものであるから，原判決が，たとい贓物に関する犯人相互の間に右所定の配偶者たる関係があつてもその刑を免除すべきでない旨を判示したのは正当である（昭和八年（れ）第三六号，同年三月二四日大審院判決．刑事判例集一二巻三〇五頁参照。）。」

解　説

1　本件では，被告人に盗品等運搬罪（256条2項）が成立することに問題はない。問題となっているのは，被告人に「親族等の間の犯罪に関する特例」（刑法257条）が適用されて，「配偶者との間……で……犯した」ものとして刑が免除されるかということである。

本決定は，刑法257条1項が適用されるためには，「本犯と贓物に関する犯人との間」に同項所定の親族関係が存在することが必要であり，「贓物に関する犯人相互の間」にそれがあっても同項は適用されないとしている。

2　刑法257条の「親族等の間の犯罪に関する特例」は，刑法244条の「親族間の犯罪に関する特例」を準用するのではなく，条文見出しも異なっているように，新たに，244条とは異なった要件で別途規定されている。そこからも窺えるように，244条とは規定の趣旨を異にするものと考えることができる。現在の通説的理解によれば，257条の特例は，盗品等に関する罪について，その犯人庇護的側面を考慮して，期待可能性の減少にその根拠が求められるのである。

本決定は，庇護の対象となる犯人を本犯者に限定している。それは，盗品等無償譲受け罪（256条1項）を除く盗品等に関する罪について，本犯よりも実質的に重い刑が規定されていることの趣旨が，追求権の侵害に加え，本犯助長性に求められていることと整合的だともいえよう。しかし，盗品等に関する罪の犯人相互間にも，期待可能性という点については，同様の考慮が妥当しうるのではないかということが，なお問題として残るように思われる。

III 毀棄罪

1 文 書

5 最判昭和57・6・24刑集36巻5号646頁

[事　案]

判決理由参照

[判決理由]

「原判決は，要するに，被疑者不詳の窃盗被疑事件の参考人としての被告人に対する警察官の取調が，事実上その身体の自由を拘束し実質上逮捕と同視しうる状態において行われた違法なものであることを前提に，かかる違法な取調のもとに作成されつつあつた本件参考人供述録取書は，右違法な取調と共に刑法上の保護に値せず，刑法二五八条によつて保護される公務所の用に供する文書にあたるとはいえないから，右取調の過程において右供述録取書を引き裂いた被告人の所為は公文書毀棄罪を構成せず，被告人は無罪であるとするのである。

原判決の右判断のうち，被告人に対する警察官の取調方法が違法であるとした点は，一件記録に照らし必ずしも首肯しえなくはないが，違法な取調のもとに作成されつつあつた供述録取書が，そのことの故に，直ちに刑法二五八条の公務所の用に供する文書にあたらなくなるとした点は，にわかに肯認

することができない。

　なぜならば，同条にいう公務所の用に供する文書とは，公務所において現に使用し又は使用に供する目的で保管している文書を総称するものであつて（昭和三七年（あ）第一一九一号同三八年一二月二四日第三小法廷判決・刑集一七巻一二号二四八五頁，同五一年（あ）第一二〇二号同五二年七月一四日第一小法廷判決・刑集三一巻四号七一三頁），本件供述録取書のように，これを完成させるために用いられた手段方法がたまたま違法とされるものであつても，原判示のように既にそれが文書としての意味，内容を備えるに至つている以上，将来これを公務所において適法に使用することが予想されなくはなく，そのような場合に備えて公務所が保管すべきものであるというべきであり，このような文書も刑法二五八条にいう公務所の用に供する文書にあたるものと解するのが相当だからである。

　原判決は，本件供述録取書の作成過程がたまたま違法であることから，直ちに右供述録取書が公務所の用に供する文書にあたらないとの結論を導き出している点で，刑罰法令の解釈を誤つているといわざるをえず，右誤りが判決に影響を及ぼすことが明らかであり，これを破棄しなければ著しく正義に反するというべきである。」

解説

　1　本件では，刑法258条の公用文書毀棄罪が成立するか，具体的には，本件供述録取書が公用文書毀棄罪の客体である「公務所の用に供する文書」に該当するかが問題となっている。原判決は，違法な取調べによって作成された供述録取書は公用文書毀棄罪の客体として保護されるべき文書とはいえないとして，同罪の成立を否定していた。それに対し，本判決は，「公務所の用に供する文書とは，公務所において現に使用し又は使用に供する目的で保管している文書を総称する」とした上で，既に「文書としての意味，内容を備えるに至つている」ものについては，「完成させるために用いられた手段方法がたまたま違法とされるものであつても」，「将来これを公務所において適法に使用することが予想されなくはなく，そのような場合に備えて公務所が保管すべきものであるというべき」であるとして，本件供述録取書は公

用文書毀棄罪の客体として保護されるべき文書に当たるとしているのである。

　たとえ違法な方法によって作成された文書であっても，将来，違法行為があったことの証拠として使用するなど，適法な使用方法がありうるところであり，それに備えて保管すべきものとして，保護に値するというのは本判決が判示するとおりであるといえよう。

2　建造物

6　最決昭和 61・7・18 刑集 40 巻 5 号 438 頁

[事　案]
　決定理由参照

[決定理由]
　「所論は，被告人が損壊した本件建物は刑法二六〇条の「他人ノ」建造物には当たらない旨主張するものであり，この点について，一，二審判決が判断を異にしているので，検討する。まず，被告人が昭和五〇年五月一〇日長崎県漁業協同組合連合会（以下「県漁連」という。）の職員二名と自ら交渉した結果，県漁連に対するあわびの売買代金債務の担保のため，被告人所有の本件建物に根抵当権を設定することを承諾し，同月一三日本件建物の県漁連を根抵当権者とする根抵当権設定登記が経由されたこと，その後，県漁連が長崎地方裁判所壱岐支部に対し，本件建物の任意競売（民事執行法附則二条による廃止前の競売法に基づく。）の申立をし，同競売手続において，県漁連が最高価の競買申出をしたため競落許可決定を受け，その代価を同支部に支払い，昭和五五年一月四日本件建物につき，右競落を登記原因とし，所有者を県漁連とする所有権移転登記が経由されたこと，同年三月一二日同支部執行官が先に発せられた本件建物等についての不動産引渡命令の執行のため本件建物に臨んだ際，被告人が本件建物を損壊する所為に及び，更に，執行官が立ち去つた後も同様の所為を続けたこと，以上の事実は，一，二審判決がともに認定するところであり，所論も争つていない。また，本件当日被告人が執行官

に対し「今すぐ出てくれと言われても困る。今年の一〇月まで待つてくれ」と申し入れたことは，原判決が認定するところであり，記録に照らし，右認定は是認することができる。ところで，被告人は，本件建物に対する根抵当権設定の意思表示は，県漁連職員が根抵当権の設定は形式だけにすぎず，その実行はありえないかのような言辞を用いたため，その旨誤信してなしたものであり，本件損壊以前にその取消の意思表示をしたから，本件建物の所有権は本件損壊当時も依然として被告人にあつた旨主張しているところ，第一審判決は，被告人の主張するような詐欺が成立する可能性を否定し去ることはできず，その主張にかかる取消の意思表示をした事実も認められるから，本件損壊当時本件建物が刑法二六〇条の「他人ノ」建造物であつたことについて合理的な疑いを容れない程度に証明があつたとはいえない旨判断し，被告人を無罪とした。これに対し，原判決は，被告人の本件建物に対する根抵当権設定の意思表示は県漁連側の詐欺によるものではなく，本件損壊当時本件建物は県漁連の所有であつたと認められる旨詳細に説示して第一審判決を破棄したうえ，建造物損壊罪の成立を認め，被告人を懲役六月，執行猶予二年に処した。所論は，要するに詐欺の成立を否定した原判決は事実を誤認したものであり，第一審判決が正当であるというのである。しかしながら，刑法二六〇条の「他人ノ」建造物というためには，他人の所有権が将来民事訴訟等において否定される可能性がないということまでは要しないものと解するのが相当であり，前記のような本件の事実関係にかんがみると，たとえ第一審判決が指摘するように詐欺が成立する可能性を否定し去ることができないとしても，本件建物は刑法二六〇条の「他人ノ」建造物に当たるというべきである。」

裁判官長島敦の補足意見　「私は，本件上告を棄却すべきものとする法廷意見に賛成であり，その職権で判断を示している刑法二六〇条の解釈についても全く異論はないが，本件は犯罪の特別構成要件要素として含まれている民事法上の権利の存否につき，どこまで刑事裁判において立ち入つて認定判断を行なうべきかという困難な論点を含んでいるので，私の考えるところを補足しておきたいと思う。

一　刑法二六〇条は「他人ノ建造物」を損壊する行為を処罰する。他方，

刑法二六二条は「自己ノ物」であつても，差押を受け，物権を負担し又は賃貸したものを損壊したときは，同法二五九条から二六一条までの例によるものとしている。この両者を対比すると，二六二条が「自己ノ」というのは，自己の所有に属することを意味し，二六〇条が「他人ノ」というのは他人の所有に属することを意味すると解するのは素直な解釈というべきである。

　そこで，本件では，損壊行為の対象となつた本件建物が被告人以外の他人の所有に属するか，それとも被告人の所有つまり自己の所有に属するかにより，本件行為が刑法二六〇条の構成要件に該当するか否か，すなわち建造物損壊罪の成否が決まるのである。

　二　被告人は，本件建物が自己の所有に属するものと信じていたという主張（客観的には他人の所有に属する建造物であるが自己の所有に属するものと信じていた，つまり，そこに錯誤があつたという主張）をしているのではなくて，それが客観的に自己の所有に属することを主張している。すなわち，被告人は，客観的な所有権の帰属そのものを争つているのであるが，その主張によれば，本件建物は，もともと，被告人が新築した住宅であつて，同人が先に県漁連に対して設定した根抵当権は，詐欺によるものとして取消の意思表示をしたので無効に帰しており，本件損壊行為時においては，被告人の所有に属し，かつ，物権を負担していないものとして，刑法二六〇条の対象となる建造物には当たらないというのである。

　他方，原審が確定した本件事実関係によれば，県漁連は，右根抵当権に基づき，本件建物につき任意競売の申立をし，みずから最高価競買申出をして競落許可決定を受け，競落代金を支払つて所有権移転登記を経由し，次いで不動産引渡命令の執行のため執行官が本件建物に臨んだ際本件建物の損壊行為がなされた経緯が認められる。その間，被告人からは，これらの手続に対して異議その他の不服の申立のなされた形跡は記録上全く認めることができない。なお，被告人のいう根抵当権設定取消の意思表示とは，本件根抵当権設定と同時になされた船舶等についての譲渡担保契約に基づき県漁連から被告人に対してその船舶等の引渡を求めて提起された別件民事訴訟の控訴審において被告人の訴訟代理人が陳述した準備書面中の記載，ないしは，本件損壊行為につき訴追されている本件刑事訴訟の控訴審の段階で被告人によつて

なされた右根抵当権設定の取消の意思表示をいうものであるところ（原審において，弁護人は，他にも「取消と認めることができる行為」があつた旨の主張をしている。），別件民事訴訟においてそのいわゆる意思表示がなされた事実が，本件建物に対する右の任意競売手続の開始から不動産引渡命令の執行に至る手続の過程において全く主張されていないことについては，争いがないところである。

　三　物に対する所有権の帰属は，いうまでもなく民事実体法によつて決せられる。建造物損壊罪の構成要件のように，「他人ノ」建造物が行為の客体となつているときは，原則として，その物が民事実体法上，他人の所有に属するものと解されなければならない。本件に即していえば，本件建物が民事法上，県漁連の所有に属し，被告人本人の所有に属さないと解されることが一般的にいつて必要となる。

　しかしながら，このことは，民事法上他人の所有に属するとする解釈・判断が常に，そのまま刑法の構成要件に含まれる「他人ノ」物の解釈に妥当すること，及び，民事法上他人の所有に属さないと判断されるときは，刑法上も，その物は常に他人の所有に属さないものと解されなければならないということを意味するものではない。けだし，民事法は，その物の所有権が誰に属するかを終局的に決することによつて財産関係の法秩序の安定を図ることを目的とするのに反し，刑法は，その場合，その物に対する現実の所有関係を保護することによつて既に存在している財産関係の法秩序の破壊を防止することを目的とすると考えられるからである。いいかえれば，民事法にあつては，窮極的な所有権の帰属を確定することがその使命とされるが，刑事法にあつては，社会生活上，特定の人の所有に属すると信じて疑われない客観的な状況のもとで或る物に対する現実の所有関係が存在し，かつ，その民事法上の所有権を否定すべき明白な事由がないときは，その現実の所有関係を実力による侵害から保護し，法秩序の破壊を防止することをその使命とするということができる。このことは，同時に，民事裁判と刑事裁判のあり方にも反映することとなる。つまり，民事裁判では，所有権の窮極的な帰属を判断決定することが求められるから，これに関連をもつあらゆる主張，抗弁，立証を許容し審理すべきこととなるが，刑事裁判では，犯罪の構成要件要素

とされている物に対する所有権の帰属については，当該犯罪の構成要件の予定する法益の侵害があるかどうかという観点からその現実の所有関係について審理判断すれば足り，窮極的な所有権の帰属を確定する必要はないということができるであろう。

　四　刑法二六〇条の建造物損壊罪の保護法益は，当該建造物に対する所有権にあると解されるが，現に社会一般の観念においてその所有関係の存在について疑いが抱かれず，かつ，民事法上も所有権の存在を否定すべき明白な事由が認められないときは，そのような客観的な所有関係のもとに安定している社会生活上の経済的法秩序を維持することが，民事法上の所有権の保護にも通ずるというべきであり，このような場合，民事裁判において将来，窮極的にその所有権が否定されるかどうかにかかわらず，建造物損壊罪の成立を認めるべきことは，同罪の保護法益の面からも十分に説明できるのである。

　本件についてみると，前記のとおりの経緯で本件建物につき不動産引渡命令の執行がなされるに至つており，それまでの手続の過程において，被告人からの異議等の申立もなく，更に本件損壊行為に先立ち，被告人の妻及び被告人が本件建物が被告人の所有に属することにつきなんらの主張をもしないで，もつぱらその執行の延期を求めている状況からみても，社会一般の観念においてこれが県漁連の所有に属することについて全く疑義のない状況にあつたのであるから，被告人の本件建物を損壊する行為が「他人ノ建造物」の損壊に当たることは明白であるというべきである。したがつて，別件民事訴訟において，本件競売の原因となつた根抵当権の設定行為を詐欺を原因として取り消す旨の意思表示をしたかどうかにかかわらず（そのような主張は，それ自体，本件所有権の存在を否定すべき明白な事由とはいえない。），右犯罪の成立することはいうまでもない。第一審裁判所がこの点につき立ち入つた審理を行ない，原審も，民事法上の論点につき深く立ち入つて事実審理を行なつたことは，その点が被告人の犯罪の成否を決すべき唯一の論点として被告人によつて強く主張されたことからみて理解できなくはないし，また，原審の行き届いた審理の結果として，民事法上も被告人の主張の理由のないことが明確とされた点において一概にこれを失当ということはできないが，刑事裁判と

民事裁判との差異を重視する私の見解からは不必要な程度にまで民事関係の事実認定及び民事法上の解釈に立ち入つたものというべきこととなる。」

解　説

1　本件では建造物損壊罪（260条）の成否が問題となっている。同罪の客体は「他人の建造物」であり，これは長島裁判官の補足意見に述べられているように，「他人の所有に属する」建造物をいうものと理解される[1]。ところが，本件で，被告人は，任意競売の前提である根抵当権を設定した意思表示は県漁連の詐欺によるものであり，取消しの意思表示をしたから，根抵当権は無効であって，本件建物は被告人の所有に属し，刑法262条の適用もなく，したがって，本件損壊行為について建造物損壊罪は成立しないと主張している。

第1審判決は，「被告人の主張するような詐欺が成立する可能性を否定し去ることはできず，その主張にかかる取消の意思表示をした事実も認められるから，本件損壊当時本件建物が刑法二六〇条の「他人ノ」建造物であつたことについて合理的な疑いを容れない程度に証明があつたとはいえない」として，被告人を無罪とした。これに対し，原判決は，「被告人の本件建物に対する根抵当権設定の意思表示は県漁連側の詐欺によるものではなく，本件損壊当時本件建物は県漁連の所有であつたと認められる旨詳細に説示して」，第1審判決を破棄し，被告人に建造物損壊罪の成立を肯定したのである。両者の違いは，詐欺の成否についての判断であり，もしも詐欺が成立するのであれば，被告人による取消しの意思表示があった以上，根抵当権は無効であって，本件建物は被告人の所有に属し，刑法262条の適用もないから，建造物損壊罪は成立しないという点において，両者は共通する。これに対し，本決定は，「刑法二六〇条の「他人ノ」建造物というためには，他人の所有権が将来民事訴訟等において否定される可能性がないということまでは要しないものと解するのが相当であり，前記のような本件の事実関係にかんがみると，たとえ第一審判決が指摘するように詐欺が成立する可能性を否定

---

[1] さらに，刑法262条によれば，「自己の物であっても，差押えを受け，物権を負担……たもの」であれば，建造物損壊罪の客体となる。

し去ることができないとしても，本件建物は刑法二六〇条の「他人ノ」建造物に当たるというべきである」としている。本決定は，詐欺の成否という民事関係について決着を付けることなく，本件の事実関係の下では，本件建物は「他人の」建造物に当たるとしているのである。

2　本決定に付された長島裁判官の補足意見は，こうした民事関係の判断とは一定の距離を置く本決定の立場について，同裁判官の立場から，補足的な説明を加えている。すなわち，刑事法と民事法の違い，刑事裁判と民事裁判の違いから，以下のように，そのような解釈を正当化しようとするのである。同裁判官によれば，「民事法は，その物の所有権が誰に属するかを終局的に決することによつて財産関係の法秩序の安定を図ることを目的とするのに反し，刑法は，その場合，その物に対する現実の所有関係を保護することによつて既に存在している財産関係の法秩序の破壊を防止することを目的とする」，「民事法にあつては，窮極的な所有権の帰属を確定することがその使命とされるが，刑事法にあつては，社会生活上，特定の人の所有に属すると信じて疑われない客観的な状況のもとで或る物に対する現実の所有関係が存在し，かつ，その民事法上の所有権を否定すべき明白な事由がないときは，その現実の所有関係を実力による侵害から保護し，法秩序の破壊を防止することをその使命とする」。そして，「刑法二六〇条の建造物損壊罪の保護法益は，当該建造物に対する所有権にあると解されるが，現に社会一般の観念においてその所有関係の存在について疑いが抱かれず，かつ，民事法上も所有権の存在を否定すべき明白な事由が認められないときは，そのような客観的な所有関係のもとに安定している社会生活上の経済的法秩序を維持することが，民事法上の所有権の保護にも通ずるというべきであり，このような場合，民事裁判において将来，窮極的にその所有権が否定されるかどうかにかかわらず，建造物損壊罪の成立を認めるべきことは，同罪の保護法益の面からも十分に説明できるのである」とされる。本件損壊行為以前に，被告人側から意思表示の取消し，所有権の帰属についての主張がなされていないなどの事情がある本件では，「社会一般の観念においてこれが県漁連の所有に属することについて全く疑義のない状況にあつたのであるから，被告人の本件建物を損壊する行為が「他人ノ建造物」の損壊に当たることは明白である」

というのである。

　いずれにせよ，本決定は，建造物損壊罪における「他人の」建造物の意義について，民事法の解釈から一定の距離を置いた解釈を認めた点で注目されるところである。これは，窃盗罪等の保護法益をめぐる占有説の考慮につながるものを持っているということができよう。

7　最決平成 19・3・20 刑集 61 巻 2 号 66 頁

[事　案]
　決定理由参照

[決定理由]
　「所論にかんがみ，本件建造物損壊罪の成否について，職権で判断する。
　1　原判決の認定によれば，本件ドアは，5階建て市営住宅1階にある居室の出入口に設置された，厚さ約3.5cm，高さ約200cm，幅約87cmの金属製開き戸であり，同ドアは，上記建物に固着された外枠の内側に3個のちょうつがいで接合され，外枠と同ドアとは構造上家屋の外壁と接続しており，一体的な外観を呈しているところ，被告人は，所携の金属バットで，同ドアを叩いて凹損させるなどし，その塗装修繕工事費用の見積金額は2万5000円であったというのである。
　2　所論は，本件ドアは，適切な工具を使用すれば容易に取り外しが可能であって，損壊しなければ取り外すことができないような状態にあったとはいえないから，器物損壊罪が成立するにすぎないのに，原判決が建造物損壊罪の成立を認めたのは法令の解釈適用を誤っているという。
　しかしながら，建造物に取り付けられた物が建造物損壊罪の客体に当たるか否かは，当該物と建造物との接合の程度のほか，当該物の建造物における機能上の重要性をも総合考慮して決すべきものであるところ，上記1の事実関係によれば，本件ドアは，住居の玄関ドアとして外壁と接続し，外界とのしゃ断，防犯，防風，防音等の重要な役割を果たしているから，建造物損壊罪の客体に当たるものと認められ，適切な工具を使用すれば損壊せずに同ドアの取り外しが可能であるとしても，この結論は左右されない。そうする

と，建造物損壊罪の成立を認めた原判断は，結論において正当である。」

解説

1 本件ドアの損壊行為について建造物損壊罪（260条）が成立するのか，それとも器物損壊罪（261条）が成立するにとどまるのかが問題となったのが本件である。

まず，建造物とは，家屋その他これに類似する建築物をいい，屋根があり壁又は柱で支持されて土地に定着し，少なくともその内部に人が出入りすることができるものをいう[2]。敷居や鴨居のように建築物の一部を組成し，建築物を破壊しなければ取り外すことのできない物を損壊する行為は建造物損壊罪に当たり[3]，これに対し，雨戸や板戸のように損壊することなく自由に取り外しできる物を損壊する行為は，器物損壊罪に当たる[4]と従来解されてきた。こうした理解を前提に，「本件ドアは，適切な工具を使用すれば容易に取り外しが可能であって，損壊しなければ取り外すことができないような状態にあったとはいえない」という理由で，本件損壊行為は器物損壊罪が成立するにとどまるとの主張がなされたわけである。

2 本決定は，「建造物に取り付けられた物が建造物損壊罪の客体に当たるか否かは，当該物と建造物との接合の程度のほか，当該物の建造物における機能上の重要性をも総合考慮して決すべきものである」という立場を明らかにし，「損壊しなければ取り外すことができない」かどうかという基準によって建造物損壊罪と器物損壊罪の客体を区別する見解を採らないことを示している。そして，「本件ドアは，住居の玄関ドアとして外壁と接続し，外界とのしゃ断，防犯，防風，防音等の重要な役割を果たしているから，建造物損壊罪の客体に当たる」として，建造物損壊罪の成立を肯定した。

金属同士を溶接したような場合でなく，部品を組み立てて作り出したものについては，適切な工具を使用すれば，分解可能であるともいえ，そのようなものであれば，建造物損壊罪の客体とならないとすると，プレハブ建築の

---

[2] 大判大正3・6・20刑録20輯1300頁（潜り戸の付いた門は建造物に当たらない）。
[3] 大判大正6・3・3新聞1240号31頁。
[4] 大判大正8・5・13刑録25輯632頁。

壁に穴を開けるような行為であっても，壁を工具を用いて取り外すことが可能であるなどとして，建造物損壊罪の成立を否定するようなことになりかねず，不当な結論をもたらしかねない。この意味で，本決定が，破壊された当該部分の重要性をも加味した上で，建造物損壊罪の客体になるかどうかを判断すべきだとしたことは正当であるといえよう。

3 毀 棄

8　最決平成 18・1・17 刑集 60 巻 1 号 29 頁

[事　案]
決定理由参照

[決定理由]
「所論にかんがみ，建造物損壊罪の成否につき，職権で判断する。
1　原判決の是認する第1審判決の認定によれば，本件の事実関係は以下のとおりである。
(1) 本件建物は，区立公園内に設置された公衆便所であるが，公園の施設にふさわしいようにその外観，美観には相応の工夫が凝らされていた。被告人は，本件建物の白色外壁に，所携のラッカースプレー2本を用いて赤色及び黒色のペンキを吹き付け，その南東側及び北東側の白色外壁部分のうち，既に落書きがされていた一部の箇所を除いてほとんどを埋め尽くすような形で，「反戦」，「戦争反対」及び「スペクタクル社会」と大書した。
(2) その大書された文字の大きさ，形状，色彩等に照らせば，本件建物は，従前と比べて不体裁かつ異様な外観となり，美観が著しく損なわれ，その利用についても抵抗感ないし不快感を与えかねない状態となり，管理者としても，そのままの状態で一般の利用に供し続けるのは困難と判断せざるを得なかった。ところが，本件落書きは，水道水や液性洗剤では消去することが不可能であり，ラッカーシンナーによっても完全に消去することはできず，壁面の再塗装により完全に消去するためには約7万円の費用を要するものであった。

2　以上の事実関係の下では，本件落書き行為は，本件建物の外観ないし美観を著しく汚損し，原状回復に相当の困難を生じさせたものであって，その効用を減損させたものというべきであるから，刑法260条前段にいう「損壊」に当たると解するのが相当であり，これと同旨の原判断は正当である。」

解説

1　毀棄罪・損壊罪における毀棄・損壊の意義については，当該対象物の効用を害する一切の行為を含むと解する効用侵害説が判例・通説となっている。たとえば，食器に放尿して心理的に利用を困難にした場合[5]，養魚池の鯉を流出させて，その占有を喪失させた場合[6]，競売事件の記録を持ち出して隠匿し，利用できなくした場合[7]，看板を取り外して離れた場所に投げ捨てた場合[8]，公選法違反のポスターにシールを貼った場合[9]などが毀棄・損壊に当たると解されている。すなわち，毀棄・損壊というためには対象物の物理的毀損は必ずしも必要がないのである[10]。

2　本件行為のように，建造物の物理的毀損がなくとも，建造物損壊罪が成立するかがこれまで問題とされてきたのは，建造物へのビラ貼りの事案である。判例では，貼付された枚数が少ない場合は別であるが[11]，多数枚のビラを容易に剥離できないような態様で貼付した場合には建造物損壊罪の成立が肯定されているといえよう[12]。

本件は，公園の公衆便所への落書きの事案である。本決定によれば，「公園の施設にふさわしいようにその外観，美観には相応の工夫が凝らされていた」公衆便所が，本件行為によって，「不体裁かつ異様な外観となり，美観

---

[5] 大判明治42・4・16刑録15輯452頁。
[6] 大判明治44・2・27刑録17輯197頁。
[7] 大判昭和9・12・22刑集13巻1789頁。
[8] 最判昭和32・4・4刑集11巻4号1327頁。
[9] 最決昭和55・2・29刑集34巻2号56頁。
[10] もっとも，実務では，対象物の物理的毀損があれば，効用毀損の程度を問わず毀棄・損壊に当たるとされる傾向にある。
[11] 最判昭和39・11・24刑集18巻9号610頁。
[12] 最決昭和41・6・10刑集20巻5号374頁など。

が著しく損なわれ，その利用についても抵抗感ないし不快感を与えかねない状態となり，管理者としても，そのままの状態で一般の利用に供し続けるのは困難と判断せざるを得な」い状態となったとされている。さらに，「本件落書きは，水道水や液性洗剤では消去することが不可能であり，ラッカーシンナーによっても完全に消去することはできず，壁面の再塗装により完全に消去するためには約7万円の費用を要するものであった」。こうした事情を考慮して，本決定は，「本件落書き行為は，本件建物の外観ないし美観を著しく汚損し，原状回復に相当の困難を生じさせたものであって，その効用を減損させたものというべきである」として，建造物の損壊に当たると判断した。このように，本決定は，建物の外観・美観の汚損の程度と原状回復の容易さ・困難さを考慮しながら，建物の効用の減損があったか否かを判断しているのである。

　本決定のように，落書き行為以前の建物の状況，落書き行為によってそれがどの程度まで汚損されたのか，そして原状回復がどの程度容易・困難なのかを総合的に勘案して効用減損の程度を評価しようとすることは妥当だといえよう。なお，建物の外観・美観も保護の対象となりうるとしても，それがどの程度まで保護に値するかは建物次第である。この点について，本件では，「公園の施設にふさわしいように……相応の工夫が凝らされていた」ことが考慮されるべきであろう。

第 7 章　放火罪

［客　体］
1　最決平成 9・10・21 刑集 51 巻 9 号 755 頁
2　最決平成元・7・14 刑集 43 巻 7 号 641 頁
3　仙台地判昭和 58・3・28 刑月 15 巻 3 号 279 頁
［放　火］
4　最判昭和 23・11・2 刑集 2 巻 12 号 1443 頁
［公共の危険］
5　最決平成 15・4・14 刑集 57 巻 4 号 445 頁
6　最判昭和 60・3・28 刑集 39 巻 2 号 75 頁

I　はじめに

　本章では放火罪（108 条以下）の諸問題について解説を行う。まず，放火の客体である，現住建造物等の意義について検討する。現住性の意義，複合的建造物や不燃性・難燃性建造物の取扱いなどが問題となる。次に，「放火」の意義について解説し，その後，公共危険の意義，公共危険の認識の要否の問題について解説することとする。

II　客　体

1　最決平成 9・10・21 刑集 51 巻 9 号 755 頁

［事　案］
　決定理由参照

［決定理由］
　「所論にかんがみ，本件における現住建造物等放火罪の成否について，職権により判断する。

1　原判決及びその是認する第一審判決の認定によれば，共犯者であるＡが放火により焼燬した本件家屋の設備，備品等及び使用状況は以下のとおりである。

（一）本件家屋及びその敷地は，被告人が転売目的で取得したものであるが，風呂，洗面所，トイレ，台所等の設備があり，水道，電気，ガスが供給されていて，日常生活に最低限必要なベッド，布団等の寝具のほか，テーブル，椅子，冷蔵庫，テレビ等の家財道具が持ち込まれていた。

（二）被告人は，本件家屋及びその敷地に対する競売手続の進行を妨げるため，人がそこで生活しているように装うとともに，防犯の意味も兼ねて，自己の経営する会社の従業員五名に指示して，休日以外は毎日交替で本件家屋に宿泊に行かせることとし，本件家屋の鍵を従業員二名にそれぞれ所持させたほか，会社の鍵置き場に鍵一個を掛けて，他の従業員らはこれを用いて本件家屋に自由に出入りできるようにした。

（三）その結果，平成三年一〇月上旬ころから同年一一月一六日夜までの間に十数回にわたり，従業員五名が交替で本件家屋に宿泊して，近隣の住民の目から見ても本件家屋に人が住み着いたと感じ取れる状態になった。

（四）他方，被告人は，本件家屋及びこれに持ち込んだ家財道具を焼燬して火災保険金を騙取しようと企て，Ａが本件家屋に放火する予定日前の同年一一月一九日から従業員五名を二泊三日の沖縄旅行に連れ出すとともに，その出発前夜に宿泊予定の従業員には，宿泊しなくてもよいと伝え，留守番役の別の従業員には，被告人らの留守中の宿泊は不要であると伝えたが，これらの指示は，本件家屋への放火の準備や実行が従業員らに気付かれないようにするためであった。

（五）また，被告人は，従業員らに対し，沖縄旅行から帰った後は本件家屋に宿泊しなくてもよいとは指示しておらず，従業員らは，旅行から帰れば再び本件家屋への交替の宿泊が継続されるものと認識していた。また，被告人は，旅行に出発する前に本件家屋の鍵を回収したことはなく，その一本は従業員が旅行に持参していた。

（六）Ａは，被告人との共謀に基づき，被告人らが沖縄旅行中の同月二一日午前零時四〇分ころ，本件家屋に火を放ち，これを全焼させて焼燬した。

2 以上の事実関係に照らすと，本件家屋は，人の起居の場所として日常使用されていたものであり，右沖縄旅行中の本件犯行時においても，その使用形態に変更はなかったものと認められる。そうすると，本件家屋は，本件犯行時においても，平成七年法律第九一号による改正前の刑法一〇八条にいう「現ニ人ノ住居ニ使用」する建造物に当たると認めるのが相当であるから，これと同旨の見解に基づき現住建造物等放火罪の成立を認めた原判決の判断は正当である。」

解 説

1 本件では，被告人の共犯者 A が放火した本件家屋が，放火罪の諸規定中最も重い罪である現住建造物放火罪（108条）にいう現住建造物（現在の法文では「現に人が住居に使用し……〔て〕いる建造物」）に当たるかが問題となっている。

建造物とは，家屋その他これに類似する建築物をいい，屋根があり壁又は柱で支持されて土地に定着し，少なくともその内部に人が出入りすることができるものをいうと解されている[1]。そうした理解から，元来人が出入りすることを予定していない豚小屋について，人が入ろうとすれば入れるが実際に入ったことがないという事実にも言及して，建造物に当たらないとした裁判例もある[2]。また，布団，畳を焼損した事案において，「建具その他の家屋の従物が建造物たる家屋の一部を構成するものと認めるには，該物件が家屋の一部に建付けられているだけでは足りず更にこれを毀損しなければ取り外すことができない状態にあることを必要とする」として，それらは建造物の一部とはいえないとされている[3]。

また，建造物を「現に人が住居に使用」しているというためには，それが現に人の起臥寝食（起居）の場所として日常使用されていることが必要であ

---

[1] 大判大正3・6・20刑録20輯1300頁参照。
[2] 東京高判昭和28・6・18東高刑時報4巻1号5頁。
[3] 最判昭和25・12・14刑集4巻12号2548頁。もっとも，現在では，建造物損壊罪に関する最決平成19・3・20刑集61巻2号66頁（第6章判例7）があり，少なくとも同罪に関しては異なった判断が示されている。

るとするのが判例である[4]。そのように判示した大審院判決は，宿直員が夜間宿泊する宿直室がその一室となっている学校校舎について，宿直員の起臥寝食の場所として日常的に使用されており，現住建造物に当たると解しているのである。なお，最高裁判例には，被害者方では待合業を営んでいるところ，人が住む母屋とは別棟の離れに放火したという事案について，その離れには押入のある座敷があり，寝具の準備があること，被告人も寝泊まりしたことがあり，犯行当夜も1名の客が使用していたことから，当該建物は，昼夜間断なく人が現在するとはいえないが，現住性を認めることができるとしたものがある[5]。

　2　本件家屋・敷地は，被告人が転売目的で取得したものであるが，家屋には日常生活を送るために必要な設備等が備わっており，「起居」が可能となっていたといえる。また，現に従業員が交替で宿泊し，「近隣の住民の目から見ても本件家屋に人が住み着いたと感じ取れる状態」になっていたといえるとされている。このようなことによって，放火の時点で宿泊する従業員が誰もいない状態であったという点を除けば，本件家屋は，人の起臥寝食（起居）の場所として日常使用されている状態になっていたということができ，このような意味で現住性を備えるに至ったということができよう。本決定が「本件家屋は，人の起居の場所として日常使用されていた」と判断する所以である。

　問題は，放火の時点で，従業員を沖縄旅行に連れ出し，宿泊予定の従業員，留守番役の従業員には旅行中の宿泊は不要であると伝えていたという事情によって，本件家屋から現住性が失われるのであろうかということである。

　3　本決定は，結論として，本件家屋から現住性は失われないとしている。その根拠となっているのは，宿泊は不要である旨の「指示は，本件家屋への放火の準備や実行が従業員らに気付かれないようにするためであった」こと，「従業員らは，旅行から帰れば再び本件家屋への交替の宿泊が継続されるものと認識していた」こと，さらに，「被告人は，旅行に出発する前に

---

[4] 大判大正2・12・24刑録19輯1517頁。
[5] 最判昭和24・6・28刑集3巻7号1129頁。

本件家屋の鍵を回収したことはなく，その一本は従業員が旅行に持参していた」といった事実であり，これらから，「沖縄旅行中の本件犯行時においても，その使用形態に変更はなかったものと認められる」とされている。本件家屋に宿泊していた従業員にとって，本件家屋は，沖縄旅行の後，依然として宿泊するであろう建造物として捉えられており，放火の時点においては，宿泊者との関係で現住性が失われたとはいえないと解することができる。

なお，父母を殺害した後，犯跡を隠滅するために，即時に当該家屋に放火して同家屋を焼損したという事案において，大審院判決は現住性を否定していたが[6]，居住者がいなくなった場合には，その居住者との関係で現住性を肯定する余地はなくなる。したがって，本決定の立場からでも，このような事案については，依然として現住性を否定することができるのではないかと思われる。

2　最決平成元・7・14 刑集 43 巻 7 号 641 頁

[事　案]

決定理由参照

[決定理由]

「弁護人の所論は，平安神宮社殿は一体として現住建造物を構成していたわけではなく，被告人が放火により焼燬した本殿，祭具庫，西翼舎等の建物と人が現住していた社務所等の建物とは別個の建造物であつたから，本件においては非現住建造物放火罪が成立するにとどまると主張しているので，以下職権によりこの点につき判断する。

原判決及びその支持する第一審判決の認定によると，(1) 平安神宮社殿は，東西両本殿，祝詞殿，内拝殿，外拝殿 (大極殿)，東西両翼舎，神楽殿 (結婚儀式場)，参集殿 (額殿)，斎館，社務所，守衛詰所，神門 (応天門)，蒼竜楼，白虎楼等の建物とこれらを接続する東西の各内廻廊，歩廊，外廻廊とから成り，中央の広場を囲むように方形に配置されており，廻廊，歩廊づたい

---

[6] 大判大正 6・4・13 刑録 23 輯 312 頁。

に各建物を一周しうる構造になっていた，(2) 右の各建物は，すべて木造であり，廻廊，歩廊も，その屋根の下地，透壁，柱等に多量の木材が使用されていた，(3) そのため，祭具庫，西翼舎等に放火された場合には，社務所，守衛詰所にも延焼する可能性を否定することができなかった，(4) 外拝殿では一般参拝客の礼拝が行われ，内拝殿では特別参拝客を招じ入れて神職により祭事等が行われていた，(5) 夜間には，権禰宜，出仕の地位にある神職各一名と守衛，ガードマンの各一名の計四名が宿直に当たり，社務所又は守衛詰所で執務をするほか，出仕と守衛が午後八時ころから約一時間にわたり東西両本殿，祝詞殿のある区域以外の社殿の建物等を巡回し，ガードマンも閉門時刻から午後一二時までの間に三回と午前五時ころに右と同様の場所を巡回し，神職とガードマンは社務所，守衛は守衛詰所でそれぞれ就寝することになっていたというのである。

　以上の事情に照らすと，右社殿は，その一部に放火されることにより全体に危険が及ぶと考えられる一体の構造であり，また，全体が一体として日夜人の起居に利用されていたものと認められる。そうすると，右社殿は，物理的に見ても，機能的に見ても，その全体が一個の現住建造物であったと認めるのが相当であるから，これと同旨の見解に基づいて現住建造物放火罪の成立を認めた原判決の判断は正当である。」

解　説

1　現住建造物の一部である建物に放火すれば，現住建造物放火罪（108条）が成立する。現住建造物である劇場に接着して建設され，その一部とされた便所に放火した事案について，判例は現住建造物放火罪の成立を肯定している[7]。

　なお，放火された建物（裁判所庁舎）が人の住居に使用されている建物（その一部として宿直室がある）とは独立している場合について，執務時間後であっても，庁舎の各部分を宿直員が巡視しているという理由で，庁舎について現住性を認めた大審院判例がある[8]。

---

[7] 最判昭和24・2・22刑集3巻2号198頁。
[8] 大判大正3・6・9刑録20輯1147頁。

2　本件では，複数の建物とこれらを接続する廻廊等からなる平安神宮社殿について，人が就寝していた社務所及び守衛詰所以外の建物を焼損したという事案に関し，現住建造物放火罪の成否が問題となっている。このような複数の建物から構成される複合的建造物について，現住性をどのように判断するかが問われているのである。

本決定は，以下の事情を指摘して，「右社殿は，物理的に見ても，機能的に見ても，その全体が一個の現住建造物であつた」として，現住建造物放火罪の成立を肯定した。まず，本件建物はそれぞれが接続して建てられており，廻廊，歩廊づたいに各建物を一周できる構造になっていた点で物理的に一体性を有していたこと，そして，各建物は木造であり，廻廊，歩廊も大量の木材が使用されていて，祭具庫等に放火された場合には，社務所，守衛詰所に延焼する可能性を否定することができなかったことをも指摘している。さらに，拝殿では礼拝・祭事が執り行われていたという利用状況のほか，夜間であっても，神職，守衛等が宿直に当たって執務し，社殿の建物等の巡回を行っていたことなどが指摘されており，それらの事情から，各建物は物理的一体性のみならず，機能的にも一体性を有していたとされている。

建物が，物理的に1個の構造である場合には，全体を1個の現住建造物とみうることに（判例3の解説で述べるような問題を除き）問題は基本的にないといえるが，本件の社殿を構成する各建物のように全体として接続して建てられているにせよ，それぞれの建物に一定の独立性が認められる場合に，物理的な接続性だけで直ちに全体を1個の現住建造物とみてよいかには問題がありうるといえる。本件では，それだけで現住建造物の1個性を基礎付けることができないにしても，神職，守衛等が執務・就寝する場所である社務所，守衛詰所への延焼可能性を指摘しつつ，物理的な一体性に加えて，機能的な一体性をも問題とすることによって，現住建造物としての1個性を基礎付けているとみることができよう。

3　なお，本決定後，宿泊棟と研修棟とが渡り廊下で連結されたホテルの無人の研修棟に放火したという事案において，「現に人がいる建物（以下「現在の建物」という。）と，現に人が住居に使用せず，かつ，現に人がいない建物（以下「非現住・非現在の建物」という。）がある場合，それらが全体として一

個の現在建造物と認められるためには，各建物が渡り廊下などの構造物によって相互に連結されていることを前提に，その構造上の接着性の程度，建物相互間の機能的連結性の有無・強弱，相互の連絡，管理方法などに加えて，非現住・非現在の建物の火災が現在の建物に延焼する蓋然性をも考慮要素とし，これらの諸事情を総合考慮して，一個の現在建造物と評価することが社会通念上も相当とみられることが必要と解される。そして，現在建造物放火罪の法定刑が著しく加重されているのは，人の生命・身体に対する危険性に着目したものであるから，その抽象的危険犯としての性格を前提としても，非現住・非現在の建物から現在の建物へ延焼する可能性が全く認められない場合にまで，それら複数の建物を一個の現在建造物と評価することは許されないというべきである。したがって，それら複数の建物が一個の現在建造物と認められるためには，そのような延焼可能性が否定できないという程度の意味において，延焼の蓋然性が認められることが必要と考えるべきである」とした上，「研修棟から宿泊棟へ延焼する蓋然性はこれを認めることができない」から，「研修棟と宿泊棟を一体のものとして，一個の現在建造物ということはできず，研修棟は，宿泊棟とは独立した，非現住・非現在建造物であると認めるのが相当と判断される」とした判決が出されている[9]。ここでは，延焼可能性，延焼の蓋然性が問題とされ，それが否定されることによって，1個の現住建造物であることが否定されていることが注目される。

3 仙台地判昭和58・3・28刑月15巻3号279頁

[事　案]

被告人は，金員に窮していたことから，金品を窃取しようと決意し，昭和57年6月20日午前1時30分ころ，鉄筋10階建マンションAの1階にある無人のB医院（医師C経営）に侵入し，同医院受付室の机上にあった手提げ金庫をあけてC所有の検査料内訳書が入っている封筒等を金銭在中の封筒と誤信して窃取した上，物色中に手で触れた書類や右金庫についた指紋から自己の犯行の発覚をおそれるあまりそれらを焼損して犯跡を隠蔽しようと

---

[9] 福岡地判平成14・1・17判タ1097号305頁。

決意し，医院受付室において，窃盗の際明りとするため所携のライターで点火し，火のついたまま床上に放置してあった紙片の上に，カルテ等の多数の書類や右金庫を積み重ねて燃え上がらせ，更に，同室の壁，天井等に燃え移らせ，Ｂ医院の受付室等を焼損した。

[判決理由]

「検察官は，本件放火の犯行につき，被告人は，Ｂ医院に火を放つてＣほか六九世帯が現に住居に使用する鉄筋一〇階建マンションＡ（……）を焼燬しようと企て，その実行行為に及んだものであるとして現住建造物等放火罪が成立すると主張するが，当裁判所は，本件放火の客体は非現住建造物たるＢ医院であつて，被告人の犯意も，他の居住部分に延焼させることまでの認識認容はなく，同医院を焼燬する未必的認識があつたのにとどまるものであると認め，非現住建造物等放火罪の成立を認定したので，以下にその理由を述べることとする。

一　前掲各証拠によれば，本件Ａは，昭和五五年四月ころに建築された鉄筋一〇階建のマンションで，住戸数は七二戸あり，当時二階以上にＣら一般入居者七〇世帯が居住していること，同マンション一階には，本件放火の被害を受けたＢ医院（医師Ｃ経営，但し，同人の実父の経営するＤ診療室，同受付室も同じ区画約一九七・〇四平方メートルの中にある）のほか玄関ホール，車庫，電気室，管理人住居等が存在するが，右医院は同マンションの他の区画と鉄筋コンクリート製の壁，天井などで画された独立した区画となつていること（なお，同マンション一〇階に居住するＣ方とは親子電話で連絡がとれるようになつている），そして右医院では，医師Ｃが通いの看護婦兼事務員のＥと二人で，平日の午前八時ころから午後七時ころ（土曜日は午後〇時三〇分ころ）まで外来患者の診療にあたつており，入院設備はなく当直員なども置いていないため夜間は無人となる（前記Ｄも同様である。）ことが認められる。

そうすると，Ｂ医院自体は，専ら業務，職務の執行場所として現に人の住居として使用していない建造物であり，本件犯行当時人の現在しない建造物であつたと解されるところ，問題は，検察官が主張するように，同医院がＡの一部として現に人の住居に使用されている部分と一体の建造物と評価しう

るか否かにあるので以下これを検討する。

　専ら業務，職務の執行場所として用いられている建造物が，現に人の住居に使用される部分と一体の建造物と見做しうるか否かについては，たんに物理的な観点のみならず，その効用上の関連性，接着の程度，連絡・管理の方法，火災が発生した場合の居住部分への延焼の蓋然性など各種の観点を総合して判断すべきところ，B医院は，Aの一階にあり，構造上他の区画と接着しているとはいえ，他の区画とは鉄筋コンクリートの壁，天井などで画され，独立性が強く，他の居住部分と一体の建造物とみることは困難である（前記管理人居住部分は本件医院とは幅一・七メートルの屋外通路をはさんだ別の区画内に存するから本件医院と構造上一体とみることはできない。）。また，本件医院は，居住者らのいわゆる共用部分といえないことは勿論，居住者らが居住のため常時使用する設備とみることもできないし，同マンション一〇階にあるCの住居とは親子電話による連絡がとれるだけであるから，居住部分との効用上の関連性は薄いといわなければならない。そこで，次に，本件医院に火災が発生した場合の居住部分への延焼の蓋然性について考えると，本件Aのような共同住宅については，消防法上原則として自動火災報知設備及び屋内消火栓設備などの設置が義務付けられているが，消防庁が昭和五〇年五月一日に発した「共同住宅等に係る消防用設備等の技術上の基準の特例について」と題する通達には特例として右義務を免除しうる基準が示されており，仙台市では右特例にもとづきその基準を更に厳しいものとした「特例を適用できる共同住宅の基準」と題する条例を定め，出入口は開放型廊下に面し自動閉鎖式の防火戸であること，各住戸は開口部のない耐火構造の床及び壁で区画されていること，外壁の開口部が直上階の開口部と同一垂直線上にある場合は不燃材料のひさし等で遮られていることなど，延焼しにくい防火構造上の基準を満たすときには，申請にもとづき，仙台市消防局が右義務を免除することができるとされているところ，本件Aは，右基準に合致する構造，設備を備えているとして，現実に自動火災報知設備などの設置義務が免除されていること，従つて，本件Aは，床，壁，天井部分が鉄筋コンクリートで構成されており，しかも各区画相互間には開口部が全くないので，これらの部分から他の区画へ延焼することは考えられず，延焼が考えられるのは，一区

画で発生した火災の火勢が強くなつて炎が窓ガラスを溶かし建物の外部に吹き出し，風などの状態によつて炎が上階或いは隣りの区画の窓に直接当り，更にその窓ガラスが熱で溶けるような悪条件の重なつた極く例外的な場合に限られ，一般的には他区画へは容易に延焼しないすぐれた防火構造を有する建物であるといいうるところ，本件B医院には，一階部分において直接隣接する区画はなく，上階には，F事務所（二〇七号），G院（二〇六号），H方（二〇五号）があるものの，二階のバルコニーは一・一〇メートル，廊下は一・七〇メートルの幅があり，前記仙台市の基準で必要とされるひさしの幅〇・五メートルの倍以上が確保されており，結局，同医院から他の区画への延焼の可能性は更に少ないこと（仙台市消防局予防課主幹兼建築設備係長Mの検察官に対する供述調書など）がそれぞれ認められる。

　そうすると，本件医院は，すぐれた防火構造を備え，一区画から他の区画へ容易に延焼しにくい構造となつているマンションの一室であり，しかも，構造上及び効用上の独立性が強く認められるのであるから，放火罪の客体としての性質は該部分のみをもつてこれを判断すべく，本件建物が外観上一個の建築物であることのみを理由に，右医院と右マンション二階以上に住む七〇世帯の居住部分を一体として観察し，現住建造物と評価するのは相当でないというべきであつて，本件医院は非現住建造物と解するのが相当である。

　二　また，被告人は，判示のとおり，窃盗の際，手に触れた書類や手提げ金庫についた指紋から自己の犯行が発覚するのをおそれるあまり，それらを焼燬して犯跡を隠蔽しようと決意し，B医院に燃え移るかもしれないと認識しながらそれもやむなしと考えて右医院受付室の床上に書類等を積み重ねて放火し，同室などを焼燬したものであるが，放火の際，右医院が上階に多数の入居者の居住するマンションの一階にあることを認識していたことは認められるものの，上階の居住部分にまで延焼させることを認識し，未必的にもこれを認容したことを認めるに足りる証拠はない。

　三　そして以上の事実によれば，被告人の本件犯行は，現住建造物等放火罪には該当せず，非現住建造物等放火罪を構成するものと考えるのが相当である。」

解　説

1　本件では，マンションの一室にある無人の医院に放火した事案であり，同医院がマンションという現住建造物の一部として現住建造物放火罪の客体となるのか，それとも，それ自体に独立性を認め，非現住建造物放火罪の客体となるのかが問題となっている。

本判決は，「本件医院は，すぐれた防火構造を備え，一区画から他の区画へ容易に延焼しにくい構造となつているマンションの一室であり，しかも，構造上及び効用上の独立性が強く認められるのであるから，放火罪の客体としての性質は該部分のみをもつてこれを判断すべく，本件建物が外観上一個の建築物であることのみを理由に，右医院と右マンション二階以上に住む七〇世帯の居住部分を一体として観察し，現住建造物と評価するのは相当でない」として，「本件医院は非現住建造物と解するのが相当である」と判示している。

2　構造的に1個の建物の一部に放火した場合，その建物の他の部分が人の住居といえる場合には，放火した部分自体には人がおらず，また，その部分自体が人の起居に利用されていたとはいえないものであっても，建物全体としては現住建造物であり，したがって，現住建造物放火罪が成立すると解することが通常は許されるものといえる。ところが，本件医院のように，防火構造を備え，容易に延焼しない構造となっている建物の一室である場合には，構造上1個の建造物の一室であっても，それ自体を独立した建造物として捉えることができるのではないかが問題となり，本判決はそれを肯定している。判例 2 の解説中で言及した下級審判決[10]では，二つの棟が渡り廊下で連結された建物について放火した建物が別個の建造物と解されていたが，本件では，構造上1個の建造物の場合に同様の趣旨がより広く及ぼされていることになっているといえよう。しかしながら，このように構造上1個の建造物について，各区画を独立した建造物とみうるためには，延焼可能性が極めて低いといった特別の事情が必要であり，単に耐火構造であるといった事情が認められるだけでは足りないと思われる[11]。

---

[10] 前出注（9）福岡地判平成 14・1・17。
[11] 東京高判昭和 58・6・20 刑月 15 巻 4＝5＝6 号 299 頁参照。

Ⅲ 放 火

4 最判昭和23・11・2 刑集 2 巻 12 号 1443 頁

[事　案]
判決理由参照

[判決理由]
「原判決はその挙示する証拠を綜合して，被告人が原判示家屋の押入内壁紙にマッチで放火したため火は天井に燃え移り右家屋の天井板約一尺四方を焼燬した事実を認定しているのであるから，右の事実自体によつて，火勢は放火の媒介物を離れて家屋が独立燃焼する程度に達したことが認められるので，原判示の事実は放火既遂罪を構成する事実を充したものというべきである。されば，原判決が右の事実に対し刑法第一〇八条を適用して放火既遂罪として処断したのは相当であつて，原判決には所論のような違法はなく論旨は理由がない。」

解 説

1　本件では，放火罪が既遂となるための要件である「焼損」（法改正前は「焼燬」と規定されていた）の意義が問題となっている。本判決は，それを，「放火の媒介物を離れて家屋が独立燃焼する程度に達した」ことと判示している。このように，目的物が独立して燃焼する状態に達したことを以て焼損を認める見解を，独立燃焼説と呼んでいるが，判例はこのような立場に立つことを大審院以来明らかにしているのである[12]。

これに対しては，学説において，効用喪失説（火力により目的物の重要部分が焼失して，その本来の効用が失われたことを焼損とする），重要部分燃焼開始説（燃え上がり説ともいう。目的物が燃え上がり，その重要部分が燃焼を開始したことを焼損と

---

[12] 大判明治43・3・4 刑録16輯384頁，大判大正 7・3・15 刑録24輯219頁など。

する), 一部毀棄説 (火力により, 毀棄罪において必要とされる程度の損壊が建造物に生じたことを焼損とする) などが主張されているが, それは, 独立燃焼説では既遂時期が早くなり, 中止犯の可能性が排除されることを慮ったことによるものといえる。

独立燃焼説においても, 単に目的物が独立して燃焼を開始することで足りるのではなく, それがある程度継続することが見込まれる状態になったことを要求することができよう。すなわち, ある程度の燃焼継続可能性によって限定されたものとして理解した独立燃焼説であれば, 必ずしも既遂時期が早すぎるとはいえないと思われる。判例がいう独立燃焼には, すでにそのような意味が含まれていると解することもできよう。

Ⅳ　公共の危険

5　最決平成 15・4・14 刑集 57 巻 4 号 445 頁

[事　案]

決定理由参照

[決定理由]

「1　原判決及びその是認する第1審判決の認定並びに記録によれば, 本件に関する事実関係は, 以下のとおりである。

(1) 被告人は, 妻と共謀の上, 長女が通学する小学校の担任教諭の所有に係る自動車 (以下「被害車両」という。) に放火しようと企て, 本件当日午後9時50分ころ, 同小学校教職員用の駐車場に無人でとめられていた被害車両に対し, ガソリン約1.45リットルを車体のほぼ全体にかけた上, これにガスライターで点火して放火した。

(2) 本件駐車場は, 市街地にあって, 公園及び他の駐車場に隣接し, 道路を挟んで前記小学校や農業協同組合の建物に隣接する位置関係にあった。また, 本件当時, 前部を北向きにしてとめられていた被害車両の近くには, 前記教諭以外の者の所有に係る2台の自動車が無人でとめられており, う

ち1台（以下「第1車両」という。）は被害車両の左側部から西側へ3.8mの位置に，他の1台（以下「第2車両」という。）は第1車両の左側部から更に西側へ0.9mの位置にあった。そして，被害車両の右側部から東側に3.4mの位置には周囲を金属製の網等で囲んだゴミ集積場が設けられており，本件当時，同所に一般家庭等から出された可燃性のゴミ約300kgが置かれていた。

(3) 被害車両には，当時，約55リットルのガソリンが入っていたが，前記放火により被害車両から高さ約20ないし30cmの火が上がっているところを，たまたま付近に来た者が発見し，その通報により消防車が出動し，消火活動により鎮火した。消防隊員が現場に到着したころには，被害車両左後方の火炎は，高さ約1m，幅約40ないし50cmに達していた。

(4) 本件火災により，被害車両は，左右前輪タイヤの上部，左右タイヤハウス及びエンジンルーム内の一部配線の絶縁被覆が焼損し，ワイパーブレード及びフロントガラスが焼けてひび割れを生じ，左リアコンビネーションランプ付近が焼損して焼け穴を作り，トランクの内部も一部焼損し，更に第1，第2車両と前記ゴミ集積場に延焼の危険が及んだ。

2 所論は，刑法110条1項にいう「公共の危険」は，同法108条，109条所定の建造物等への延焼のおそれに限られる旨主張する。しかし，同法110条1項にいう「公共の危険」は，必ずしも同法108条及び109条1項に規定する建造物等に対する延焼の危険のみに限られるものではなく，不特定又は多数の人の生命，身体又は前記建造物等以外の財産に対する危険も含まれると解するのが相当である。そして，市街地の駐車場において，被害車両からの出火により，第1，第2車両に延焼の危険が及んだ等の本件事実関係の下では，同法110条1項にいう「公共の危険」の発生を肯定することができるというべきである。本件について同項の建造物等以外放火罪の成立を認めた原判決の判断は，正当である。」

解　説

1　本件では，刑法110条1項の放火罪（建造物等以外放火罪）の成立要件である「公共の危険」の意義について判断が示されている。従来の判例は，刑法110条1項の「公共の危険」については，刑法109条2項（自己所有に

係る非現住建造物等放火罪)の成立要件としての「公共の危険」と同様に,「108条及び109条1項に規定する建造物等に対する延焼の危険」をいうと解していた[13]。刑法108条及び109条1項のような抽象的危険犯としての放火罪においては,目的物が焼損することで犯罪が成立し,「公共の危険」を認めることができるとされているから,それに対する延焼の危険によって,「公共の危険」を認めることができることになると考えることができよう。

 2 本決定は,それに対して,それとは異なった類型の「公共の危険」を肯定している点で重要である。すなわち,本決定は,「同法110条1項にいう「公共の危険」は,必ずしも同法108条及び109条1項に規定する建造物等に対する延焼の危険のみに限られるものではなく,不特定又は多数の人の生命,身体又は前記建造物等以外の財産に対する危険も含まれると解するのが相当である」として,たとえ「108条及び109条1項に規定する建造物等に対する延焼の危険」がなくとも,「公共の危険」を認めることができるとしているのである。具体的には,本件では,「市街地の駐車場において,被害車両からの出火により,第1,第2車両に延焼の危険が及んだ等の本件事実関係」の下では,「公共の危険」を肯定することができるとされている。ここで言及されている「第1,第2車両」という「建造物等以外の財産」に対する危険が,特定かつ少数の財産に対する延焼の危険であるとすると,それだけで「公共の危険」を認めるには足りないことは明らかである。その場合には,その他の「不特定又は多数の人の生命,身体又は前記建造物等以外の財産に対する危険」が必要となる。しかし,本決定は,「市街地の駐車場」という犯行現場の状況等を挙げるだけであるから,「ゴミ集積場に延焼の危険が及んだ」といった本件事情を考慮しても,それだけの事情から,「公共の危険」を十分に認めることができるかには疑問があるといえよう。そうだとすると,本決定は,やはり,「第1,第2車両」への延焼を,若干苦しい面があるとはいえ,放火の時点で偶然そこに存在したという意味で特定されていない物への延焼の危険として,「不特定の……財産」に対する危険と判

---

[13] 大判明治44・4・24刑録17輯655頁。

断したと理解するほかないのではないかと思われる。

　なお，このような「公共の危険」の判断において，消火活動に携わる民間人や消防職員に対する危険は，「公共の危険」と全く無関係とはいえないが，それだけを根拠として「公共の危険」を肯定することには疑問の余地があるであろう。なぜなら，一定規模の火を消火するためには，危険が皆無といえない限りにおいて，「公共の危険」が無制約に肯定されうることになりかねないからである。その意味で，このような解釈・理解は問題である。
（増刷にあたり，一部説明を改めた。）

6　最判昭和60・3・28刑集39巻2号75頁

[事　案]

判決理由参照

[判決理由]

　「なお，刑法一一〇条一項の放火罪が成立するためには，火を放つて同条所定の物を焼燬する認識のあることが必要であるが，焼燬の結果公共の危険を発生させることまでを認識する必要はないものと解すべきであるから，これと同旨の見解に立ち，被告人に本件放火罪の共謀共同正犯の成立を認めた原判断は，記録に徴し正当として是認することができる。」

　裁判官谷口正孝の意見　「一　私は，刑法一一〇条一項の罪の成立については，多数意見と見解を異にし，公共の危険の発生することの認識を必要とするものと考える。その理由については，先に，当法廷昭和五七年（あ）第八九三号・昭和五九年四月一二日決定（刑集三八巻六号二一〇七頁）の中で私の意見として述べておいたところであるから，ここにそれを引用する。

　そして，右の点について，認識必要説をとる場合と不要説をとる場合とでは，共謀共同正犯論に従つて共同正犯の成立を肯定する判例の立場のもとでは，一一〇条一項の罪の共同正犯の成立について異なる結論を導くばかりでなく，不要説をとる場合その結論の支持し難いもののあることを注意しておきたい。

　すなわち，本件においては，被告人は，Cを介してE及びFと順次共謀を遂げたとされているのであるが，被告人がCらに指示した内容が，「Aら

の単車を潰せ」「Bの単車でもかまわない」ということであり，進んで「燃やせ」ということであつて，その単車を何処で，どういう方法で燃やすかについては何ら指示するところがなく，被告人としては，Cを介しE及びFらが単車を燃やすことにより公共の危険が発生することについて認識するところがなかつた場合を考えよ。その場合，実行行為を分担遂行した右E及びFにおいてP方一階応接間南側のガラス窓から約三〇センチメートル離れて同家軒下に置かれたB所有の自動二輪車に原判示の如き方法を用いて放火したとき，被告人の罪責はどうなるのか。この場合，被告人に対して成立する共謀の内容は器物損壊の限度に止まるものというべきであろう。然るに，現に右Eらの行為により実現したところは一一〇条一項の罪であつた（同人らについて公共の危険発生の認識の備わつていたことは記録上明らかである。）。

　もし，本件が右の如き場合であつても，多数意見に従う限り，被告人も又一一〇条一項の罪の共同正犯の罪責を免れないということになる。この結論は明らかに不当である。右の場合は，いわゆる共犯における錯誤の問題として処理するのが正しい方法というべきではなかろうか。

　二　然し，本件においては，被告人としてもE及びFらの実行行為者においてB所有の単車に対する放火行為により「一般人をして延焼の危惧感を与えること」の認識を備えていたことが記録上肯認できる場合であるから，被告人においても一一〇条一項の罪の共同正犯としての罪責を免れないことは，原判決に示すとおりである。」

解　説

　1　判例は，本判決が示すように，刑法110条1項の放火罪の成立を肯定するためには，同罪の客観的成立要件である「公共の危険」の認識は必要ないとしている[14]。

　これに対し，学説では，判例の認識不要説を支持する見解も有力であるが，認識必要説が多数説だと思われ，本判決における谷口裁判官の意見も認識必要説に立つものである。

---

[14] 大判昭和6・7・2刑集10巻303頁など。

2 認識不要説は,「公共の危険」の認識を必要とすると,刑法108条・109条1項の放火罪の故意があることになり,法定刑の重い同罪の未遂罪が成立することになって,刑法110条,さらには109条2項の放火罪の独自の領域が実際上失われてしまい,妥当でないという考慮を根拠とするものと解される。それが不都合な解釈であるかにはかなり疑問があるが,上記判例 5 によれば,「公共の危険」の意義は108条・109条1項の客体への延焼の危険よりも拡大されることになるから,「公共の危険」の認識を要求しても,それらの罪の未遂罪が成立しない場合があり,110条,109条2項の放火罪の独自の領域が失われてしまうわけではないといえよう。

認識必要説は,責任主義・故意犯処罰の原則を根拠として,110条・109条2項の処罰を基礎付けている「公共の危険」についても認識が当然必要となるとするものである。ことに,自己所有物を焼損すること自体には何ら法益侵害性がなく,110条2項の罪の違法性を基礎付けるのは,もっぱら「公共の危険」であるから,その認識は当然要求されるものと解されることになる。

第 8 章　偽造罪

［文書の意義］
　1　最判昭和 51・4・30 刑集 30 巻 3 号 453 頁
［偽造の意義］
　2　最決平成 11・12・20 刑集 53 巻 9 号 1495 頁
［公文書の有形偽造・無形偽造］
　3　最判昭和 51・5・6 刑集 30 巻 4 号 591 頁
　4　最判昭和 32・10・4 刑集 11 巻 10 号 2464 頁
［私文書偽造の諸問題］
　5　最決昭和 43・6・25 刑集 22 巻 6 号 490 頁
　6　最決昭和 45・9・4 刑集 24 巻 10 号 1319 頁
　7　最決平成 15・10・6 刑集 57 巻 9 号 987 頁
　8　最決昭和 56・4・8 刑集 35 巻 3 号 57 頁
　9　最判昭和 59・2・17 刑集 38 巻 3 号 336 頁
　10　最決平成 5・10・5 刑集 47 巻 8 号 7 頁

I　はじめに

　本章では，偽造罪，とくに文書偽造罪の諸問題について取り扱う。まず，文書偽造罪における文書の意義について検討を加え，その後に，偽造（有形偽造）の意義について解説する。さらに，公文書に関し，公文書偽造罪や公文書虚偽作成罪に関する重要な問題を取り扱う。最後に，私文書偽造罪に関して，作成権限の濫用・逸脱，代表名義の冒用，名義人の承諾，通称の使用と偽造，肩書の冒用等の諸問題について検討を加えることにする。

II　文書の意義

1　最判昭和 51・4・30 刑集 30 巻 3 号 453 頁

[事　案]
判決理由参照

[判決理由]
「本件公訴事実のうち，所論指摘の有印公文書偽造，同行使の事実の要旨は，被告人は，供託金の供託を証明する文書として行使する目的をもって，昭和四八年七月二六日ころから同年一二月二八日ころまでの間，五回にわたり，被告人方行政書士事務所等において，旭川地方法務局供託官 A 作成名義の真正な供託金受領証から切り取つた供託官の記名印及び公印押捺部分を，虚偽の供託事実を記入した供託書用紙の下方に接続させてこれを電子複写機で複写する方法により，右供託官の作成名義を冒用し，あたかも真正な供託金受領証の写であるかのような外観を呈する写真コピー五通を作成偽造したうえ，そのころ，四回にわたり，北海道上川支庁建設指導課建築係ほか三か所において，同係員ほか三名に対し，右供託金受領証の写真コピー五通をそれぞれ真正に成立したもののように装つて提出または交付行使した，というものである。

　原判決は，公訴事実に相応する事実は証拠上これを認めることができるが，被告人の作成した供託金受領証の写真コピーは，一見して複写機で複写した写であることが明らかであるから，原本そのものの作成名義人の意識内容を直接表示するものではありえず，また，供託金受領証は，その写を作成すること自体が禁止，制限されているわけではないうえ，写の作成権限を有する者を公務所または公務員に限定すべき根拠もないから，結局，本件写真コピーは，被告人がほしいままに作成した内容虚偽の私文書と解しえても，刑法所定の公文書には該当しないとの判断を示し，これと同旨の理由で被告人の本件行為は刑法一五五条一項，一五八条一項の罪を構成しないとした第

一審判決を正当として是認している。

所論は，原判決は，本件写真コピーの公文書性を否定した点において，名古屋高等裁判所昭和四八年（う）第二二九号同年一一月二七日判決（高刑集二六巻五号五六八頁）と相反する判断をしているというのである。

所論引用の右判例は，エックス線技師の資格を偽るために行使する目的をもって，大阪府知事左藤義詮作成名義の他人の真正な診療エックス線技師免許証の写（写真版）に，ほしいままに自己の本籍地，氏名等を改ざん記載し，これを写真撮影したうえ，正規の免許証とほぼ同じ大きさに引き伸して免許証の写真を作成し，これを就職申込の際に資格証明の資料として提出した事案について，右免許証の写自体は写真であるが，「単なる写本の類ではなく，作成名義人の確定的な意識内容を記載した刑法にいわゆる文書に該る」と解すべきであるとし，刑法一五五条三項，一五八条一項の罪を認めたものである。所論引用の判例と本件とは，偽造，行使の客体とされている文書が，いずれも，公文書の原本ではなく，これを機械的方法により複写した文書であるとの点において事案を同じくするものであるから，かかる公文書の複写文書の公文書性を否定した原判決は，これを肯定した所論引用の判例と相反する判断をしたものというべきである。

おもうに，公文書偽造罪は，公文書に対する公共的信用を保護法益とし，公文書が証明手段としてもつ社会的機能を保護し，社会生活の安定を図ろうとするものであるから，公文書偽造罪の客体となる文書は，これを原本たる公文書そのものに限る根拠はなく，たとえ原本の写であつても，原本と同一の意識内容を保有し，証明文書としてこれと同様の社会的機能と信用性を有するものと認められる限り，これに含まれるものと解するのが相当である。すなわち，手書きの写のように，それ自体としては原本作成者の意識内容を直接に表示するものではなく，原本を正写した旨の写作成者の意識内容を保有するに過ぎず，原本と写との間に写作成者の意識が介在混入するおそれがあると認められるような写文書は，それ自体信用性に欠けるところがあつて，権限ある写作成者の認証があると認められない限り，原本である公文書と同様の証明文書としての社会的機能を有せず，公文書偽造罪の客体たる文書とはいいえないものであるが，写真機，複写機等を使用し，機械的方法に

より原本を複写した文書（以下「写真コピー」という。）は，写ではあるが，複写した者の意識が介在する余地のない，機械的に正確な複写版であって，紙質等の点を除けば，その内容のみならず筆跡，形状にいたるまで，原本と全く同じく正確に再現されているという外観をもち，また，一般にそのようなものとして信頼されうるような性質のもの，換言すれば，これを見る者をして，同一内容の原本の存在を信用させるだけではなく，印章，署名を含む原本の内容についてまで，原本そのものに接した場合と同様に認識させる特質をもち，その作成者の意識内容でなく，原本作成者の意識内容が直接伝達保有されている文書とみうるようなものであるから，このような写真コピーは，そこに複写されている原本が右コピーどおりの内容，形状において存在していることにつき極めて強力な証明力をもちうるのであり，それゆえに，公文書の写真コピーが実生活上原本に代わるべき証明文書として一般に通用し，原本と同程度の社会的機能と信用性を有するものとされている場合が多いのである。右のような公文書の写真コピーの性質とその社会的機能に照らすときは，右コピーは，文書本来の性質上写真コピーが原本と同様の機能と信用性を有しえない場合を除き，公文書偽造罪の客体たりうるものであって，この場合においては，原本と同一の意識内容を保有する原本作成名義人作成名義の公文書と解すべきであり，また，右作成名義人の印章，署名の有無についても，写真コピーの上に印章，署名が複写されている以上，これを写真コピーの保有する意識内容の場合と別異に解する理由はないから，原本作成名義人の印章，署名のある文書として公文書偽造罪の客体たりうるものと認めるのが相当である。そして，原本の複写自体は一般に禁止されているところではないから，真正な公文書原本そのものをなんら格別の作為を加えることなく写真コピーの方法によって複写することは原本の作成名義を冒用したことにはならず，したがって公文書偽造罪を構成するものでないことは当然であるとしても，原本の作成名義を不正に使用し，原本と異なる意識内容を作出して写真コピーを作成するがごときことは，もとより原本作成名義人の許容するところではなく，また，そもそも公文書の原本のない場合に，公務所または公務員作成名義を一定の意識内容とともに写真コピーの上に現出させ，あたかもその作成名義人が作成した公文書の原本の写真コピーであ

るかのような文書を作成することについては，右写真コピーに作成名義人と表示された者の許諾のあり得ないことは当然であつて，行使の目的をもつてするこのような写真コピーの作成は，その意味において，公務所または公務員の作成名義を冒用して，本来公務所または公務員の作るべき公文書を偽造したものにあたるというべきである。

　これを本件についてみると，本件写真コピーは，いずれも，認証文言の記載はなく，また，その作成者も明示されていないものであるが，公務員である供託官がその職務上作成すべき同供託官の職名及び記名押印のある供託金受領証を電子複写機で原形どおり正確に複写した形式，外観を有する写真コピーであるところ，そのうちの二通は，宅地建物取引業法二五条に基づく宅地建物取引業者の営業保証金供託済届の添付資料として提出し異議なく受理されたものであり，また，その余の三通は，いずれも詐欺の犯行発覚を防ぐためその被害者に交付したものであるが，被交付者において，いずれもこれを原本と信じ或いは同一内容の原本の存在を信用して，これをそのまま受領したことが明らかであるから，本件写真コピーは，原本と同様の社会的機能と信用性を有する文書と解するのが相当である。してみると，本件写真コピーは，前記供託官作成名義の同供託官の印章，署名のある有印公文書に該当し，これらを前示の方法で作成行使した被告人の本件行為は，刑法一五五条一項，一五八条一項に該当するものというべきである。したがつて，本件写真コピーは公文書偽造罪の客体たる公文書に該当しないとして被告人の刑責を否定した第一審判決を是認した原判決は，法令の解釈適用を誤り，所論引用の判例と相反する判断をしたものといわなければならず，論旨は理由がある。」

解　説

　1　本件は，公文書である供託官作成名義の供託金受領証の写真コピーを「偽造」し，それを「行使」したという事案である。この事案は，写真コピーを利用して供託金受領証の原本自体を偽造したというのではなく，供託金受領証の写真コピーとわかるものを作成したという事案である。原判決は，「供託金受領証の写真コピーは，一見して複写機で複写した写であることが

明らかであるから，原本そのものの作成名義人の意識内容を直接表示するものではありえず，また，供託金受領証は，その写を作成すること自体が禁止，制限されているわけではないうえ，写の作成権限を有する者を公務所または公務員に限定すべき根拠もないから，結局，本件写真コピーは，被告人がほしいままに作成した内容虚偽の私文書と解しえても，刑法所定の公文書には該当しない」として無罪を言い渡していた。これに対し，本判決は，有印公文書偽造罪（155条1項）・同行使罪（158条1項）の成立を認めた点において注目されるのである。

2　本判決が本件写真コピーについて公文書偽造罪の成立を肯定した理由のあらましは，以下のとおりである。すなわち，まず，「公文書偽造罪の客体となる文書は，これを原本たる公文書そのものに限る根拠はなく，たとえ原本の写であつても，原本と同一の意識内容を保有し，証明文書としてこれと同様の社会的機能と信用性を有するものと認められる限り，これに含まれる」とした上で，写真コピーは「その作成者の意識内容でなく，原本作成者の意識内容が直接伝達保有されている文書とみうるようなもの」であり，「写真コピーは，そこに複写されている原本が右コピーどおりの内容，形状において存在していることにつき極めて強力な証明力をもちうるのであり，それゆえに，公文書の写真コピーが実生活上原本に代わるべき証明文書として一般に通用し，原本と同程度の社会的機能と信用性を有するものとされている場合が多い」とする。そこから，写真コピーは「原本と同一の意識内容を保有する原本作成名義人作成名義の公文書と解すべきであり，また，右作成名義人の印章，署名の有無についても，写真コピーの上に印章，署名が複写されている以上，これを写真コピーの保有する意識内容の場合と別異に解する理由はないから，原本作成名義人の印章，署名のある文書として公文書偽造罪の客体たりうるものと認めるのが相当である」と解するのである。

また，本判決の立場を前提としても，原本の複写を取ることは誰にも許されているのではないかという点については，「原本の複写自体は一般に禁止されているところではないから，真正な公文書原本そのものをなんら格別の作為を加えることなく写真コピーの方法によつて複写することは原本の作成名義を冒用したことにはならず，したがつて公文書偽造罪を構成するもので

ないことは当然であるとしても，原本の作成名義を不正に使用し，原本と異なる意識内容を作出して写真コピーを作成するがごときことは，もとより原本作成名義人の許容するところではなく，また，そもそも公文書の原本のない場合に，公務所または公務員作成名義を一定の意識内容とともに写真コピーの上に現出させ，あたかもその作成名義人が作成した公文書の原本の写真コピーであるかのような文書を作成することについては，右写真コピーに作成名義人と表示された者の許諾のあり得ないことは当然であつて，行使の目的をもつてするこのような写真コピーの作成は，その意味において，公務所または公務員の作成名義を冒用して，本来公務所または公務員の作るべき公文書を偽造したものにあたる」と解している。

3 学説では，本判決とは異なり，本件のような写真コピーの事案について文書偽造罪の成立を否定する見解が多数説となっている。それは，単なる写真コピーは，そもそも文書偽造罪における「文書」に当たらないということを理由としているのである。すなわち，文書偽造罪における文書とは，ある物体の上に記載した，人の意思・観念の表示をいい[1]，作成名義人が認識可能なものをいう。そこで作成名義人の認識可能性が要求されるのは，文書偽造罪における文書は，人の意思・観念の証拠として保護されるところ，作成名義人が不明である書面にはそうした保護価値が認められないからである。作成名義人が認識可能でない書面には（文書偽造罪の保護法益である，文書に対する）信用性が認められないということもできる。文書の写真コピーは，機械的に正確な写しだとはいえ，あくまでも原本の写しにすぎないものであるから，本判決の理解とは異なり，複写される文書が存在することについての写し作成者作成名義の文書であり，作成名義人である写し作成者が認識可能でない場合には，そもそも文書偽造罪において保護の対象となる文書とはいえないことになるのである。本判決は写真コピーの作成名義人は原本の作成名義人だとするが，写真コピーによって原本を偽造しようとするならともかく，そうでない以上，写真コピーの作成名義人は写し作成者としかいいようがない。

---

[1] 大判明治 43・9・30 刑録 16 輯 1572 頁など参照。

本判決は，写真コピーの作成名義人を原本の作成名義人とするため，通常許されている複写と，本件のように許されない複写とを区別する必要に迫られることになった。しかしながら，そもそも，著作権等の問題を別とすれば，複写は許可を必要としないはずのものであり，上記のような区別は，本件事案のような場合について偽造罪の成立を肯定し，通常の場合にそれを否定するという先取りした結論と整合させるためのものにすぎない。通常一般に許されている文書の複写が，本来，原本作成名義人の許諾に基づいてはじめて可能となるというのは，社会生活の実態にそぐわない，また根拠のない形式論理だといわざるをえないであろう。写真コピーの作成名義人を原本の作成名義人と理解すること自体に基本的な問題があるのである。

こうした理由から，多数の学説は，本件事案のような場合に公文書偽造罪の成立を否定しているのである。写真コピーは原本と同様の信用性を備えたものだから，原本同様に保護されるべきだとするのは，作成名義人作成の文書でなくとも，それと同様の信用性がある以上，同様に保護されるべきだとするものであり，罪刑法定主義の見地からも，類推適用的解釈ではないかという疑問が生じることになる。

4 学説の批判にもかかわらず，判例は，本判決のように，写真コピーの偽造について文書偽造罪の成立を肯定している。こうした立場からは，写真コピー自体，原本とは（作成名義人が同一であるものの）別の文書であるから，コピーする前の原本に加えた改ざんが変造にとどまるものであっても，その写真コピーは新たな文書を作りだしたものとして，偽造ということになる[2]。

また，写真コピーの偽造について文書偽造罪の成立を肯定する判例の立場を前提として，公文書を改ざんして，それをファクシミリ送信し，相手に受信・印字させた事案について，有印公文書偽造罪・同行使罪の成立を肯定した下級審判決が出されている[3]。

---

[2] 最決昭和 61・6・27 刑集 40 巻 4 号 340 頁。
[3] 広島高岡山支判平成 8・5・22 高刑集 49 巻 2 号 246 頁。

Ⅲ　偽造の意義

2　最決平成 11・12・20 刑集 53 巻 9 号 1495 頁

[事　案]
決定理由参照

[決定理由]
「私文書偽造の本質は，文書の名義人と作成者との間の人格の同一性を偽る点にあると解されるところ（最高裁昭和五八年（あ）第二五七号同五九年二月一七日第二小法廷判決・刑集三八巻三号三三六頁，最高裁平成五年（あ）第一三五号同年一〇月五日第一小法廷決定・刑集四七巻八号七頁），原判決の認定によれば，被告人は，Aの偽名を用いて就職しようと考え，虚偽の氏名，生年月日，住所，経歴等を記載し，被告人の顔写真をはり付けた押印のあるA名義の履歴書及び虚偽の氏名等を記載した押印のあるA名義の雇用契約書等を作成して提出行使したものであって，これらの文書の性質，機能等に照らすと，たとえ被告人の顔写真がはり付けられ，あるいは被告人が右各文書から生ずる責任を免れようとする意思を有していなかったとしても，これらの文書に表示された名義人は，被告人とは別人格の者であることが明らかであるから，名義人と作成者との人格の同一性にそごを生じさせたものというべきである。したがって，被告人の各行為について有印私文書偽造，同行使罪が成立するとした原判断は，正当である。」

[解　説]
1　偽造（有形偽造ともいう）の意義については，かつて，権限なく他人名義の文書を作成すること（作成名義の冒用）をいうと一般的に理解されていた。すなわち，文書の作成名義人でない者が，権限がないのに，当該作成名義人名義の文書を作成することをいうとの理解である。これに対し，本決定は，最判昭和 59・2・17（判例9）及び最決平成 5・10・5（判例10）を引用し

て、「文書の名義人と作成者との間の人格の同一性を偽る」ことと解している。こうした理解は近時の判例の採用するところでもあり、問題となる具体的な事案を解決するために有用であると解されるため、学説でも広く用いられるに至った。

　2　本件事案で、本件履歴書及び雇用契約書等の作成名義人はAである。これは、「たとえ被告人の顔写真がはり付けられ、あるいは被告人が右各文書から生ずる責任を免れようとする意思を有していなかったとしても」、被告人になるわけではない。なぜなら、とくに雇傭関係において必要となる履歴については、「氏名、生年月日、住所、経歴等」が重要であり、それによって特定される人格は被告人ではなく、Aだからである。せいぜい、履歴書に記載された氏名・経歴等を有し、被告人の容貌をした人物という存在しない虚無人であると解しうるにすぎず、被告人にはなりえない。

　本件履歴書及び雇用契約書等の作成者は、Aから被告人が作成権限を与えられることはありえない以上、被告人ということになる。なお、仮に、Aが実在し、被告人がAから作成権限を与えられていたとしても、雇傭関係の基礎となる履歴書及び雇用契約書等については、判例8の解説において後述するように、作成名義人の同意にもかかわらず、被告人が作成者であると解されることになりうるであろう。さらに、その場合、Aについては、むしろ、私文書偽造罪の共犯としての罪責が問題となりうると思われる。

Ⅳ　公文書の有形偽造・無形偽造

3　最判昭和51・5・6刑集30巻4号591頁

[事　案]
　判決理由参照

[判決理由]
　「所論にかんがみ職権により調査すると、原判決は、次の理由により破棄を免れない。

一　まず，原判決が是認する第一審判決の認定した犯罪事実の要旨は，以下のとおりである。

被告人は，秋田市役所本庁（以下，単に本庁という。）の市民課調査係長であつたが，自宅の新築資金を借り入れるために印鑑証明書が必要になつたことから，自らこれを作成して使用しようと考え，（一）昭和四七年九月一日，同課の事務室において，備付けの印鑑証明書用紙に，Ａの氏名，生年月日，住所を記入し，同女の印鑑を押捺したうえ，作成年月日をゴム印で押捺し，さらに作成名義人である秋田市長荻原麟次郎の名下に戸籍住民基本台帳専用秋田市長之印と刻した市長公印を押捺して，秋田市長作成名義のＡ宛印鑑証明書一通を偽造したほか，これと同じ場所，方法で，同日及び同年一一月一日，被告人宛印鑑証明書各一通を，同月一三日，Ｂ宛印鑑証明書一通をそれぞれ偽造し，（二）同月一日，右と同じ場所において，あらかじめＣにその氏名，生年月日，住所を記入して印鑑を押捺してもらつた印鑑証明書用紙を用い，これに作成年月日をゴム印で押捺したうえ，右秋田市長の公印を押捺して，秋田市長作成名義のＣ宛印鑑証明書一通を偽造したほか，これと同じ場所，方法で，同月二日，Ｄ宛印鑑証明書一通を偽造し，（三）これらの印鑑証明書を行使した。

二　原判決及びその是認する第一審判決が認定した関係事実は，以下のとおりである。

（一）秋田市役所における印鑑簿の保管及び印鑑証明書の作成発行の事務は，本庁に住民登録をしている市民については，本庁が取扱い，太平地区に居住する市民については，太平出張所が取り扱つていた。

（二）前記の六通の印鑑証明書のうち，Ｂ宛のものは，右太平出張所において作成発行すべきものであり，本庁においては作成発行することができないものであつた。

（三）被告人は，Ａ及びＢからも，印鑑証明書の交付を受けることにつき承諾を得ていた。

（四）印鑑証明書は，秋田市長名義で作成発行されるものであるが，本庁におけるその作成発行は，秋田市事務決裁規程により，市民課長の専決事項とされていた。

（五）本庁における印鑑証明書の作成発行手続は，次の（1）ないし（6）のとおりであつたが，（1）ないし（4）の手続は，同一の職員がこれを取り扱うこともあつた。

（1）申請者が，市民課市民係に備え付けてある申請書用紙及び印鑑証明書用紙の所定欄に記載及び押印をして，受付に提出する。

（2）受付係が，記載事項を点検して，これらの書類を照合係に回付する。

（3）照合係が，印鑑証明書用紙に押捺された印影と市民課保管の印鑑簿の印影とを照合し同一と認めると，その用紙に作成年月日と秋田市長名のゴム印を押捺して，これを認証係に回付する。

（4）認証係が，申請書用紙と印鑑証明書用紙の記載内容を再確認したうえ，市長名下に市長公印を押捺して，これを交付係に回付する。

（5）交付係が，手数料と引換えに，申請者に印鑑証明書を交付する。

（6）申請書は，一日分を一括し，翌朝，市民課長又はその代理者がこれを決裁する。

（六）本庁における印鑑証明書の作成発行の事務は，市民課の市民係が分掌していたが，慣行上，一般的には，被告人を含む市民課員全員がその事務をとる権限を有していた。

（七）被告人は，前記の各印鑑証明書を，申請書を提出せずに自ら作成し，手数料を納付せずにこれを取得したものであり，申請書が提出されていないことの結果として，これに基づく市民課長又はその代理者の決裁も行われていない。

（八）B宛印鑑証明書に押捺された印影は，太平出張所に保管されている印鑑簿の同人の印影と同一であり，その余の五通の印鑑証明書に押捺された各印影も，本庁に保管されている印鑑簿の各印影と同一であつて，正規の手続によるときは，当然に印鑑証明書が交付されるはずのものであつた。

三　第一審判決は，B宛印鑑証明書については，本庁において作成することができないものであるから，被告人がこれを作成したことが公文書偽造罪にあたるのはもちろんであり，また，その余の五通の印鑑証明書についても，市民課の市民係に属しない被告人によつて，単に正規の手続を省略するという恣意から作成されたものであつて，本来の権限をもつ者の承諾がある

か又は承諾が当然に予想されるような状況のもとで，正規の手続により作成されたものではない，との事実を認定し，そうである以上被告人の右の行為は印鑑証明書作成事務の正当な分担援助による作成ということはできないので，公文書偽造罪の成立は免れない，と判示した。原判決は，右五通の印鑑証明書につき，前記の事実認定のとおり，慣行上，一般的には，被告人を含む市民課員全員に，印鑑証明書の作成事務をとる権限があつたが，被告人は，申請手続をはじめ正規の手続を履践せず，かつ，専ら自分の住宅新築資金を得るために，自分の立場を利用してこれを作成したものであつて，権限の濫用というべきであるから，公文書偽造罪の成立は免れない，と判示した。

　四　問題は，被告人に本件の各印鑑証明書を作成する権限があつたかどうかに帰着するが，B宛印鑑証明書については，右の権限のなかつたことが明らかであるから，その余の五通の印鑑証明書について，これを検討することとする。

　(一)　公文書偽造罪における偽造とは，公文書の作成名義人以外の者が，権限なしに，その名義を用いて公文書を作成することを意味する。そして，右の作成権限は，作成名義人の決裁を待たずに自らの判断で公文書を作成することが一般的に許されている代決者ばかりでなく，一定の手続を経由するなどの特定の条件のもとにおいて公文書を作成することが許されている補助者も，その内容の正確性を確保することなど，その者への授権を基礎づける一定の基本的な条件に従う限度において，これを有しているものということができる。

　(二)　これを本件についてみると，本庁における印鑑証明書の作成は，市民課長の専決事項とされていたのであるから，同人が，作成名義人である秋田市長の代決者として，印鑑証明書を作成する一般的な権限を有していたことはいうまでもないが，そのほか被告人を含む市民課員も，市民課長の補助者の立場で，一定の条件のもとにおいて，これを作成する権限を有していたことは，これに対する市民課長の決裁が印鑑証明書の交付された翌日に行われる事後決裁であつたことから，明らかにこれを認めることができる。そして，問題となる五通の印鑑証明書は，いずれも内容が正確であつて，通常の

申請手続を経由すれば，当然に交付されるものであつたのであるから，被告人がこれを作成したことをもつて，補助者としての作成権限を超えた行為であるということはできない。確かに，被告人が，申請書を提出せず，手数料の納付もせずに，これを作成取得した点に，手続の違反があるが，申請書の提出は，主として印鑑証明書の内容の正確性を担保するために要求されているものと解されるので，その正確性に問題のない本件においてこれを重視するのは相当でなく，また，手数料の納付も，市の収入を確保するためのものであつて，被告人の作成権限を制約する基本的な条件とみるのは妥当でない。してみれば，被告人は，作成権限に基づいて，本件の五通の印鑑証明書を作成したものというべきであるから，正規の手続によらないで作成した点において権限の濫用があるとしても，そのことを理由に内部規律違反の責任を問われることはかくべつ，公文書偽造罪をもつて問擬されるべきではないと解するのが相当である。原判決は，その認定事実を前提とする限り，法令に違反しており，これを破棄しなければ著しく正義に反するものといわなければならない。」

解　説

1　本件印鑑証明書は，秋田市長名義で作成される有印公文書である。秋田市長が作成名義人であることは明らかであるが，その「作成発行は，秋田市事務決裁規程により，市民課長の専決事項とされていた」ことから，市民課長も市長の代決者として作成権限を有していたといえる。問題は，代決者である市民課長の補助者の地位にある，市民課係長の被告人に印鑑証明書の作成権限があったといえるかということである。その前提となるのは，「公文書偽造罪における偽造とは，公文書の作成名義人以外の者が，権限なしに，その名義を用いて公文書を作成することを意味する」という理解であり，それは，判例3の解説で触れたように，伝統的な（有形）偽造概念の理解である。そこで，印鑑証明書の作成名義人である秋田市長以外の者に作成権限が認められるかが問題となるわけである。

2　本判決は，「作成権限は，作成名義人の決裁を待たずに自らの判断で公文書を作成することが一般的に許されている代決者ばかりでなく，一定の

手続を経由するなどの特定の条件のもとにおいて公文書を作成することが許されている補助者も，その内容の正確性を確保することなど，その者への授権を基礎づける一定の基本的な条件に従う限度において，これを有しているものということができる」という理解に立っている。すなわち，作成権限のある代決者だけではなく，「特定の条件のもとにおいて公文書を作成することが許されている補助者」も，「授権を基礎づける一定の基本的な条件に従う限度」で作成権限を有しているというのである。

　本件では，被告人を含む市民課員には，印鑑証明書の作成権限が，代決者である市民課長の補助者の立場で，「一定の条件」の下で認められるとされている。それは，印鑑証明書の発行に関する代決者である市民課長の決裁が事後決裁であり，発行自体は市民課員に許されていたからである。なお，本判決は，被告人が勤務する本庁ではなく，太平出張所において作成されるべきB宛の印鑑証明書については，被告人を含む市民課員に作成権限がないことが明らかであるということから，公文書偽造罪の成立を肯定する見解に立っている。その上で，本判決は，B宛以外の5通の印鑑証明書の作成について検討を加えているのである。

　3　問題は，市民課長の補助者である被告人を含む市民課員に作成権限を認めることを可能とする「授権を基礎づける一定の基本的な条件」とは何か，本件の場合，それが充たされているかということになる。

　そうした「基本的な条件」として本判決が基本的に重要と考えているのが，「内容の正確性を確保すること」である。本件では，印鑑照合の手続が行われていないものと思われるが，いずれの印鑑証明書についてもその正確性には問題がないため，重視されていない。「問題となる五通の印鑑証明書は，いずれも内容が正確であつて，通常の申請手続を経由すれば，当然に交付されるものであつたのであるから，被告人がこれを作成したことをもつて，補助者としての作成権限を超えた行為であるということはできない」というのである。申請書の不提出についても，主として正確性を担保するためのものだから，その点に問題のない本件で重視することは相当でないとし，手数料の不納付についても，市の収入確保のためのものであり，作成権限を制約するような基本的条件とはいえないというのである。要するに，印鑑証

明書の正確性について問題がない事案である以上，それを確認・担保する手続がとられていないとしても，その手続違反は作成権限の有無を判断する上で，重視する必要はないという考え方であるといえよう。こうした判例の立場に対しては，内容の正確性によって権限を認めるものであり，文書の作成権限と文書の内容の正確性を混同するものであるとの批判がありうると思われるが，B宛の印鑑証明書も内容は正確だと思われるところ，それについては公文書偽造罪の成立を肯定する立場に立つ本判決は，そうした批判の前提となっている理解とは一応一線を画しているといえよう。

4 最判昭和 32・10・4 刑集 11 巻 10 号 2464 頁

[事　案]
　判決理由参照

[判決理由]
　「刑法一五六条の虚偽公文書作成罪は，公文書の作成権限者たる公務員を主体とする身分犯ではあるが，作成権限者たる公務員の職務を補佐して公文書の起案を担当する職員が，その地位を利用し行使の目的をもってその職務上起案を担当する文書につき内容虚偽のものを起案し，これを情を知らない右上司に提出し上司をして右起案文書の内容を真実なものと誤信して署名若しくは記名，捺印せしめ，もって内容虚偽の公文書を作らせた場合の如きも，なお，虚偽公文書作成罪の間接正犯の成立あるものと解すべきである。けだし，この場合においては，右職員は，その職務に関し内容虚偽の文書を起案し情を知らない作成権限者たる公務員を利用して虚偽の公文書を完成したものとみるを相当とするからである（昭和一〇年（れ）第一四二四号同一一年二月一四日大審院判決，昭和一五年（れ）第六三号同年四月二日大審院判決参照）。
　これを本件についてみると，原判決の是認した第一審判決の判示認定事実によれば，被告人は，その第一の（一）及び（二）の犯行当時，宮城県栗原地方事務所において同地方事務所長Aの下にあつて同地方事務所の建築係として一般建築に関する建築申請書類の審査，建築物の現場審査並びに住宅金融公庫よりの融資により建築される住宅の建築設計審査，建築進行状況の

審査及びこれらに関する文書の起案等の職務を担当していたものであるところ，その地位を利用し行使の目的をもって右第一の（一）及び（二）の判示の如く未だ着工していないBの住宅の現場審査申請書に，建前が完了した旨又は屋根葺，荒壁が完了した旨いずれも虚偽の報告記載をなし，これを右住宅の現場審査合格書の作成権限者たる右地方事務所長に提出し，情を知らない同所長をして真実その報告記載のとおり建築が進行したものと誤信させて所要の記名，捺印をなさしめ，もってそれぞれ内容虚偽の現場審査合格書を作らせたものであるから，被告人の右所為を刑法一五六条に問擬し，右虚偽の各審査合格書を各関係官庁並びに銀行に提出行使した所為を各同法一五八条の罪を構成するものと認定した第一審判決を是認した原判決は正当であるといわなければならない。所論引用の当裁判所の判例［最判昭和27・12・25刑集6巻12号1387頁］は，公務員でない者が虚偽の申立をなし情を知らない公務員をして虚偽の文書を作らせた事案に関するものであつて，本件に適切でない。」

解　説

1　本件は，地方事務所の建築係である被告人が，現場審査申請書に虚偽の報告記載を行って，現場審査合格書の作成権限者である地方事務所長に提出し，同所長をその記載が真実であると誤信させて記名・押印をさせ，内容虚偽の現場審査合格書を作成させた上，さらに，それを関係官庁及び銀行に提出行使したという事案である。公文書の作成権限者を欺いて，内容虚偽の公文書を作成させることが虚偽公文書作成罪（156条）の間接正犯となるかが問題となる。

本判決は，「虚偽公文書作成罪は，公文書の作成権限者たる公務員を主体とする身分犯ではある」としつつ，「作成権限者たる公務員の職務を補佐して公文書の起案を担当する職員が，その地位を利用し行使の目的をもってその職務上起案を担当する文書につき内容虚偽のものを起案し，これを情を知らない右上司に提出し上司をして右起案文書の内容を真実なものと誤信して署名若しくは記名，捺印せしめ，もって内容虚偽の公文書を作らせた場合」には虚偽公文書作成罪の間接正犯が成立すると解している。この場合，その

職員は「職務に関し内容虚偽の文書を起案し情を知らない作成権限者たる公務員を利用して虚偽の公文書を完成した」ということがその理由とされているのである。

2　起案した公文書の内容が虚偽であることについて作成権限者を欺き，署名又は記名・押印させた場合には，内容虚偽の公文書を，作成権限者を利用して作成したといえるから，間接正犯態様で虚偽の公文書を作成したということができる。もしも，虚偽公文書作成罪が公務員を主体とする身分犯でなければ，虚偽公文書作成罪の間接正犯の成立を肯定することに何の問題もないといえよう。このことは，私文書の無形偽造が処罰されているとした場合のことを考えれば明らかである。

しかし，虚偽公文書作成罪は「公務員」を主体とする身分犯であり，本判決によれば，「公文書の作成権限者たる公務員を主体とする身分犯」である。起案担当者である被告人について，このような虚偽公文書作成罪の間接正犯の成立を肯定することができるのであろうか。本判決は，公文書の起案担当者である公務員については，虚偽公文書作成罪の間接正犯の成立を肯定しうると解したことになる。起案担当者を作成権限者としたわけではないから，あくまでも間接正犯として虚偽公文書作成罪の成立を認めたものであるといえる。このような場合であれば，「公務員が，その職務に関し，……虚偽の文書……を作成し……た」と辛うじていいうるといえよう。

ここで，刑法 156 条にいう「公務員」を，本判決がいうように，作成権限者である公務員を意味するとすれば，こうした解釈は採れないことになるのではないかという疑問が生じる。なぜなら，公務員とはいえ作成権限者でなければ，犯罪の主体になりえないからである。しかし，そうだとすると，詔書についての無形偽造の処罰規定（156条）との関係で問題が生じることになる。なぜなら，その場合，詔書の無形偽造は，詔書の作成名義人である天皇のみが犯せることとなり，現行法上刑事訴追しえないと解されている天皇だけを当該犯罪の主体として想定していることになるが，そのようなことは理解しがたいことであるという問題が生じることになるからである[4]。ま

---

[4] とくに，刑法 156 条が制定された明治 40 年に，「神聖ニシテ侵スヘカラス」（大日本帝国憲法 3 条）とされていた天皇を処罰の対象と想定していたなどということはおよそ考えることができな

た，そもそも，天皇が刑法156条にいう「公務員」といいうるかという問題も存在するであろう。この場合には，詔書の起案を担当する公務員が，詔書虚偽作成罪の主体として想定されているといわざるをえず，したがって，起案担当者である公務員も刑法156条の「公務員」に含まれうると解釈しうることになるのである。ただし，起案担当者自身に作成権限が生じると解するのではなく，作成権限者を利用する間接正犯について，起案担当者も主体になりうるという限度で理解するのである。

 3 これに対し，上告趣意で引用されている最判昭和27・12・25は，本判決もいうように，「公務員でない者が虚偽の申立をなし情を知らない公務員をして虚偽の文書を作らせた事案に関するもの」である[5]。同判決は，「刑法は，いわゆる無形偽造については公文書のみに限つてこれを処罰し，一般私文書の無形偽造を認めないばかりでなく，公文書の無形偽造についても同法一五六条の他に特に公務員に対し虚偽の申立を為し，権利義務に関する公正証書の原本又は免状，鑑札若しくは旅券に不実の記載を為さしめたときに限り同法一五七条の処罰規定を設け，しかも右一五六条の場合の刑よりも著しく軽く罰しているに過ぎない点から見ると公務員でない者が虚偽の公文書偽造の間接正犯であるときは同法一五七条の場合の外これを処罰しない趣旨と解するのを相当とする」と判示していた。一般私人が公文書虚偽作成罪を犯しえないことは，同罪の主体が公務員に限られていることからすると当然のことではある。本判決は，この趣旨は，作成名義人である公務員でない，起案を担当する公務員が被告人の場合には妥当しないことを確認したものであり，正当であると思われる。そうでなければ，上述したように，詔書に関する無形偽造の罪の規定（156条・154条）は意味をもたないことになってしまうからである。

いであろう。
[5] 最判昭和27・12・25刑集6巻12号1387頁（第4章判例 11）。

V　私文書偽造の諸問題

5　最決昭和 43・6・25 刑集 22 巻 6 号 490 頁

[事　案]
決定理由参照

[決定理由]
「所論のうち判例違反をいう点は，引用の判例は事案を異にして本件に適切でなく，その余の論旨は単なる法令違反の主張であつて，適法な上告理由にあたらない。（記録によれば，被告人は第一審判示神奈川県鰹鮪漁業協同組合の参事であつたが，当時同組合内部の定めとしては，同組合が組合員または准組合員のために融通手形として振り出す組合長振出名義の約束手形の作成権限はすべて専務理事Ａに属するものとされ，被告人は単なる起案者，補佐役として右手形作成に関与していたにすぎないものであることが，明らかである。もつとも，同人は，水産業協同組合法四六条三項により準用されている商法三八条一項の支配人としての地位にあつた者であるけれども，右のような本件の事実関係のもとにおいては，単に同人の手形作成権限の行使方法について内部的制約があつたというにとどまるものではなく，実質的には同人に右手形の作成権限そのものがなかつたものとみるべきであるから，同人が組合長または専務理事の決裁・承認を受けることなく准組合員のため融通手形として組合長振出名義の約束手形を作成した本件行為が有価証券偽造罪にあたるとした原審の判断は，その結論において相当である。）」

[解　説]
1　本件は有価証券偽造の事案であるが，偽造の成否に関する限り，文書偽造と同様の解釈が採られるべきものと解される。本件事案では，漁業協同組合参事である被告人が，組合長又は専務理事の決裁・承認を受けることなく准組合員のために融通手形として組合長振出名義の約束手形を作成したと

いうものであり，有価証券偽造罪（162条1項）の成否が問題となっている。

　本件で問題となるのは，参事である被告人には，組合内部の定めとして，組合員又は准組合員のために融通手形として振り出す組合長振出名義の約束手形の作成権限はすべて専務理事Aに属するものとされており，被告人は単なる起案者，補佐役として手形作成に関与していたにすぎないところ，参事は（旧）商法38条1項によって支配人と同一の権限を有し，その権限に加えた制限は善意の第三者に対抗することができないとされていたから，こうした組合内部の定めにもかかわらず，被告人による約束手形作成は第三者との関係では民事法上有効であり，したがって，有価証券偽造罪は成立しないことになるのではないかということである。

　2　本決定は，「単に同人の手形作成権限の行使方法について内部的制約があつたというにとどまるものではなく，実質的には同人に右手形の作成権限そのものがなかつたものとみるべきである」としている。この趣旨は必ずしも明瞭ではないところがあるが，被告人には（旧）商法38条1項を適用する前提となる権限自体がなかったということのように思われる。したがって，被告人が有していた権限を濫用して約束手形を作成した事案ではなく，有していない権限を冒用して約束手形を作成した事案であり，有価証券偽造罪が成立すると解されているものと理解することができよう。

6　**最決昭和45・9・4刑集24巻10号1319頁**

［事　案］
　決定理由参照

［決定理由］
　「他人の代表者または代理人として文書を作成する権限のない者が，他人を代表もしくは代理すべき資格，または，普通人をして他人を代表もしくは代理するものと誤信させるに足りるような資格を表示して作成した文書は，その文書によつて表示された意識内容にもとづく効果が，代表もしくは代理された本人に帰属する形式のものであるから，その名義人は，代表もしくは代理された本人であると解するのが相当である（明治四二年六月一〇日大審院判

決，判決録一五輯七三八頁参照)。ところで，原判決の是認した第一審判決は，その罪となる事実の第一として，昭和三八年八月六日に開かれた学校法人Ａ義塾理事会は，議案のうち，理事任免および理事長選任に関する件については結論が出ないまま解散したもので，被告人Ｘを理事長に選任したり，同被告人に，理事署名人として当日の理事会議事録を作成する権限を付与する旨の決議もなされなかつたのにかかわらず，被告人らは，行使の目的をもつて，理事会決議録と題し，同日山口県Ａ高等学校理科室で行なわれた理事会において，被告人Ｘを理事長に選任し，かつ，同被告人を議事録署名人とすることを可決したなどと記載し，その末尾に，理事録署名人と記載し，その名下に被告人Ｘの印を押し，もつて，同被告人において権限のなかつた理事会議事録について署名人の資格を冒用し，理事会議事録署名人作成名義の理事会決議録なる文書を偽造したと認定判示しているのである。そして，右理事会決議録なる文書は，その内容体裁などからみて，学校法人Ａ義塾理事会の議事録として作成されたものと認められ，また，理事録署名人という記載は，普通人をして，同理事会を代表するものと誤信させるに足りる資格の表示と認められるのであるから，被告人らは，同理事会の代表者または代理人として同理事会の議事録を作成する権限がないのに，普通人をして，同理事会を代表するものと誤信させるに足りる理事録署名人という資格を冒用して，同理事会名義の文書を偽造したものというべきである。したがつて，前記のとおり，これを理事会議事録署名人作成名義の文書を偽造したものとした第一審判決およびこれを是認した原判決は，法令の解釈適用を誤つたものといわなければならない。

　また，右のような，いわゆる代表名義を冒用して本人名義の文書を偽造した場合において，これを，刑法一五九条一項の他人の印章もしくは署名を使用していたものとするためには，その文書自体に，当該本人の印章もしくは署名が使用されていなければならないわけである。ところが，原判決の是認した第一審判決は，前記のとおり認定判示しているだけで，学校法人Ａ義塾理事会の印章もしくは署名が使用されたとのことは判示していないのである。しかも，記録をみても，前記理事会決議録なる文書に，右の印章や署名が使用されていたと認むべき証跡は存在しない。そうすると，前記罪となる

事実を同条項に問擬した第一審判決およびこれを是認した原判決は，法令の解釈適用を誤つたものというほかはない。

しかし，前記罪となる事実は，同条三項に該当するものであり，また，このほかにも同条一項に該当する罪が存在し，処断刑にも変わりがないから，右の違法はいまだ判決に影響を及ぼすものとは認められない。」

解　説

1　本件は，学校法人理事会によって理事長に選任されず，理事会議事録を作成する権限も与えられていなかった被告人が「理事会決議録」を作成し，「理事録署名人」として押印したという事案である。原判決が是認する第1審判決は，被告人は「理事会議事録署名人作成名義」の文書を偽造したとしていた。

2　本判決は，「理事録署名人という記載は，普通人をして，同理事会を代表するものと誤信させるに足りる資格の表示と認められる」という見地から，本件を代表名義の冒用の事案と捉えている。そして，本判決は，大判明治42・6・10を引用して[6]，「他人の代表者または代理人として文書を作成する権限のない者が，他人を代表もしくは代理すべき資格，または，普通人をして他人を代表もしくは代理するものと誤信させるに足りるような資格を表示して作成した文書は，その文書によつて表示された意識内容にもとづく効果が，代表もしくは代理された本人に帰属する形式のものであるから，その名義人は，代表もしくは代理された本人であると解するのが相当である」と判示した。すなわち，本判決は，代表・代理名義を冒用して作成された文書の作成名義人は，代表・代理される本人であると解している。このような考え方は，代表者・代理人を作成名義人と解する第1審判決とは異なり，直接本人の作成名義で文書を作成した場合と整合性のとれた解決を与えるものといえよう。

なお，本判決は，代理・代表名義の文書において，本人の署名・押印があったというためには，実際に本人の署名・押印が必要であると解している。

---

[6] 大判明治42・6・10刑録15輯738頁。

したがって，無印私文書偽造罪（159条3項）の成立が肯定されている。しかしながら，本人の記載があると認められる場合には，本人の（署名・押印に含まれる）記名はあり，したがって，有印私文書偽造罪（159条1項）が成立することになる。

7 最決平成15・10・6刑集57巻9号987頁

[事　案]

決定理由参照

[決定理由]

「所論にかんがみ，職権で判断する。

1　1，2審判決の認定及び記録によると，本件の事実関係は，次のとおりである。

(1) 被告人は，Yらと共謀の上，国際運転免許証様の文書1通（以下「本件文書」という。）を作成した。被告人らは，本件文書のような国際運転免許証様の文書を顧客に販売することを業としており，本件文書も，顧客に交付する目的で作成されたものである。

(2) 1949年9月19日にジュネーブで採択された道路交通に関する条約（以下「ジュネーブ条約」という。）は，締約国若しくはその下部機構の権限ある当局又はその当局が正当に権限を与えた団体でなければ，同条約に基づいて国際運転免許証を発給することができない旨規定した上，国際運転免許証の形状，記載内容等の様式を詳細に規定している。我が国はジュネーブ条約の締約国であり，同条約に基づいて発給された国際運転免許証は，我が国において効力を有する。

(3) 本件文書は，その表紙に英語と仏語で「国際自動車交通」，「国際運転免許証」，「1949年9月19日国際道路交通に関する条約（国際連合）」等と印字されているなど，ジュネーブ条約に基づく正規の国際運転免許証にその形状，記載内容等が酷似している。また，本件文書の表紙に英語で「国際旅行連盟」と刻された印章様のものが印字されていることなどからすると，本件文書には国際旅行連盟なる団体がその発給者として表示されているとい

える。このような形状，記載内容等に照らすと，本件文書は，一般人をして，ジュネーブ条約に基づく国際運転免許証の発給権限を有する団体である国際旅行連盟により作成された正規の国際運転免許証であると信用させるに足りるものである。

(4) 国際旅行連盟なる団体がジュネーブ条約に基づきその締約国等から国際運転免許証の発給権限を与えられた事実はなく，被告人もこのことを認識していた。しかし，被告人は，メキシコ合衆国に実在する民間団体である国際旅行連盟から本件文書の作成を委託されていた旨弁解している。

2　私文書偽造の本質は，文書の名義人と作成者との間の人格の同一性を偽る点にあると解される（最高裁昭和58年（あ）第257号同59年2月17日第二小法廷判決・刑集38巻3号336頁，最高裁平成5年（あ）第135号同年10月5日第一小法廷決定・刑集47巻8号7頁参照）。本件についてこれをみるに，上記1のような本件文書の記載内容，性質などに照らすと，ジュネーブ条約に基づく国際運転免許証の発給権限を有する団体により作成されているということが，正に本件文書の社会的信用性を基礎付けるものといえるから，本件文書の名義人は，「ジュネーブ条約に基づく国際運転免許証の発給権限を有する団体である国際旅行連盟」であると解すべきである。そうすると，国際旅行連盟が同条約に基づきその締約国等から国際運転免許証の発給権限を与えられた事実はないのであるから，所論のように，国際旅行連盟が実在の団体であり，被告人に本件文書の作成を委託していたとの前提に立ったとしても，被告人が国際旅行連盟の名称を用いて本件文書を作成する行為は，文書の名義人と作成者との間の人格の同一性を偽るものであるといわねばならない。したがって，被告人に対し有印私文書偽造罪の成立を認めた原判決の判断は，正当である。」

解　説

1　本件は，被告人が「国際旅行連盟」を発給主体とする国際運転免許証様の文書を作成したという事案である。被告人は，本件文書の作成名義人は国際旅行連盟という実在する団体であり，同団体は被告人に本件文書の作成を委託していたと主張している。そうだとすると，本件文書の作成権限が被

告人にあることになり，私文書偽造罪（159条）は成立しないことになる。

　2　本決定は，結論として私文書偽造罪の成立を肯定したが，それは以下のような理由によってである。すなわち，本決定は，「私文書偽造の本質」について最判昭和 59・2・27（判例 9 ）[7] 及び最決平成 5・10・5（判例 10）[8] を引用した上で，「ジュネーブ条約に基づく国際運転免許証の発給権限を有する団体により作成されているということが，正に本件文書の社会的信用性を基礎付けるものといえる」という理由から，本件文書の名義人は，「ジュネーブ条約に基づく国際運転免許証の発給権限を有する団体である国際旅行連盟」であると解している。したがって，国際旅行連盟に国際運転免許証の発給権限がない以上，被告人が実際に国際旅行連盟から本件文書の作成の委託を受けていたとしても，「国際運転免許証の発給権限を有する団体である国際旅行連盟」（このような団体は実在しない）からの委託ではないから，私文書偽造罪が成立することになるのである。

　なお，本決定がこうした構成を採った事情としては以下のことが考えられる。すなわち，国際運転免許証の発給権限を与える特定の団体・組織があり，そこから権限が与えられていることを示して文書が作成されていれば，代理名義の冒用の事案と同じであり，したがって，上述した判例 6 によれば，発給権限を与える団体が作成名義人となるものと解される。しかし，国際運転免許証はそうした団体の授権に基づいて発給されるものではなく，条約に基づく法令を根拠として発給されるものであるから，判例 6 のような構成を採ることができない。処罰の当否という実質判断に関する限り，特定の団体から授権されるか，本件のように条約上の根拠により発給権限が与えられるかに差異はないといえよう。こうした事案では，本決定が判示するように，「国際運転免許証の発給権限を有する団体である国際旅行連盟」を作成名義人と解することが必要かつ適切である。なぜなら，発給権限があることを当然の前提として成り立つ文書である以上，そうした権限が作成名義人の意義・理解自体に取り込まれていると解することができるし，そのように理解することが必要となるからである。

---

[7] 最判昭和 59・2・27 刑集 38 巻 3 号 336 頁（判例 9 ）。
[8] 最決平成 5・10・5 刑集 47 巻 8 号 7 頁（判例 10）。

8　最決昭和 56・4・8 刑集 35 巻 3 号 57 頁

[事　案]
　被告人は運転免許停止処分を受けていたが，予め A の承諾を受けていたことから，無免許運転中取締りを受けた際に，自分は A であり，免許証を忘れてきたと申し立て，道路交通法違反（免許証不携帯）の交通事件原票の供述書欄に A と署名して，その場を切り抜けた。

[決定理由]
　「交通事件原票中の供述書は，その文書の性質上，作成名義人以外の者がこれを作成することは法令上許されないものであつて，右供述書を他人の名義で作成した場合は，あらかじめその他人の承諾を得ていたとしても，私文書偽造罪が成立すると解すべきであるから，これと同趣旨の原審の判断は相当である。」

[解　説]
　1　道交法違反で取締りを受けた場合に作成される交通事件原票は，取締りを行う警察官を作成名義人とする公文書であるが，そこに含まれている供述書は違反者を作成名義人とする私文書である（このように一つの書面に複数の文書が含まれているものを複合文書という）。本件で，この供述書の作成名義人は A である。なぜなら，供述書を含む交通事件原票上違反者とされているのはほかならぬ A であり，それを受けて作成された供述書の作成名義人も A と解するほかないからである。
　2　そうだとすると，作成名義人である A の承諾を受けて作成している以上，私文書偽造罪（159 条 1 項）は成立しないことになるのではないかが問題となる。本決定は，交通事件原票中の供述書は，「その文書の性質上，作成名義人以外の者がこれを作成することは法令上許されない」として，私文書偽造罪の成立を肯定した。これは，同供述書の性質上，他人に作成権限を与えることができないということを根拠にしていると解される（もっとも，本件事案とは異なり，単なる代筆の事案であれば，別に解する余地があると解するべきであ

ろう）。このように，文書の性質上，他人に作成権限を与えることができない文書があることを認めた点で，本決定は重要な意義を有している。そのような文書として，従来下級審裁判例で問題とされていたものとしては，運転免許申請書[9]，入学試験答案[10]などを挙げることができる。

9 最判昭和 59・2・17 刑集 38 巻 3 号 336 頁

[事　案]
　判決理由参照

[判決理由]
　「一　原判決は，「被告人は，朝鮮人であるところ，他人であるA名義の再入国許可を取得して本邦外の地域である北朝鮮に向け出国しようと企て，昭和五三年三月二三日ころ，大阪市内において，行使の目的をもって，ほしいままに法務大臣宛の再入国許可申請書用紙の氏名欄に「A」，生年月日欄に「一九二五・一一・二七」，申請人署名欄に「A」とそれぞれペンで記載し，同欄のA名下に「A印」と刻した丸印を押捺し，もってA名義の再入国許可申請書一通を偽造したうえ，同日同市東区谷町二丁目三一番地所在の大阪入国管理事務所において，同事務所入国審査官Pに対し，右偽造にかかる再入国許可申請書をあたかも真正に成立したもののように装って提出行使したものである。」との本件公訴事実第三について，被告人が右公訴事実のとおり，A名を用いて再入国許可申請書を作成，行使した事実は証拠上明白であるが，その行為は私文書偽造，同行使罪にあたらないと判断した。原判決が，その判断にあたり認定した事実関係の要旨は，次のとおりである。
1　被告人は，日本統治下の朝鮮済州島朝天面朝天里において，父B，母Cの間の五男として出生した外国人であるが，昭和二四年一〇月ころ，本邦に密入国し，その後昭和二五年一月ころ，実兄Dに自己の写真を手交したと

---

[9] 大阪地判昭和 54・8・15 刑月 11 巻 7＝8 号 816 頁。
[10] 東京地判平成 4・5・28 判時 1425 号 140 頁。本件の上告審決定（最決平成 6・11・29 刑集 48 巻 7 号 453 頁）は，入学試験答案は私文書に当たる旨を判示するにとどまり，私文書偽造の成否の点については判断を示していない。

ころ，同年五月ころ同人から，同人に手交した前記被告人の写真が貼付されたＡ名義の外国人登録証明書一通を受け取つた。
2　右登録証明書が発行された経緯をみると，Ｅという実在の人物（同人は，一九一九年一一月二七日朝鮮済州島朝天面朝天里で出生し，本邦に昭和一五年三月一三日入国し，昭和三五年七月一日に出国した者であるが，昭和二四年ころは，岩手県盛岡市に居住し，同年五月六日同市長に対し，右真実の氏名，生年月日等に基づいて新規外国人登録をすませているものである。）が，昭和二三年六月一六日大阪市生野区長に対し，Ａという仮名を用い，自己の写真を提出し，居住地変更登録申請をしたことによりＡ名義の外国人登録証明書が発行されたところ，昭和二四年政令第三八一号（昭和二五年一月一六日施行）附則二項によつて，本邦に在留する外国人に対し，右施行の日から昭和二五年一月三一日までに行うよう義務づけられた旧登録証明書の返還と新登録証明書の交付申請（いわゆる一斉切替）の機会に，右Ａ名義の登録に関し，何者かによつて，右期間内の昭和二五年一月三〇日大阪市生野区長に対し，Ｅの写真に代えて被告人の前記写真をＡの近影であるとして提出して新登録証明書の交付申請がなされ，その際併せて生年及び世帯主が変更された結果，前記区長から前記1に認定した外国人登録証明書が発行され，右登録証明書が被告人の実兄の手を経て被告人に渡された。
3　被告人は，その後，昭和四九年一〇月一六日に至るまで合計九回にわたる外国人登録法所定の登録事項確認申請手続に際しては，それぞれ被告人自身の写真を提出し，昭和三〇年以降は指紋も押捺して申請手続を了し，その都度，Ａ名義で被告人の写真の貼付された新外国人登録証明書を入手し，また住所，職業，世帯主等については，できる限り被告人自身の真実のそれに一致するよう適宜，正規の登録事項変更手続をとつてきた。
4　被告人は，前記外国人登録証明書をはじめて入手した昭和二五年五月以降，二五年以上の長期間にわたり，公私の広範囲の生活場面においてＡの氏名を一貫して自己の氏名として用い続けた。すなわち，被告人は，妻子に対しても本名はＡであるといい，表札も同名で掲げ，同名義の名刺をも作成し，米穀通帳や医師の診察券等もＡ名で受領し，友人や近隣の人々にもＡと名乗り，朝鮮総連役員としての行動，記者としての取材活動，日本の報

道機関関係者との接触，公的，私的の文通及び日本語雑誌への投稿等の広範囲の社会生活においてもAの氏名を用いてきたため，本邦内においてAという氏名が被告人を指称するものであることは，外国人登録証明書の呈示を要するような公的生活ないしは行政機関に接触するような場面ではもちろん，一般社会生活においても定着した。もつとも，被告人は，本邦に在留する親族や同郷の者らが少数ではあるが，被告人の戸籍上の氏名がFであることを知つていたため，それらの者に対しては依然として本名で交際し，また朝鮮総連及び朝鮮新報社の内部関係で自己を表示する場合や朝鮮語で論文等を発表する場合などには，AのほかFの氏名を用いることもあつた。

　二　一に記載した事実関係のもとにおいて，原判決は，まず，「私文書偽造とは，その作成名義を偽ること，すなわち私文書の名義人でない者が権限がないのに，名義人の氏名を冒用して文書を作成することをいうのであつて，その本質は，文書の名義人と作成者との間の人格の同一性を偽る点にあるということができる。したがつて，公認の身分関係登録簿に登録された法律上の氏名である本名以外の名称を用いて私文書を作成することにより，名義人と作成者の不一致をきたした場合は，不真正文書となり，その作成行為は偽造となることはいうまでもない。しかしながら，本名以外の名称を用いて私文書を作成した場合であつても，その名称が特定識別機能を有する通名などであれば，当該私文書の作成目的，用途及び流通する範囲，通名などの名称の有する特定識別機能の程度等を総合的に検討し，当該私文書の名義人と作成者との間に人格の同一性が認められる限り，その文書は不真正の文書とはいえず，これを作成しても，私文書偽造罪は成立することはなく，この理は，当該私文書が公の手続内において用いられるものであつても変わることはないと解される。」としたうえで，本件について，「Aという名称は，被告人が永年これを自己の氏名として公然使用した結果，限られた本邦在留の親族及び同郷者らとの関係を除くその余の一般社会生活関係，すなわち家族，隣人，日本人及び同朋の友人及び知人，職場及び所属団体関係者並びに行政機関関係者らの間では被告人を指称する名称として定着し，他人との混同を生ずるおそれのない高度の特定識別機能を十分に果たすに至つていることが明らかであり，そうだとすれば，被告人が右通名を使用して作成した本

件再入国許可申請書は，それが，出入国の公正な管理を目的とする出入国管理法令の下で，在留外国人の出国に際しての再入国許可の審査手続に関し，法務大臣に提出されるものであるなど，その作成目的，用途及び使用される範囲等の諸事情を考慮しても，その名義人と作成者である被告人との間に客観的に人格の同一性が認められ，不真正文書でないことが明白であり，被告人の前記行為は私文書偽造，同行使罪にあたらないといわなければならない。」と判示して，これと同旨の理由により公訴事実第三につき私文書偽造，同行使罪が成立しないと判断した第一審判決の法令解釈は正当であるとした。

三　おもうに，原判決が，私文書偽造とは，その作成名義を偽ること，すなわち私文書の名義人でない者が権限がないのに，名義人の氏名を冒用して文書を作成することをいうのであつて，その本質は，文書の名義人と作成者との間の人格の同一性を偽る点にあるとした点は正当であるが，さらに進んで本件再入国許可申請書は，その名義人と作成者である被告人との間に客観的に人格の同一性が認められ，不真正文書でないことが明白であり，被告人の本件所為は私文書偽造，同行使罪にあたらないとした判断は，刑法一五九条一項，一六一条一項の解釈適用を誤つたものというべきである。

四　その理由は，次のとおりである。

再入国許可申請書の性質について考えるのに，出入国管理令（昭和五六年法律第八五号，第八六号による改正前のもの）二六条が定める再入国の許可とは，適法に本邦に在留する外国人がその在留期間内に再入国する意図をもって出国しようとするときに，その者の申請に基づき法務大臣が与えるものであるが，右許可を申請しようとする者は，所定の様式による再入国許可申請書を法務省又は入国管理事務所に出頭して，法務大臣に提出しなければならず，その申請書には申請人が署名すべきものとされ，さらに，その申請書の提出にあたつては，旅券，外国人登録証明書などの書類を呈示しなければならないとされている（昭和五六年法務省令第一七号による改正前の出入国管理令施行規則二四条一項，二項，一八条二項，別記第二五号様式）。つまり，再入国許可申請書は，右のような再入国の許可という公の手続内において用いられる文書であり，また，再入国の許可は，申請人が適法に本邦に在留することを前提とし

ているため，その審査にあたつては，申請人の地位，資格を確認することが必要，不可欠のこととされているのである。したがつて，再入国の許可を申請するにあたつては，ことがらの性質上，当然に，本名を用いて申請書を作成することが要求されているといわなければならない。

　ところで，原判決が認定した前掲事実によれば，被告人は，密入国者であつて外国人の新規登録申請をしていないのにかかわらず，A名義で発行された外国人登録証明書を取得し，その名義で登録事項確認申請を繰り返すことにより，自らが右登録証明書のAその人であるかのように装つて本邦に在留を続けていたというべきであり，したがつて，被告人がAという名称を永年自己の氏名として公然使用した結果，それが相当広範囲に被告人を指称する名称として定着し，原判決のいう他人との混同を生ずるおそれのない高度の特定識別機能を有するに至つたとしても，右のように被告人が外国人登録の関係ではAになりすましていた事実を否定することはできない。以上の事実関係を背景に，被告人は，原認定のとおり，再入国の許可を取得しようとして，本件再入国許可申請書をA名義で作成，行使したというのであるが，前述した再入国許可申請書の性質にも照らすと，本件文書に表示されたAの氏名から認識される人格は，適法に本邦に在留することを許されているAであつて，密入国をし，なんらの在留資格をも有しない被告人とは別の人格であることが明らかであるから，そこに本件文書の名義人と作成者との人格の同一性に齟齬を生じているというべきである。したがつて，被告人は，本件再入国許可申請書の作成名義を偽り，他人の名義でこれを作成，行使したものであり，その所為は私文書偽造，同行使罪にあたると解するのが相当である。

　五　しかるに，原判決は，これと異なる見解に立つて，公訴事実第三の被告人の所為は，私文書偽造，同行使罪にあたらないとしたものであるから，刑法一五九条一項，一六一条一項の解釈適用を誤つた違法があり，論旨は理由がある。そして，公訴事実第三は，原判決が有罪とした公訴事実第一及び第二と併合罪の関係があるとして起訴されたものであるから，右の違法は，原判決の全部に影響を及ぼすものであり，原判決を破棄しなければ著しく正義に反するものと認める。」

解 説

1　本件は，被告人が，「被告人を指称するものであることは，外国人登録証明書の呈示を要するような公的生活ないしは行政機関に接触するような場面ではもちろん，一般社会生活においても定着した」Ａという名義で再入国許可申請書を作成し，入国管理事務所において入国審査官に提出したという事案である。原判決は，「名義人と作成者である被告人との間に客観的に人格の同一性が認められ，不真正文書でないことが明白」だとして私文書偽造罪（159条1項）・同行使罪（161条1項）の成立を否定していた。

2　本判決は，原判決同様，私文書偽造の意義について，「その作成名義を偽ること，すなわち私文書の名義人でない者が権限がないのに，名義人の氏名を冒用して文書を作成することをいうのであつて，その本質は，文書の名義人と作成者との間の人格の同一性を偽る点にある」とした上で，原判決とは異なり，私文書偽造罪・同行使罪の成立を肯定した。その理由は次のとおりである。すなわち，「再入国許可申請書の性質にも照らすと，本件文書に表示されたＡの氏名から認識される人格は，適法に本邦に在留することを許されているＡであつて，密入国をし，なんらの在留資格をも有しない被告人とは別の人格であることが明らかであるから，そこに本件文書の名義人と作成者との人格の同一性に齟齬を生じているというべきである」というのである。

確かに一般の私文書であれば，通称名が文書作成に用いられても，それが完全に定着したものであれば，「文書の名義人と作成者との人格の同一性に齟齬」が生じず，したがって，私文書偽造とはいえないことになろう。しかし，本判決が判示するように，再入国許可申請書の場合，入国管理・外国人登録の観点から，在留資格の有無が決定的に重要であり，再入国許可申請書に記載され，その作成名義人となっているＡは，適法に外国人登録されているＡであり，「適法に本邦に在留することを許されているＡ」である。したがって，在留資格のない被告人とは別人格のものであるといえよう。こうした意味から，本件では，私文書偽造罪・同行使罪が成立することになる。

3　このように文書によっては，文書作成に使用した通称が定着しているかどうかが無関係と解されるものがあることになる。かつて，判例は，罪を

犯して服役中逃走している者が，その事実が発覚することを恐れ，義兄と同一の氏名を使用して生活していたところ，道交法違反（無免許運転）の罪を犯して警察官の取調べを受けた際に，その氏名を名乗り，義兄の生年月日及び本籍を告げて，警察官が交通事件原票を作成するに当たり，その旨記載させ，供述書欄に同氏名を使用して署名したという事案について，「仮に右氏名がたまたまある限られた範囲において被告人を指称するものとして通用していたとしても，被告人が右供述書の作成名義を偽り，他人の名義でこれを作成したことにかわりはなく，被告人の右所為について私文書偽造罪が成立する」としていた[11]。この場合，仮にこの通称が被告人を指称するものとして定着していたとすれば，私文書偽造罪の成立は否定されるのであろうか。この事案における交通事件原票・供述書は道交法違反の事件処理に用いられるものであり，道交法の違反記録という観点からは，運転免許の有無が決定的に重要であり，それを管理している本名で作成することが当然求められるものといえる。そうだとすれば，このような文書についても，通称の定着度は問題とならないのではないかと思われる。

10　最決平成5・10・5刑集47巻8号7頁

[事　案]

決定理由参照

[決定理由]

「所論にかんがみ，職権により判断する。

一　原判決及びその是認する第一審判決の認定するところによると，被告人は，弁護士資格を有しないのに，第二東京弁護士会に所属する弁護士Aが自己と同姓同名であることを利用して，同弁護士であるかのように装っていたものであるところ，(1) 被告人を弁護士と信じていた不動産業者Pから弁護士報酬を得ようとして，昭和六三年二月下旬ころ，1「第二東京弁護士会所属，弁護士A」と記載し，A弁護士の角印に似せて有り合わせの角印

---

[11] 最決昭和56・12・22刑集35巻9号953頁。

を押した，土地調査に関する鑑定料等として弁護士会報酬規定に基づき七万八〇〇〇円を請求する旨の「弁護士報酬金請求について」と題する書面，2「A法律事務所大阪出張所，第二東京弁護士会所属，弁護士A」と記載し，前記角印を押した，右金額をA名義の普通預金口座に振り込むよう依頼する旨の振込依頼書，3「A法律事務所（大阪事務所），弁護士A」と記載し，「辯護士A職印」と刻した丸印及び前記角印を押した，右金額を請求する旨の請求書各一通を作成し，Pに対し，右三通の文書を郵便により一括交付した，(2) さらに，同年三月一七日ころ，4「A法律税務事務所大阪出張所，辯護士A」と記載し，前記丸印及び角印を押した，土地の調査結果を報告する内容の「経過報告書」と題する書面，5「A法律事務所（大阪事務所），弁護士A」と記載し，前記丸印及び角印を押した，土地調査に関する鑑定料等として一〇万円を受領した旨の領収証各一通を作成し，Pの代理人に対し，右二通の文書を一括交付した，というのである。

　二　ところで，私文書偽造の本質は，文書の名義人と作成者との間の人格の同一性を偽る点にあると解されるところ（最高裁昭和五八年（あ）第二五七号同五九年二月一七日第二小法廷判決・刑集三八巻三号三三六頁参照），前示のとおり，被告人は，自己の氏名が第二東京弁護士会所属の弁護士Aと同姓同名であることを利用して，同弁護士になりすまし，「弁護士A」の名義で本件各文書を作成したものであって，たとえ名義人として表示された者の氏名が被告人の氏名と同一であったとしても，本件各文書が弁護士としての業務に関連して弁護士資格を有する者が作成した形式，内容のものである以上，本件各文書に表示された名義人は，第二東京弁護士会に所属する弁護士Aであって，弁護士資格を有しない被告人とは別人格の者であることが明らかであるから，本件各文書の名義人と作成者との人格の同一性にそごを生じさせたものというべきである。したがって，被告人は右の同一性を偽ったものであって，その各所為について私文書偽造罪，同行使罪が成立するとした原判断は，正当である。」

解　説

　1　本件は，弁護士でない被告人が同姓同名の弁護士Aが実在することを

利用して，同弁護士であるかのように装い，弁護士業務に関連した文書を作成したという事案である。本決定は，最判昭和59・2・17 (判例9)[12] を引用して，「私文書偽造の本質は，文書の名義人と作成者との間の人格の同一性を偽る点にある」とし，私文書偽造罪 (159条1項)・同行使罪 (161条1項) の成立を肯定した。

2 問題は，本件文書の作成名義人は誰かということである。それが被告人Aであり，弁護士という肩書を偽っただけである (肩書の冒用) と解されるなら，「文書の名義人と作成者との間の人格の同一性」は偽られておらず，私文書偽造は成立しないことになろう。本件で実際上重要な意義を有すると思われるのが，A弁護士が実在したということである。そのため，「弁護士A」という名義が，被告人を指称するものではなく，実在する弁護士Aを指称するものであるとの判断を容易にしているものと思われる。理屈の上では，A弁護士が実在するか否かは私文書偽造罪の成否に無関係のはずであるが，「弁護士A」という表示が誰を指すのかという事実判断においては，こうした事情が実際上重要な意義を有するもののように思われる。したがって，本決定は，肩書の冒用について私文書偽造罪の成立を認めたものとして，広く理解されるべきではなく，同姓同名の弁護士が実在することを利用し，しかも，「弁護士としての業務に関連して弁護士資格を有する者が作成した形式，内容」の文書を作成した事案として，狭く理解されるべきではないかと思われる。

---

[12] 最判昭和59・2・17刑集38巻3号336頁 (判例9)。

第9章　国家作用に対する罪

[公務執行妨害罪]
- **1** 最決昭和 59・5・8 刑集 38 巻 7 号 2621 頁
- **2** 最判昭和 53・6・29 刑集 32 巻 4 号 816 頁
- **3** 最決昭和 34・8・27 刑集 13 巻 10 号 2769 頁

[公務員職権濫用罪]
- **4** 最決昭和 57・1・28 刑集 36 巻 1 号 1 頁
- **5** 最決昭和 60・7・16 刑集 39 巻 5 号 245 頁
- **6** 最決平成元・3・14 刑集 43 巻 3 号 283 頁

[賄賂罪]
- **7** 最大判平成 7・2・22 刑集 49 巻刑集 49 巻 2 号 1 頁
- **8** 最決平成 17・3・11 刑集 59 巻 2 号 1 頁
- **9** 最決昭和 59・5・30 刑集 38 巻 7 号 2682 頁
- **10** 最決平成 18・1・23 刑集 60 巻 1 号 67 頁
- **11** 最決昭和 61・6・27 刑集 40 巻 4 号 369 頁
- **12** 最決昭和 58・3・25 刑集 37 巻 2 号 170 頁

I　はじめに

　本章では国家作用に対する罪について解説する。まず，公務執行妨害罪に関するいくつかの問題，すなわち，職務の意義，「職務を執行するに当たり」の意義，暴行の意義について取り扱う。次に，公務員職権濫用罪について検討する。そこでは，職権の意義，濫用の意義が中心的な問題である。最後に，賄賂罪の諸問題を取り扱う。そこでは，賄賂罪の基本的な成立要件である，賄賂と対価関係に立つ職務行為の意義が重要な検討課題である。

II　公務執行妨害罪

1　最決昭和59・5・8刑集38巻7号2621頁

［事　案］

　被告人Xは，昭和47年4月12日午前5時20分ころ，大宮機関区構内機待4番線の指導員詰所東側に留置中の下り高崎行電気機関車の出区点検の職務に従事していた電気機関士Aを認めるや，同所に赴き，右電気機関車のデッキ付近で，運転室から出て来た同人に対して，「……」と申し向けたが，同人が返答しなかったところ，同人の頬付近を手拳で3回位殴打し，同所に来合わせた被告人Yと意思相通じ，共謀の上，被告人両名は，Aが上記電気機関車の下回り点検（出区点検のうち車輪，連結器等外回りの点検のこと）をするに際し，その後を追随し，同人の点検方法を非難するとともに，前後自動連結器及び左右元溜付近において，同人の頬及び胸部付近を殴打し，肩付近を突き飛ばし，首筋を手で押えつけるなどの暴行を加え，もつて，同人の出区点検を妨害した。

［決定理由］

　「なお，国鉄の電気機関士Aがした本件電気機関車出区点検の行為が刑法九五条一項にいう公務員の職務にあたるとして公務執行妨害罪の成立を認めた原判決の判断は，正当である。」

　裁判官谷口正孝の意見　「一　私は，国または公共団体が公務員（法令により公務に従事する者とみなされる公法人の職員を含む。以下，公務員という場合はこの意味で使う。）を通じて行う活動のうち非権力的関係を内容とするもの，特に私企業的性格を有するもの（現業業務といってもよい。）については，国または公共団体もまたその権力性を捨象した関係において私人と同様の経済活動の主体として機能しているのであつて，専らこの関係において公務員を攻撃の客体としてその者の行う活動を妨害した場合には，私人の営業する業務に対する妨害と区別して考える必要はなく，個人的法益に対する罪として観念す

べきものと考えている。このことは、刑法九五条に規定する公務執行妨害罪が荷っている同罪の性格、すなわち、同罪が公権力の執行に対する抵抗を規制するものであることからも導かれる推論であると思う。従って、同条にいう公務の概念には自ら限定があり、右の非権力的関係を内容とする現業業務の如きものは、同条の公務から除かれるものと考える（最高裁昭和五五年（あ）第四一七号同年一〇月二七日第一小法廷決定・刑集三四巻五号三二二頁における私の補足意見参照）。

　二　ところで、公務をこのように二分して、権力的関係を内容とするものと、非権力的関係を内容とするもの、特に私企業的性格を有するものとに類別し、公務員が前者の公務を執行するに際し暴行・脅迫を用いてその職務の執行を妨害した場合にのみ公務執行妨害罪の成立を認めるということになれば、後者の公務に対する妨害行為の処罰の可否が当然に問題となる。私は、その場合威力等を用いることにより刑法二三四条・二三三条の構成要件を充足する限り同条の業務妨害罪の成立を認めて然るべきものと考える。なるほど同条の業務妨害罪は人の経済生活の自由を保護法益とするもので、個人的法益に対する罪と観念されているのであるが、右後者の公務については、国または公共団体も私人と同様の経済活動の主体として機能しているわけであるから、その作用の面に着目する限りよしそれが公務員を通じてなされるものであるにせよ、業務妨害罪の保護の対象とすることに毫も支障はない。従つて、本件で問題となつている国鉄職員の行う非権力的業務の執行を威力を用いて妨害した場合は威力業務妨害罪が成立するということになる。

　そして、この結論は最高裁判所判例の採用するところである。例えば、昭和三五年一一月一八日第二小法廷判決・刑集一四巻一三号一七一三頁、同四一年一一月三〇日大法廷判決・刑集二〇巻九号一〇七六頁がそれである。もつとも、これらの判例は、「国鉄職員の非権力的現業業務の執行に対する妨害は、その妨害の手段方法の如何によつては、刑法二三三条または二三四条の罪のほか同法九五条の罪の成立することもあると解するのが相当である。」とするものであつて、国鉄職員の非権力的現業業務の執行を暴行・脅迫の手段により妨害した場合には公務執行妨害罪が、威力を用いて妨害した場合は威力業務妨害罪が成立するというものと理解される。

然し，私は，非権力的現業業務の執行に対する妨害が，すなわち，同一保護法益に対する侵害が，暴行・脅迫によつて行われるか，威力によつて行われるかというその妨害の手段方法の如何により，罪質を異にする公務執行妨害罪と威力業務妨害罪の異別の犯罪となるとすることについては，とうてい理解の届かないところである。けだし，暴行・脅迫と威力との違いは，相手方に及ぼす力の程度の差にすぎないのであつて，罪質に差異をもたらすほどの質的な差異では，決してないからである。また，暴行の中には当然威力が含まれていることを考えれば，右の場合において，暴行を手段とする場合には常に両罪の成立が肯定されるものとしなければなるまい。果して然らば，その場合両罪の関係はどのように処理されるものと考えればよいのか。
　私は，公務を権力的関係を内容とするものと非権力的関係を内容とする現業業務とに二分して考えることには賛成であるが，後者について，さらにその妨害の手段方法の如何によつて，場合により公務執行妨害罪が成立し，あるいは威力業務妨害罪が成立するという右判例の見解には賛成しかねる。公務員の職務に対する妨害を公務執行妨害罪によつて律するものとする限り，その妨害行為が威力，すなわち，暴行・脅迫にいたらない手段方法による場合には処罰規定を欠くことになることに対する考慮から，右のような判例の解釈態度が導かれたものと推測されるのであるが，刑法が公務執行妨害罪の手段を暴行・脅迫に限定したことにはそれなりの理由があるのであつて，一方において公務員が行う現業業務も公務執行妨害罪の対象となる公務に含まれるとしつつ，これに対する威力による妨害を不処罰とすることは私人の行う業務の保護に比べて権衡を失するとの見地から公務員の行う現業業務について威力業務妨害罪の成立を肯定しようとする右判例の態度には，私としては，左袒し難いものがある。
　公務員の行う職務をその内容によつて前記の如く二つのものに性格づけして分類した以上，その妨害に用いられた手段方法の如何を問わず，公務執行妨害罪と威力業務妨害罪とは，それぞれの成立領域を異にするという結論になる。
　三　以上述べてきた私の見解によれば，所論が問題にするところの第一審判決判示第四の国鉄の電気機関士Ａがした電気機関車出区点検行為は，非

権力的な現業業務であつて刑法九五条の公務にあたらないことになり，これに対する被告人Ｘ，同Ｙの本件妨害行為は，威力業務妨害罪をもつて処断すべきことになる。従つて，これを公務執行妨害罪に問擬したことには，法令の解釈適用を誤つた違法があるというべきである。然し，被告人Ｘについては，右の罪と併合罪の関係にある第一審判決判示第一の傷害の罪所定の懲役刑に法定の加重をして処断すべき場合であるから，右の違法は判決に影響を及ぼさない。被告人Ｙについては，右第四の公務執行妨害罪だけで処断されているのであるが，その宣告刑は威力業務妨害罪による処断刑の範囲内であり，しかも具体的量刑としても是認できるものであるから，未だ刑訴法四一一条一号を適用すべき場合にあたらない。」

解　説

1　本件では，「国鉄の電気機関士Ａがした本件電気機関車出区点検の行為」が公務執行妨害罪（95条1項）にいう「職務」に当たるかが問題となっている。本決定はそれを肯定した。すなわち，本決定は，谷口裁判官の意見とは異なり，公務員がなす職務であれば，それが「非権力的な現業業務」であっても，広く公務執行妨害罪にいう「職務」に当たると解しているのである。したがって，判例によれば，「非権力的な現業業務」は，「強制力を行使する権力的公務[1]」とは異なり，業務妨害罪の規定によって保護されるばかりではなく，公務執行妨害罪の規定によっても保護されることになる。その結果として，谷口裁判官の意見でも指摘されているが，暴行は威力ともいいうるから，暴行を用いて「非権力的な現業業務」を妨害した場合には，業務妨害罪のみならず，公務執行妨害罪の成立も可能となり，両罪の罪数関係が問題となるといえよう。かつては，公務執行妨害罪の法定刑は業務妨害罪の法定刑と比べて，上限は同じだが（罰金刑が規定されていなかったことから）下限が重かったため，より重い公務執行妨害罪が法条競合として成立すると解することが可能であった。これに対し，現行法では，両罪の法定刑の上限と下限は同一（ただし，公務執行妨害罪には禁錮刑が規定されている）であるため，その

---

[1] 最決昭和62・3・12刑集41巻2号140頁（第2章判例5）参照。

解決は一義的に決まらないのではないかという問題がある。しかし，公務は業務の特別類型であるといえ，また，両罪の関係について法改正前と異なって解する理由はとくにないと思われるから，法改正前と同様に解する（法条競合として公務執行妨害罪が成立する）ことが可能ではないかと思われる。

2　本決定の法廷意見とは異なり，谷口裁判官の意見は，「非権力的な現業業務」については，業務妨害罪の対象となるものの，公務執行妨害罪の対象とはならないと解している。すなわち，公務の性質により，業務妨害罪が成立するものと公務執行妨害罪が成立するものとを区分して理解しているのである。こうした見解によれば，権力的業務であれば，業務妨害罪の対象とはならないから，したがって，権力的業務を行う公務員に対して暴行・脅迫が行われない限り，犯罪として処罰しえないこととなる。たとえば，議会の議事を偽計・威力で妨害しても，処罰することはできないということになる。このように，無視しえない処罰の間隙が生じるところから，谷口裁判官の指摘にもかかわらず，この見解は判例の採るところではなく，また多数の学説の支持するところともなっていないのである。

2　最判昭和53・6・29刑集32巻4号816頁

[事　案]

判決理由参照

[判決理由]

「所論にかんがみ職権をもつて調査すると，原判決及び第一審判決は，以下に述べる理由により，結局，破棄を免れない。

一　本件公訴事実の要旨は，

被告人は，全国電気通信労働組合近畿地方本部兵庫県支部の執行委員であるが，かねて同組合所属組合員の行つた違法争議行為に対し，日本電信電話公社の行つた同組合員に対する行政処分を不当とし，

第一　昭和四〇年七月二日午前一〇時頃，神戸市長田区細田町七丁目三番地所在の長田電報局局長室において，電報料金の収納等に関する会計書類の点検，決裁の職務に行つていた同電報局長Aに対し，「お前の体の中に狐が

ついておるから叩き出してやる」「不当処分撤回」と怒号し，矢庭に同局長の耳もとで，四リットル入りのガソリンの空罐を四，五回激しく連打して暴行を加え，もつて公務員である同局長の右職務の執行を妨害し，

　第二　同日午前一一時頃，同電報局内の窓口事務，通信室において，電報配達業務等に関する上部機関への報告文書作成の職務を行つていた同電報局次長Bに対し，前同様のことを怒号し，同次長の顔面直前で一八リットル入りの石油の空罐を四，五回激しく連打し，その際，前記A局長から職場秩序の維持のため右行為を制止されるや，約三〇分にわたり，同局長及び同次長に対し「この汚ない手で処分したのか」「警察を呼ぶなら呼んでみろ，警官位来たらぶん殴つてやる」等と怒号して，同人らの耳もとで前記空罐を十数回激しく連打し，さらに同局長の両肩を両手で突き飛ばし，左手甲を一〇回位，手刀で殴りつけ，鉄製の書類箱に同人を押しつけて前後にゆさぶる等の暴行を加え，前記次長に対しては，いわゆる「しつぺ」で同人の左手甲を四，五回強く殴りつけて暴行を加え，もつて公務員である右両名の前記職務の執行を妨害したものである，

　というものであつて，第一，第二の各事実はいずれも公務執行妨害罪に該当するとして，起訴されたものである。

　二　第一審判決は，公訴事実第一記載の電報局長の職務行為及び同第二記載の電報局次長の職務行為はいずれも被告人に応対するため任意に中断されており，また，同第二記載の電報局長の職務行為（制止行為）は行われていなかつたと認められるばかりではなく，被告人には，いずれもその応対行為を妨害する犯意がなかつたとして，公務執行妨害罪は成立しないと判示し，さらに，暴行罪の成否については，被告人の行為は，暴行罪の構成要件に該当するが，その法益侵害の程度も極めて軽微であり，本件発生に至る経過，とくに原因，動機，目的，手段，方法，程度，法益の権衡等諸般の事情を考慮すれば，被告人の行為は，いまだ暴行罪の構成要件の予定する程度の違法性に達しないから，結局犯罪を構成しないとして，被告人に無罪の判決を言い渡した。

　三　これに対し，検察官から控訴の申立があり，原判決は，電報局長及び電報局次長に対する被告人の暴行の点については，前記公訴事実第一及び第

二記載の事実とほぼ同様の事実を認め，右暴行には可罰的違法性が認められるから，一審判決には事実の誤認及び法令の解釈適用の誤りがあるとして第一審判決を破棄したうえ，被告人を罰金二万円に処したが，その理由中において，次のとおり説示し，公務執行妨害罪の成立を否定した。

すなわち，原判決は，刑法九五条一項の公務執行妨害罪の保護の対象となる職務の執行は，具体的・個別的に特定された職務の執行を開始してから，これを終了するまでの時間的範囲及びまさに当該職務の執行を開始しようとしている場合のように当該職務の執行と時間的に接着し，これと切り離しえない一体的関係にあるとみることができる範囲内の職務行為に限定されるものと解すべきである，と判示したうえ，公訴事実第一の電報局長の職務行為については，同局長はその職務を中断して被告人に応対すべく立ち上りかけた際，すなわち，職務の執行終了直後に被告人から暴行を加えられたのであるから，被告人の暴行は同人が「職務ヲ執行スルニ当リ」加えられたものということはできない，と判示した。

また，公訴事実第二の電報局次長の職務行為についても，原判決は，同次長は，午前一一時ころ通信室の自己の机に向つてその職務を執行していたが，被告人らの石油空罐を叩く音や話し声が聞えたので，職務の執行を続けることを断念し右資料を机の引き出しに入れて立ち上つたところ，それと同時位に入つて来た被告人に「しつぺ」をはじめとする暴行を加えられたもので，同次長が被告人から暴行を受けた際には，既に職務の執行は中断されていたことが明らかであり，それも同次長において不本意ながら同人の判断に基づき自発的に中断したものと認められるから，同次長は「職務ヲ執行スルニ当リ」暴行を加えられたものではないと解するのが相当である，とし，さらに，被告人は次長が立ち上つたころ，通信室に入つたのであつて，次長がその職務を執行中これを中断して立ち上つた事実を被告人が認識していたことを確認しうる証拠はないから，被告人に次長に対する公務執行妨害罪の故意が存したかどうか疑わしい，として，犯意の点からも公務執行妨害罪の成立を否定した。

次いで，公訴事実第二の電報局長の職務行為について，原判決は，同局長の行為は明白な制止とはいえないまでもそれ自体局所内の秩序維持のための

制止行為である，としながら，それは婉曲な言葉を用いてなされた一回限りの制止行為であつて，単に場所を移転して応接したい旨の誘引的申入れと受けとられる可能性があり，結局，被告人が局長の右制止行為を秩序維持のための制止行為と受けとつたうえ，暴行に及んだものと断定するにはちゆうちよの余地があり，本件公訴事実第二記載の局長に対する公務執行妨害罪につき被告人に故意があつた事実を認め難い，として，犯意の点で同罪の成立を否定した。

四 そこで，原判決の法令の解釈・適用の当否につき検討する。

1 刑法九五条一項にいう「職務ヲ執行スルニ当リ」とは，具体的・個別的に特定された職務の執行を開始してからこれを終了するまでの時間的範囲及びまさに当該職務の執行を開始しようとしている場合のように当該職務の執行と時間的に接着しこれと切り離しえない一体的関係にあるとみることができる範囲内の職務行為をいうものと解すべきである（最高裁昭和四二年（あ）第二三〇七号同四五年一二月二二日第三小法廷判決・刑集二四巻一三号一八一二頁）が，同項にいう職務には，ひろく公務員が取り扱う各種各様の事務のすべてが含まれるものである（大審院明治四二年（れ）第一四九五号同年一一月一九日判決・刑録一五輯二六巻一六四一頁，同四四年（れ）第五二七号同年四月一七日判決・刑録一七輯九巻六〇一頁参照）から，職務の性質によつては，その内容，職務執行の過程を個別的に分断して部分的にそれぞれの開始，終了を論ずることが不自然かつ不可能であつて，ある程度継続した一連の職務として把握することが相当と考えられるものがあり，そのように解しても当該職務行為の具体性・個別性を失うものではないのである。

2 これを本件についてみるに，日本電信電話公社職制六七条三項，五項によれば，電報局長は，上司又は当該機関を管理する機関の長の命を受け，所属の職員等を指揮監督してその局の事務を執行する職責を有するものとされており，本件電報局長は，その局の事務全般を掌理し，部下職員を指揮監督する職務権限を有するものであり，また，日本電信電話公社の電話局，電報局等分課規程二三一条によれば，電報局次長は，局長を助け，局務を整理するものとされており，本件電報局次長は，局長を補佐して局務全般を整理し，局長の命を受けて部下職員を指揮監督する職務権限を有するものであつ

て，本件局長及び次長の職務は，局務全般にわたる統轄的なもので，その性質上一体性ないし継続性を有するものと認められ，本件公訴事実記載の局長及び次長の職務も右の統轄的な職務の一部にすぎないものというべきである。したがつて，このような局長及び次長の職務の性質からすれば，局長及び次長が被告人から原判示暴行を受けた際，公訴事実記載の職務の執行が中断ないし停止されているかのような外観を呈していたとしても，局長及び次長は，なお一体性ないし継続性を有する前記の統轄的職務の執行中であつたとみるのが相当である。

　3　さらに，原判決が認定したところによると，被告人の本件暴行の所為は，いわゆる「パルチザン闘争」と称する職制に対するいやがらせを執拗に継続する「処分撤回闘争」の一環としてなされたものであり，そのため局長及び次長は，公訴事実記載の各職務の執行を事実上一時的に中断せざるをえなくなつたものであつて，局長及び次長がその職務の執行を自ら放棄し，又は自発的にその職務の執行から離脱したものでないことが明らかであり，したがつて，本件局長及び次長の右各職務の執行が一見中断ないし停止されているかのような外観を呈したとしても，その状態が被告人の不法な目的をもつた行動によつて作出されたものである以上，これをもつて局長及び次長が任意，自発的に当該職務の執行を中断し，その職務執行が終了したものと解するのは相当でないといわざるをえない。

　4　次に，原判決は，公訴事実第二記載の公務執行妨害の訴因につき，被告人に同罪の故意が認められないとし，その理由を前記のように判示している。すなわち，原判決は，公務執行妨害罪の主観的成立要件としての職務執行中であることの認識につき，当該公務員が具体的にいかなる職務を執行中であるかについての認識を必要とするとの見解に立つて被告人の本件行為を評価しているのである。しかしながら，公務執行妨害罪の故意が成立するためには，行為者において公務員が職務行為の執行に当つていることの認識があれば足り，具体的にいかなる内容の職務の執行中であるかまでを認識することを要しないものと解するのが相当であるところ，被告人は，あらかじめ面会を申入れることもなく，突如局長室及び通信室に闖入したものであつて，本件行為当時，局長及び次長が原判示長田電報局の事務全般を管理する

という職務を執行中であつたことの認識を有していたことは記録上明らかであるから，被告人につき公務執行妨害罪の故意の存在を肯定しうるものといわざるをえない。

　5　そうすると，被告人の本件行為は，公務執行妨害罪を構成するものというべきであるから，被告人に対し同罪の成立を否定した第一審判決及び原判決には法令の違反があり，これが判決に影響を及ぼし，原判決及び第一審判決を破棄しなければ著しく正義に反するものであることは明らかである。」

結　論

　1　公務執行妨害罪（95条1項）は，公務員が「職務を執行するに当たり」これに対して暴行・脅迫を加えることによって成立する。本件で問題となっているのは，公務員が暴行を受けたが，その暴行は「職務を執行するに当たり」加えられたといえるかということである。

　本件第1審判決は，電報局長A及び同局次長Bの職務行為は「被告人に応対するため任意に中断されて」いたなどの理由によって，「職務を執行するに当たり」とはいえないとして，公務執行妨害罪の成立を否定している。また，原判決は，「刑法九五条一項の公務執行妨害罪の保護の対象となる職務の執行は，具体的・個別的に特定された職務の執行を開始してから，これを終了するまでの時間的範囲及びまさに当該職務の執行を開始しようとしている場合のように当該職務の執行と時間的に接着し，これと切り離しえない一体的関係にあるとみることができる範囲内の職務行為に限定される」という限定的な理解を前提とした上で，公訴事実第1に関しては，電報局長Aは「その職務を中断して被告人に応対すべく立ち上りかけた際，すなわち，職務の執行終了直後に被告人から暴行を加えられた」から，「職務を執行するに当たり」暴行を加えられたといえないとし，また，公訴事実第2に関しては，局次長Bが「被告人から暴行を受けた際には，既に職務の執行は中断されていたことが明らかであり，それも同次長において不本意ながら同人の判断に基づき自発的に中断したものと認められるから，同次長は「職務ヲ執行スルニ当リ」暴行を加えられたものではないと解するのが相当である」と解しているのである。

2　本判決は，最判昭和45・12・22[2]を引用して，「刑法九五条一項にいう「職務ヲ執行スルニ当リ」」とは，具体的・個別的に特定された職務の執行を開始してからこれを終了するまでの時間的範囲及びまさに当該職務の執行を開始しようとしている場合のように当該職務の執行と時間的に接着しこれと切り離しえない一体的関係にあるとみることができる範囲内の職務行為をいうものと解すべきである」という限定的な理解を示しながら，「職務の性質によつては，その内容，職務執行の過程を個別的に分断して部分的にそれぞれの開始，終了を論ずることが不自然かつ不可能であつて，ある程度継続した一連の職務として把握することが相当と考えられるものがあり，そのように解しても当該職務行為の具体性・個別性を失うものではない」とする。そして，「本件局長及び次長の職務は，局務全般にわたる統轄的なもので，その性質上一体性ないし継続性を有するものと認められ，本件公訴事実記載の局長及び次長の職務も右の統轄的な職務の一部にすぎないものというべきである。したがつて，このような局長及び次長の職務の性質からすれば，局長及び次長が被告人から原判示暴行を受けた際，公訴事実記載の職務の執行が中断ないし停止されているかのような外観を呈していたとしても，局長及び次長は，なお一体性ないし継続性を有する前記の統轄的職務の執行中であつたとみるのが相当である」として，「職務を執行するに当たり」といえるとしているのである。このように，局長や次長が担当するような「統括的な職務」については，その性質上一体性・継続性を認めることができるから，一時的に中断・停止されているかのような外観を呈していたとしても，なお職務執行中ということが可能であるといえよう[3]。まして，「局長及び次長がその職務の執行を自ら放棄し，又は自発的にその職務の執行から離脱したものでな」く，職務執行が一見中断・停止しているような外観があっても，それが被告人の不法な目的をもった行動で作出されたときには，「局長及び次長が任意，自発的に当該職務の執行を中断し，その職務執行が終了したもの

---

[2] 最判昭和45・12・22刑集24巻13号1812頁（東灘駅事件）。
[3] 前出注（2）最判昭和45・12・22に付された松本正雄裁判官の反対意見は，公務執行妨害罪の成立を否定した多数意見に対し，「当直助役として点検ならびに事務引継という一連の職務を執行中であった」としていた。

と解するのは相当でない」のである。

3 なお，本判決後，最決平成元・3・10[4]は，県議会委員会委員長が，委員会の休憩を宣言して席を離れ出入り口に向かおうとしたとき，同委員長に対して暴行が加えられたという事案について，「委員長は，休憩宣言により職務の執行を終えたものではなく，休憩宣言後も，前記職責に基づき，委員会の秩序を保持し，右紛議に対処するための職務を現に執行していた」として，公務執行妨害罪の成立を認めていることが注目される。

3 最決昭和34・8・27刑集13巻10号2769頁

[事　案]
決定理由参照

[決定理由]
「刑法九五条一項の公務執行妨害罪が成立するには，いやしくも公務員の職務の執行に当りその執行を妨害するに足る暴行を加えるものである以上，それが直接公務員の身体に対するものであると否とは問うところでないことは当裁判所判例とするところである（昭和二五年（れ）一七一八号，同二六年三月二〇日第三小法廷判決，刑集五巻五号七九四頁参照）。原審の確定した事実によれば，被告人は，司法巡査が覚せい剤取締法違反の現行犯人を逮捕する場合，逮捕の現場で証拠物として適法に差押えたうえ，整理のため同所に置いた覚せい剤注射液入りアンプル三〇本を足で踏付け内二一本を損壊してその公務の執行を妨害したというのであるから，右被告人の所為は右司法巡査の職務の執行中その執行を妨害するに足る暴行を加えたものであり，そしてその暴行は間接に同司法巡査に対するものというべきである。さればかかる被告人の暴行を刑法九五条一項の公務執行妨害罪に問擬した原判決は正当でありこれを攻撃する論旨は理由がない。」

---

[4] 最決平成元・3・10刑集43巻3号188頁（熊本県議会事件）。

解 説

1 本件では、公務執行妨害罪における暴行の意義、とくに、公務員「に対して」暴行を加えたといいうるのはどのような場合かが問題となっている。なぜなら、本件で被告人が行ったのは、「司法巡査が覚せい剤取締法違反の現行犯人を逮捕する場合、逮捕の現場で証拠物として適法に差押えたうえ、整理のため同所に置いた覚せい剤注射液入りアンプル三〇本を足で踏付け内二一本を損壊し」たということであり、物の損壊行為にすぎないからである。

2 本決定は、上記の物の損壊行為であっても、「司法巡査の職務の執行中その執行を妨害するに足る」ものであり、「間接に同司法巡査に対するもの」といえるという理由で公務執行妨害罪の成立を肯定している。刑法208条にいう暴行は、「人の身体に対する不法なる一切の攻撃方法」をいうが[5]、公務執行妨害罪にいう暴行はそれよりも広く、職務執行中の公務員に対して「間接に」向けられたもの（これを、間接暴行という）も含むと解されているのである。すなわち、本件の暴行は公務員に向けられていたが、それが警察官ではなく物に当たったというのではなく、そもそも物に向けられていたのであり、それでもよいとされているのである。要するに、実際には、物理力の行使があり、それによって公務員の職務が妨害されることでよいとされることと近くなっているといえよう。

さらに、最判昭和41・3・24[6]は、「暴行脅迫は、必ずしも直接に当該公務員の身体に対して加えられる場合に限らず、当該公務員の指揮に従いその手足となりその職務の執行に密接不可分の関係において関与する補助者に対してなされた場合もこれに該当すると解するを相当とする」としている。公務を妨害しうる物理力の行使を含めるという観点から、暴行の意義はこうして拡張されているのである。

---

[5] 大判昭和8・4・15刑集12巻427頁
[6] 最判昭和41・3・24刑集20巻3号129頁。

III 公務員職権濫用罪

4 最決昭和 57・1・28 刑集 36 巻 1 号 1 頁

[事　案]
決定理由参照

[決定理由]
「刑法一九三条にいう「職権の濫用」とは、公務員が、その一般的職務権限に属する事項につき、職権の行使に仮託して実質的、具体的に違法、不当な行為をすることを指称するが、右一般的職務権限は、必ずしも法律上の強制力を伴うものであることを要せず、それが濫用された場合、職権行使の相手方をして事実上義務なきことを行わせ又は行うべき権利を妨害するに足りる権限であれば、これに含まれるものと解すべきである。

ところで、刑務所における行刑は、受刑者の名誉を保護する等の見地から、原則として密行すべきものとされているのであるが、裁判官については、一般の部外者について刑務所長の裁量により参観が許されることがある（監獄法五条）にとどまるのと異なり、刑務所の巡視権が与えられている（同法四条二項）。また、刑務所長が保管責任を負う身分帳簿は、行刑密行の一環として秘密性を有し、部外に対する提出やその内容の回答については厳格な規制がなされているのであるが、司法研究の委嘱を受けた裁判官は、研究題目等によつては身分帳簿の内容を了知することが許される場合があるとされている。このように、裁判官に巡視権が与えられ、かつ、現に担当している具体的事件についての証拠調等でない場合にも、身分帳簿の内容の了知が許されることがあるとされているゆえんは、刑務所は裁判所が言い渡した刑を執行する施設であり、裁判官は、適正妥当な刑事裁判の実現というその職責の遂行上、行刑の実情について十分な理解をもつことがとくに要請されるからにほかならない。

右の点にかんがみると、裁判官が刑務所長らに対し資料の閲覧、提供等を

求めることは，司法研究ないしはその準備としてする場合を含め，量刑その他執務上の一般的参考に資するためのものである以上，裁判官に特有の職責に由来し監獄法上の巡視権に連なる正当な理由に基づく要求というべきであつて，法律上の強制力を伴つてはいないにしても，刑務所長らに対し行刑上特段の支障がない限りこれに応ずべき事実上の負担を生ぜしめる効果を有するものであるから，それが濫用された場合相手方をして義務なきことを行わせるに足りるものとして，職権濫用罪における裁判官の一般的職務権限に属すると認めるのが相当である。

したがつて，裁判官が，司法研究その他職務上の参考に資するための調査・研究という正当な目的ではなく，これとかかわりのない目的であるのに，正当な目的による調査行為であるかのように仮装して身分帳簿の閲覧，その写しの交付等を求め，刑務所長らをしてこれに応じさせた場合は，職権を濫用して義務なきことを行わせたことになるといわなければならない。

職権濫用罪における裁判官の職権の範囲・内容に関する原判示は，広きに失する点もあるが，本件に適用する限り，結局右と同趣旨に帰着するものと解されるから，結論において相当である。」

裁判官栗本一夫の補足意見　「一　公務員職権濫用罪の設けられた趣旨は，国権の作用の適正あるいはその威信を保持するとともに，公務員の職権濫用行為によつてその相手方たる個人が不当に行動の自由を奪われることのないよう，これを保護しようとする点にあるものと解される。したがつて，同罪の成立要件である一般的職務権限についても，明文の根拠規定が存する場合に限る等，徒らに形式的な解釈に陥ることなく，より実質的な観点から考える必要がある。ここでは，公務員の国民に対する権力発動の根拠の有無が問題となつているのではなく，逆に，公務員の不当な行動を抑圧するための要件をいかに解するかということが問題なのであるから，一般的職務権限について厳格な解釈をしなければ法治主義に反することになるわけのものではない。明文がない場合であつても，法制度を総合的，実質的に観察して，当該公務員が他の者に対し公務員としての立場で働きかける権能を有し，これが濫用された場合，相手方をして事実上義務なきことを行わせ又は行うべき権利を妨害するに足りるものと認められる場合には，職権濫用罪における

一般的職務権限に含まれると解することは，前述のような同罪の立法趣旨にも合致するものといえよう。

　例えば，いわゆる行政指導は，具体的，個別的な明文上の根拠なしで行われ，国民の権利を制限したり，国民に対して義務を課したりするような法律上の強制力を有するものでないとしても，現実には事実上服従を拒むことが困難な実態があるといわれている点に着目すると，公務員が行政指導を濫用して国民に義務なきことを行わせたり，権利の行使を妨害したりした場合には，そこに一般的職務権限の存在を認め，職権濫用罪の成立することがありうると解釈しなければ，国民の保護に欠けることになるのではないかと思われる。

　二　裁判官が将来担当することあるべき事件一般の研究・参考とするために行う調査活動を，裁判官の職務権限と認めた一般的，包括的な法令上の根拠は存せず，裁判官の地位・身分に基づいてこのような権限が当然に生ずると解すべき理由もないこと，また，裁判官が公的立場で行う調査活動であるとの外形を有するが故にその調査活動が職務権限に基づくものとなるものではないこと，さらに，司法研究の委嘱を受けた裁判官は，その調査研究を遂行するに際して資料の収集等につき特別の権限を与えられるものとはいえないことは，反対意見の指摘するとおりであり，多数意見も，調査活動の外形や司法研究をもって，本件につき一般的職務権限を認める根拠としているものでないことは明らかである。しかし，裁判官が刑務所長らに対し，量刑その他執務上の一般的参考に資する目的で資料の閲覧，提供等を求めることは，巡視権の存在に端的に表われているような裁判官と刑務所との特殊な関係に徴すると，法令上明文の規定がないとしても，裁判官が刑務所に対し裁判官の立場で働きかける権能として，法制度上，十分な実質的裏付けを有するものというべく，かつ，刑務所長らに対し行刑上特段の支障がない限りこれに応ずべき事実上の負担を生ぜしめる効果を有し，それが濫用された場合義務なきことを行わせるに足りるものであるから，職権濫用罪における一般的職務権限と認めるに欠けるところはないというべきである。

　そして，本件について一般的職務権限の存在を肯定し，職権濫用罪が成立しうることを認めたとしても，裁判官が不当な目的で右権限を利用すること

を抑制しようとするものであること，裁判官と刑務所という特殊な関係においてこれを認めるにすぎないことを考えれば，裁判官を不当に特権視するものであるとか，裁判官の地位の独立性を危くするものであるなどという非難は，全くあたらない。

　三　原判決の認定する本件の核心的事実は，被告人に職務上の調査であることを窺わせるに足りる言動があり，刑務所長も裁判官の職務上の調査であると認識したからこそ，一般には秘密とされる身分帳簿の閲覧・撮影を許可したという点にあると解されるところ，多数意見は，この事実を直視して法的構成を行つたものとして，十分に支持しうるものと考える。」

　裁判官宮崎梧一の反対意見　「一　刑法一九三条の職権濫用罪は，公務員がその一般的権限に属する事項につき職権の行使に仮託して実質的，具体的に正当権限外の行為をする場合に成立する犯罪であるから，単に公務員としての地位・身分を濫用したにすぎない場合は，同罪を構成しないことはいうまでもない。また，右一般的権限は，必ずしも法律上の強制力を伴うものであることまでは要しないけれども，少なくとも法令上の根拠を有するものでなければならず，単に相手方が，公務員の行動の外形から権限の存在を誤信するおそれがあるというだけでは足りないと解すべきである。国家，地方公共団体等の権力を行使する公務員は，すべて逐一の具体的事項について国民の意思決定の発現たる法令に基づく授権があつてのみ，その権力すなわち権限を行使しうるとなすべきことは，民主主義的法治国家の原理の要請するところであるから，公務員の職権の範囲・内容は，法令によつてのみ定められると解すべきであつて，法令上の一般的権限の存しないところに職権濫用罪の成立を認めることは，その成立範囲をあいまいにし，処罰の範囲を不当に拡大するとのそしりを免れないのである。

　二　被告人が裁判官として，自己の担当する事件につき民訴法，刑訴法の規定に基づき刑務所長の保管する身分帳簿の提出，閲覧を求める抽象的権限を有していたと認めるべきことは，第一審判決のいうとおりであるが，同判決は，被告人が現に担当している事件の裁判に必要であるかのように仮装した事実については証明が十分でないとし，原判決も右の判断を支持している。

三　ところが，原判決は，職権濫用罪における裁判官の職権の範囲・内容には，裁判官が現に担当している特定の事件についてする証拠調等，固有の職務権限に基づく調査活動のほか，裁判官が将来担当することあるべき事件一般の研究・参考に資する目的で，裁判官としての地位・身分に基づいて行う調査や資料の収集行為であって，その方法・態様が調査目的や調査事項と相まって，裁判官が公的立場で行う調査活動であると外形上認められる場合も含まれるとしたうえ，裁判官の言動が司法研究ないしはその準備のために公務所などに対して調査をするものと一般に認められるような外形を伴っている場合や，裁判官が量刑その他執務上の一般的参考にするため刑務所等の関係外部機関に出向いて受刑者や刑余者らに関する資料の提供を求めたりする場合も，法律上の強制力を伴つてはいないにしても，相手方に一定の負担を負わせ，義務のないことを行わせる点では強制力を伴う職務行為との間に差異はないのであるから，これまた，裁判官の一般的職務権限に基づく行為として評価すべきである旨，判示している。

四　しかし，原判決の右判示はこれを是認することができない。

（イ）裁判官が将来担当することあるべき事件一般の研究・参考とするための調査活動とは，とりもなおさず，適正，公平な裁判をするために備える平素の強勉ないし研鑽にほかならない。裁判は，裁判官に特有の任務であり，この任務はまことに重大かつ困難である。それ故，裁判官にとって平素における不断の研鑽が肝要であることについては多言を要しない。しかし，平素の研鑽をもって裁判官の職務であるとすることのできないことは明らかである。まして，職権ないし権限とみるに至つては，論外というべきである。原判決は，かかる研鑽のための調査活動も場合により裁判官の一般的権限に含まれるとの見解をとるが，裁判官についてさような一般的，包括的権限を認めた法令上の根拠はどこにも存在しない。また，裁判官の地位・身分に基づいてこのような権限が当然に生ずると解すべき合理的理由もない。非裁判官たる公務員も，将来担当することあるべき事務一般の処理に備えて平素の研鑽を怠らないものと考えるが，かかる研鑽のための調査活動を非裁判官たる公務員の一般的権限の発動とみることができないのと，少しも変りはない。ひとり裁判官についてのみ，かかる権限を肯定すべきものとするなら

ば，それは，裁判官をいわれなく特権視するものであると同時に，裁判官について不当に職権濫用罪の成立範囲を拡大し，ひいては裁判官の地位の独立を危殆ならしめる弊は免れまい。

（ロ）次に，原判決は，裁判官が将来担当することあるべき事件一般の研究・参考のための調査活動も裁判官が公的立場で行う調査活動であると外形上認められる場合には，裁判官の一般的職務権限に基づく行為として評価できるとするが，既に説明したとおり，このような調査活動の権限は，そもそも存在しないのであるから，調査活動の外形の故に権限が生ずる道理のあろう筈はないのである。

なお，この点の原判示は，職権濫用罪の保護法益をもつて第一次的には国民個人の行動の自由にあるとなし，公務員の不法な言動が一般国民に職権の行使という外観を与えるような性質のものであるときは，相手方としてもこれに服従又は受忍することをやむなくされる可能性が大であるから，職権濫用の基礎となる公務員の権限は抽象的になるべく広く認めるのが望ましいとする一部の見解に傾斜した考え方に立脚するものと推測される。傾聴すべき一面のあることは確かであるが，濫用の外観を重視するの余り，基本となる一般的権限の範囲を不当に緩和ないし拡大することは，刑法一九三条の構成要件的定型を不明確ならしめるおそれがあるばかりでなく，単なる地位・身分の濫用による不法行為との区別をあいまい化する難点をも包蔵する考え方と評すべく，決して十全であるということはできない。

（ハ）さらに，原判決は，裁判官の言動が司法研究ないしはその準備のために本件で問題とする刑務所のほか，広く公務所などに対して調査をするものと一般に認められるような外形を伴つた場合も，裁判官の職務権限に基づく行為として評価できるとしている。

司法研究の委嘱を受けた裁判官は，その研究題目等によつては刑務所長の保管する身分帳簿の内容を了知することが許される場合があるとされているが，司法研修所長が司法研究を委嘱することができることを定めた司法研修所規程（昭和二二年最高裁規程第六号）六条一項は，司法研修所長の内部的な権限を定めたものにすぎず，右規定によつて，司法研究員がその調査研究を遂行するに際して，外部に対する資料の収集等につき特別の権限を与えられる

ものでないことは明らかであるのみならず，他にそのような権限を認めた法令上の根拠を発見することはできない。司法研究員が対刑務所の関係において前述のような便宜を与えられることがあるのは，司法研究員に調査権限を認めた結果によるものではなく，またもとより刑務所長らに身分帳簿の閲覧等を許可すべき法的な義務を負わせたものでもなく，司法研究の性格にかんがみ，身分帳簿の秘密性を解除する正当な理由のある一場合として，その閲覧等が許されることがあるにすぎないのである。原判示に従えば，司法研究員たる裁判官が広く他官庁や民間の各種団体，企業等に対してまで調査権限を有することになろうが，そうであるとすると，行きすぎもまた甚だしいと評しなければならない。

　なお，司法研究は，前述した裁判官の平素の研鑽の場合とは異なり，司法研究の委嘱を受けた裁判官にとつてはその職務に属すると解するのを正当としようが，職務の存するところ形影相伴うごとく必ず職権があるとしなければならないのではなく，却つて，職務であつても職権の伴わない例が必ずしも少なくないことは被告人所論のとおりであるから，司法研究に職務性を認めながら，同時に，司法研究ないしそのための調査活動に職権性を否定することに矛盾があるとすることはできない。付言するに，司法研究の委嘱を受ける前の段階においては，職務性すらこれを認める余地はありえないから，司法研究の準備のための調査活動について職権を肯認する原判示部分は，二重の誤りを犯したものとの非難に値する。

　かような次第であるから，裁判官の言動が司法研究ないしはその準備のための調査であるという外形を伴つている場合や，裁判官が量刑その他執務上の一般的参考にするため刑務所等に出向いて受刑者らに関する資料の提供を求めたりする場合であつても，これらの調査を裁判官の一般的権限の行使とみることはできないのであつて，これに反する原判示は，到底肯認できないといわなければならない。

　五　多数意見は，職権濫用罪における裁判官の職権の範囲・内容に関する原判示は広きに失するとして原判決を非難しながら，裁判所と刑務所との間に存する特別の関係よりして認められている裁判官の巡視権と司法研究の委嘱を受けた裁判官が身分帳簿等の内容を了知することが許される場合のある

ことを拠り所として，調査対象を刑務所に限定し，裁判官の司法研究ないしはその準備のための調査活動や平素の研鑽のための調査活動も，対刑務所に関する限り，裁判官の一般的権限に属すると認めるのが相当であるとして，結局において，原判決を維持するのである。

なるほど，刑務所の巡視権は，監獄法の規定によつて与えられた裁判官の権限である。しかし，原判決は，本件が巡視権の行使を仮装した事案であるとか，また相手方であるＡ所長が巡視であると認識したとか認定しているわけではないのであるから，本件について巡視権を云々して事を論ずるのは決して当をえたものということはできない。そして，司法研究が裁判官の一般的権限とは全く無縁のものであることは，既述のとおりである。

多数意見の最大の弱点は，上述したとおり，公務員の一般的権限は法令上の根拠なくしてはこれを認めることができないとすべきであるにかかわらず，本件につき，法令に代えるに刑務所と裁判所との間に存する特別の関係をもつてする点にある。刑務所対裁判所関係の特別性をいかに強調しようとも，その特別の関係が何故に法令に代替しうるのかの理由ないし根拠については，ついにこれを見出し難いといわなければならない。

多数意見は，裁判官が司法研究や平素の研鑽のために刑務所以外の官庁や民間の各種団体，企業等に対して資料等の提出を求めるような場合には当該裁判官の権限を認めない趣旨と解されるが，刑務所に対する場合のみは卒然としてこれを認めることができるとすることに対しては，奇異の念を禁じえないのである。

これを要するに，多数意見は，上述の権限を認めうる調査対象を刑務所に限定する点を除いては，実質において原判決の判示見解とその基調を同じくするものである。遺憾ながら，私の同調し難い所以である。

　六　以上のとおりであるから，本件については，原判決の認定するとおり，被告人が司法研究その他将来担当することあるべき事件一般の参考にするための調査活動であることを仮装したとしても，せいぜい裁判官の地位・身分の濫用があつたと認めうるにすぎず，刑法一九三条に該当する職権濫用の行為があつたとすることはできない。

　原判決には，判決に影響を及ぼすことの明らかな重大な法令解釈の誤りが

あり，刑訴法四一一条一号によりこれを破棄しなければ著しく正義に反すると思料する。」

解　説

1　本決定は，公務員職権濫用罪（193条）にいう「職権を濫用して」の意義について判示するものである。すなわち，本決定によれば，「刑法一九三条にいう「職権の濫用」とは，公務員が，その一般的職務権限に属する事項につき，職権の行使に仮託して実質的，具体的に違法，不当な行為をすることを指称するが，右一般的職務権限は，必ずしも法律上の強制力を伴うものであることを要せず，それが濫用された場合，職権行使の相手方をして事実上義務なきことを行わせ又は行うべき権利を妨害するに足りる権限であれば，これに含まれるものと解すべきである」とされる。

つまり，公務員職権濫用罪の成立を肯定するためには，一般的職務権限の存在が前提条件として必要であり，その「職権の行使に仮託して実質的，具体的に違法，不当な行為をすること」が必要であるが，ここにいう一般的職務権限は，「法律上の強制力」を伴うものである必要はないとされるものの，それが濫用された場合，「職権行使の相手方をして事実上義務なきことを行わせ又は行うべき権利を妨害するに足りる権限」であることは必要となると限定的に理解されている。すなわち，事実上の負担を負わせるに足りる権限であれば，公務員職権濫用罪の前提となる一般的職務権限といえるが，また，少なくとも，そうした特別の権限でなければならないとされているのであり，そうした特別の権限が作用することによって，権利妨害等の結果を生じさせることが必要とされる。この意味で，職権の意義は公務員職権濫用罪の基本構造を理解する上で大変重要であると思われる。

こうして，一般的職務権限というためには，法律上の強制力は必ずしも必要なく，事実上の負担を負わせるに足るものでよいとして，本件事案について，その有無をどのように判断し，それを肯定する場合，どのような理由で認めるのかが問題となる。本決定は，「刑務所は裁判所が言い渡した刑を執行する施設であり，裁判官は，適正妥当な刑事裁判の実現というその職責の遂行上，行刑の実情について十分な理解をもつことがとくに要請される」と

いうことを背景事情として，「裁判官が刑務所長らに対し資料の閲覧，提供等を求めることは，司法研究ないしはその準備としてする場合を含め，量刑その他執務上の一般的参考に資するためのものである以上，裁判官に特有の職責に由来し監獄法上の巡視権に連なる正当な理由に基づく要求というべきであつて，法律上の強制力を伴つてはいないにしても，刑務所長らに対し行刑上特段の支障がない限りこれに応ずべき事実上の負担を生ぜしめる効果を有するものである」としている。すなわち，裁判官と刑務所との特別な関係から，「裁判官が刑務所長らに対し資料の閲覧，提供等を求めること」は「裁判官に特有の職責に由来し監獄法上の巡視権に連なる正当な理由に基づく要求」であり，そのため，相手方に事実上の負担を負わせるに足る権限といえると解しているのである。

 2　このような本決定の多数意見に対して，宮崎裁判官の反対意見は，「単に公務員としての地位・身分を濫用したにすぎない場合」には公務員職権濫用罪は成立せず，その前提となる一般的権限は，「必ずしも法律上の強制力を伴うものであることまでは要しないけれども，少なくとも法令上の根拠を有するものでなければならず，単に相手方が，公務員の行動の外形から権限の存在を誤信するおそれがあるというだけでは足りない」とする。そこから，「裁判官の言動が司法研究ないしはその準備のための調査であるという外形を伴っている場合や，裁判官が量刑その他執務上の一般的参考にするため刑務所等に出向いて受刑者らに関する資料の提供を求めたりする場合であつても，これらの調査を裁判官の一般的権限の行使とみることはできない」とし，「せいぜい裁判官の地位・身分の濫用があつたと認めうるにすぎず，刑法一九三条に該当する職権濫用の行為があつたとすることはできない」と結論付けているのである。

　これに対し，栗本裁判官の補足意見は，公務員職権濫用罪の前提となる一般的職務権限については，「明文の根拠規定が存する場合に限る等，徒らに形式的な解釈に陥ることなく，より実質的な観点から考える必要がある」とする。なぜなら，「ここでは，公務員の国民に対する権力発動の根拠の有無が問題となつているのではなく，逆に，公務員の不当な行動を抑圧するための要件をいかに解するかということが問題なのであるから，一般的職務権限

について厳格な解釈をしなければ法治主義に反することになるわけのものではない」からである。そして，そのように解することが公務員職権濫用罪の「立法趣旨にも合致する」し，また，そう解さなくては「国民の保護に欠けることになる」というのである。この点は，職権が向けられる相手方の保護という見地から，理解することができよう。とはいえ，職権に法令上の根拠が不要となるわけではない。本決定もそのようなことまで認めているとはいえないであろう。栗本裁判官は，本件において，「裁判官が刑務所長らに対し，量刑その他執務上の一般的参考に資する目的で資料の閲覧，提供等を求めること」は，「裁判官と刑務所との特殊な関係に徴すると，法令上明文の規定がないとしても，裁判官が刑務所に対し裁判官の立場で働きかける権能として，法制度上，十分な実質的裏付けを有するもの」であるとしている。このように，「法制度上」の「十分な実質的裏付け」があることから，職権の存在が認められるのであり，単に相手方がそのようなものが存在すると誤信することでは足りないといえる。この点は宮崎裁判官が指摘されるとおりであるが，こうした職権には「法令上の根拠」が必要であるとしても，それは明文の規定まで必要とするわけなく，「法制度上」の「十分な実質的裏付け」があれば足りるものと，本決定では解されていると理解することができる。

5 最決昭和60・7・16刑集39巻5号245頁

[事　案]
　決定理由参照

[決定理由]
　「原判決の是認する第一審判決の認定によれば，被告人は，小倉簡易裁判所判事で，A女に対する窃盗被告事件の審理を担当していた者であるが，同事件については，被害弁償を待つために次回公判期日が昭和五五年七月一六日に指定されていたところ，同月一一日午後八時四〇分ころ，自己との交際を求める意図で，右A女に電話をし，「裁判所のXですが。」「例の件の弁償はどうなりましたか。」「これから弁償のことで，ちよつと会えないかな。」

などと言つて，同女を呼び出し，右被告事件について出頭を求められたものと誤信した同女をして，同九時ころ国鉄小倉駅付近の喫茶店「P」まで出向かせ，そのころから同九時三〇分ころまでの間，同店内に同席させたというのである。刑事事件の被告人に出頭を求めることは裁判官の一般的職務権限に属するところ，裁判官がその担当する刑事事件の被告人を右時刻に電話で喫茶店に呼び出す行為は，その職権行使の方法としては異常なことであるとしても，当該刑事事件の審理が右状況にあるもとで，弁償の件で会いたいと言つていることにかんがみると，所論のいうように職権行使としての外形を備えていないものとはいえず，右呼出しを受けた刑事事件の被告人をして，裁判官がその権限を行使して自己に出頭を求めてきたと信じさせるに足りる行為であると認めるのが相当であるから，右Aをしてその旨誤信させて，喫茶店まで出向かせ，同店内に同席させた被告人の前記所為は，職権を濫用し同女をして義務なきことを行わせたものというべきである。これと同旨の原判断は，正当である。」

解説

1 本件は，裁判官である被告人が，自らが審理を担当する刑事事件の被告人を，交際を求める意図で，夜間，喫茶店に呼び出して同席させたという事案である。公務員職権濫用罪が成立するためには，「公務員が，その一般的職務権限に属する事項につき，職権の行使に仮託して実質的，具体的に違法，不当な行為をすること」[7]が必要である。

本決定は，「刑事事件の被告人に出頭を求めることは裁判官の一般的職務権限に属する」としているが，そうした求めは，被告人に「これに応ずべき事実上の負担を生ぜしめる効果を有する[8]」ものであるということができるであろう。

2 本件で問題となるのは，「裁判官がその担当する刑事事件の被告人を右時刻に電話で喫茶店に呼び出す行為」は「職権行使の方法としては異常なこと」だから，そのために，相手から職権に基づく呼出しではないと理解さ

---

[7] 最決昭和57・1・28刑集36巻1号1頁（判例 4 ）。
[8] 前出注（7）最決昭和57・1・28。

れ，あるいは，客観的にみて職権に基づく呼出しではないと理解せざるをえず，したがって，職権の濫用とはいいえないことになるのではないかということである。しかしながら，本決定は，被告人による呼出しは，「当該刑事事件の審理が右状況にあるもとで，弁償の件で会いたいと言つていることにかんがみると」，「職権行使としての外形」を備えていないとはいえず，「裁判官がその権限を行使して自己に出頭を求めてきたと信じさせるに足りる行為であると認めるのが相当である」から，相手に「これに応ずべき事実上の負担を生ぜしめる効果を有する[9]」ものといえ，一般的職務権限の濫用があったといいうることになるとしている。ここでは，客観的にみて職権行使といえるかということではなく，相手方がそのように信じるものであるかが問題とされているようにみえる。しかし，重要なのは，相手が職権行使と信じれば職権が認められるのではなく，あくまでも裁判官が刑事事件の被告人を呼び出す行為自体について，客観的に一般的職務権限に属するといえなければならないとされているいうことである。それを超えた行為については，職権濫用を認めることはできない。

3　関連して，以前の下級審裁判例には，保護観察官である被告人が保護観察の対象者である女性を呼び出してわいせつ行為を行った事案について，わいせつ行為自体は公務員の一般的権限に属する行為ではないという理由から公務員職権濫用罪の成立を否定したものがある[10]。このようにして，濫用される職権の意義は具体的に捉えられる必要があり，本件でも，「喫茶店に呼び出して同席させた」という限度で職権濫用が肯定されているのである。

6　最決平成元・3・14刑集43巻3号283頁

[事　案]
決定理由参照

[決定理由]
「原決定及びその是認する原原決定の認定によれば，警察官である被疑者

---

[9] 前出注（7）最決昭和57・1・28。
[10] 東京高判昭和43・3・15高刑集21巻2号158頁。

X及び同Yは，職務として，A党に関する警備情報を得るため，他の警察官とも意思を通じたうえ，同党中央委員会国際部長である請求人方の電話を盗聴したものであるが，その行為が電気通信事業法に触れる違法なものであることなどから，電話回線への工作，盗聴場所の確保をはじめ盗聴行為全般を通じ，終始何人に対しても警察官による行為でないことを装う行動をとつていたというのである。

　ところで，右の行為について，原原決定は，「相手方において，職権の行使であることを認識できうる外観を備えたもの」でないことを理由に，原決定は，「行為の相手方の意思に働きかけ，これに影響を与える職権行使の性質を備えるもの」でないことを理由に，職権を濫用した行為とはいえないとして公務員職権濫用罪に当たらないと判断した。これに対し，所論は，公務員の不法な行為が職務として行われ，その結果個人の権利，自由が侵害されたときには当然同罪が成立し，本件盗聴行為についても同罪が成立すると主張する。

　しかし，刑法一九三条の公務員職権濫用罪における「職権」とは，公務員の一般的職務権限のすべてをいうのではなく，そのうち，職権行使の相手方に対し法律上，事実上の負担ないし不利益を生ぜしめるに足りる特別の職務権限をいい（最高裁昭和五五年（あ）第四六一号同五七年一月二八日第二小法廷決定・刑集三六巻一号一頁参照），同罪が成立するには，公務員の不法な行為が右の性質をもつ職務権限を濫用して行われたことを要するものというべきである。すなわち，公務員の不法な行為が職務としてなされたとしても，職権を濫用して行われていないときは同罪が成立する余地はなく，その反面，公務員の不法な行為が職務とかかわりなくなされたとしても，職権を濫用して行われたときには同罪が成立することがあるのである（前記昭和五七年一月二八日第二小法廷決定，最高裁昭和五八年（あ）第一三〇九号同六〇年七月一六日第三小法廷決定・刑集三九巻五号二四五頁参照）。

　これを本件についてみると，被疑者らは盗聴行為の全般を通じて終始何人に対しても警察官による行為でないことを装う行動をとつていたというのであるから，そこに，警察官に認められている職権の濫用があつたとみることはできない。したがつて，本件行為が公務員職権濫用罪に当たらないとした

原判断は，正当である。

　なお，原原決定及び原決定が職権に関して判示するところは，それらが公務員職権濫用罪が成立するための不可欠の要件を判示した趣旨であるとすれば，同罪が成立しうる場合の一部について，その成立を否定する結果を招きかねないが，これを職権濫用行為にみられる通常の特徴を判示した趣旨と解する限り，是認することができる。」

解　説

　1　本件は，警察官がある政党に関する警備情報を得るために，同党中央委員会国際部長方の電話を盗聴したという事案である。公務員である警察官の一般的職務権限の濫用があったかが問題となる。

　本決定は，公務員職権濫用罪の解釈として，同罪にいう「職権」の意義に関し，最決昭和57・1・28（判例4）[11]を引用して，それは「公務員の一般的職務権限のすべてをいうのではなく，そのうち，職権行使の相手方に対し法律上，事実上の負担ないし不利益を生ぜしめるに足りる特別の職務権限」をいうと解している。そして，同罪が成立するためには，「公務員の不法な行為が右の性質をもつ職務権限を濫用して行われたことを要する」とする。最決昭和60・7・16（判例5）[12]の事案のように，「公務員の不法な行為が職務とかかわりなくなされたとしても，職権を濫用して行われたときには同罪が成立することがある」（職務仮装型）といえるが，「公務員の不法な行為が職務としてなされた」（職務遂行型）としても，「職権を濫用して行われていないときは同罪が成立する余地はな」いのであり，本件については，後者との関係で公務員職権濫用罪の成否が問題とされることになるのである。

　2　本件は，盗聴という違法行為を職務として行ったとされる事案である。問題となるのは，その際に公務員職権濫用罪にいう「職権」が用いられたかである。それが用いられていないのであれば，権利侵害が職務として行われたとしても，権利侵害自体に係る罪の成否が問題となるにすぎず，公務員職権濫用罪は成立しない。この点に関し，本決定は，「盗聴行為の全般を

---
[11] 前出注（7）最決昭和57・1・28。
[12] 最決昭和60・7・16刑集39巻5号245頁（判例5）。

通じて終始何人に対しても警察官による行為でないことを装う行動をとっていたというのであるから，そこに，警察官に認められている職権の濫用があつたとみることはできない」としている。

本件の原原決定は，「相手方において，職権の行使であることを認識できうる外観を備えたもの」でないことを理由に，原決定は，「行為の相手方の意思に働きかけ，これに影響を与える職権行使の性質を備えるもの」でないことを理由に，職権濫用を否定していたが，これについて，本決定は，「原原決定及び原決定が職権に関して判示するところは，それらが公務員職権濫用罪が成立するための不可欠の要件を判示した趣旨であるとすれば，同罪が成立しうる場合の一部について，その成立を否定する結果を招きかねない」としている。

確かに，強制処分権限のように[13]，「行為の相手方の意思に働きかけ，これに影響を与える」ものでなくとも，公務員職権濫用罪にいう職権には当たりうると考えられるから，原決定のような理由付けには疑問があるといえよう。また，このように「行為の相手方の意思に働きかけ，これに影響を与える」ことが必須の要件でないとすれば，原原決定のように「職権の行使であることを認識できうる外観を備えたもの」であることがなぜ必要なのかに疑問が生じることになる。この意味で，本決定の判示は理解しうるところであるが，そうだとすると，今度は，本決定が職権濫用を否定する理由としている，「被疑者らは盗聴行為の全般を通じて終始何人に対しても警察官による行為でないことを装う行動をとっていた」ということがなぜそうした理由になりうるのかが問題となってくるであろう。

3　電話による通信を傍受する権限が警察官に認められる限りにおいて，盗聴＝通信傍受は，それによって相手方に事実上の負担・不利益を生じさせうるものであり，公務員職権濫用罪にいう職権といいうるのではないかという疑問があるように思われる。しかし，警察官が全く私的に他人の電話を傍受した場合，それは一般私人でも同様に可能な行為であるから，公務員職権濫用罪にいう職権濫用に当たるということには疑問が生じうる。そのような

---

[13] 最決昭和38・5・13刑集17巻4号279頁。

場合をも職権濫用に当たるとすれば，公務員であるという理由だけで公務員職権濫用罪の成立が肯定されることになりはしないかということが危惧されるからである。この意味では，本決定が，「被疑者らは盗聴行為の全般を通じて終始何人に対しても警察官による行為でないことを装う行動をとっていた」ということを理由として職権濫用を否定したことは，職権を限定的に解釈しようとするものとして理解できないではないともいえようが，本件盗聴行為は私的行為として行われたのではなく，職務上の行為として行われたものであり，このような場合に上記理由によって職権濫用を否定しうるかにはやはり疑問が残るように思われる。

Ⅳ 賄賂罪

7 最大判平成7・2・22刑集49巻刑集49巻2号1頁

[事　案]

　ロッキード社が全日空に航空機を売り込むに当たって，同社代理店の社長Xらが，内閣総理大臣Aに対して，全日空に対して特定機種の航空機の選定購入を勧奨するよう運輸大臣に働き掛けること，あるいは，自ら直接全日空に同趣旨の働き掛けを行うことを依頼し，それを承諾したAに5億円の金銭が渡されたという事案である。

[判決理由]

　「所論にかんがみ，職権により被告人Xの贈賄罪の成否について判断する。
　一　本件請託の対象とされた行為のうち，Aが内閣総理大臣として運輸大臣に対し全日本空輸株式会社（以下「全日空」という。）にロッキード・エアクラフト・コーポレイションの大型航空旅客機L—一〇一一型機の選定購入を勧奨するよう働き掛ける行為が，Aの内閣総理大臣としての職務権限に属するとした原判決は，結論において正当として是認できる。その理由は，以下のとおりである。

1　賄賂罪は，公務員の職務の公正とこれに対する社会一般の信頼を保護法益とするものであるから，賄賂と対価関係に立つ行為は，法令上公務員の一般的職務権限に属する行為であれば足り，公務員が具体的事情の下においてその行為を適法に行うことができたかどうかは，問うところではない。けだし，公務員が右のような行為の対価として金品を収受することは，それ自体，職務の公正に対する社会一般の信頼を害するからである。

2　Ａが内閣総理大臣として運輸大臣に対し全日空にＬ一〇一一型機の選定購入を勧奨するよう働き掛ける行為が，Ａの内閣総理大臣としての職務権限に属する行為であるというためには，右行為が，Ａが運輸大臣を介して全日空に働き掛けるいう間接的なものであることからすると，(1)運輸大臣が全日空にＬ一〇一一型機の選定購入を勧奨する行為が運輸大臣の職務権限に属し，かつ，(2)内閣総理大臣が運輸大臣に対し右勧奨をするよう働き掛けることが内閣総理大臣の職務権限に属することが必要であると解される。

（一）そこで，まず，運輸大臣の職務権限について検討する。

民間航空会社が運航する航空路線に就航させるべき航空機の機種の選定は，本来民間航空会社がその責任と判断において行うべき事柄であり，運輸大臣が民間航空会社に対し特定機種の選定購入を勧奨することができるとする明文の根拠規定は存在しない。しかし，一般に，行政機関は，その任務ないし所掌事務の範囲内において，一定の行政目的を実現するため，特定の者に一定の作為又は不作為を求める指導，勧告，助言等をすることができ，このような行政指導は公務員の職務権限に基づく職務行為であるというべきである。

そして，運輸大臣がその長である運輸省の任務ないし所掌事務についてみると，運輸省設置法（昭和四七年法律第一〇五号による改正前のもの）は，運輸省の任務の一つとして「航空」に関する国の行政事務を一体的に遂行することを規定し（三条一一号），航空局の所掌事務として，「航空運送事業，利用航空運送事業及び航空機使用事業に関する免許，許可又は認可に関すること」（二八条の二第一項一三号）などを，運輸省の権限として，「航空運送事業，利用航空運送事業及び航空機使用事業を免許し，又は許可し，並びにこれらの

事業の業務に関し，許可し，認可し，又は必要な命令をすること」（四条一項四四号の九）などを定めている。

　また，航空法（昭和四八年法律第一一三号による改正前のもの）は，運輸大臣に対し，定期航空運送事業を経営しようとする者に対する免許権限（一〇〇条一項）のほか，定期航空運送事業者の事業計画変更の認可権限（一〇九条，一〇一条）を付与しているところ，定期航空運送事業者である民間航空会社が新機種の航空機を選定購入して路線に就航させようとするときは，使用航空機の総数，型式，登録記号，運航回数，整備の施設等の変更を伴うため事業計画の変更が必要となり（航空法施行規則（昭和四八年運輸省令第五九号による改正前のもの）二二〇条，二一〇条一項参照），運輸大臣の認可を受けなければならないこととなる。そして，運輸大臣は，事業計画変更申請に際し，「公衆の利用に適応するものであること，当該路線における航空輸送力が航空輸送需要に対し，著しく供給過剰にならないこと，事業計画が経営上及び航空保安上適切なものであること，申請者が当該事業を適確に遂行するに足る能力を有するものであること」などの認可基準（航空法一〇九条二項，一〇一条）に適合するかどうかを審査し，新機種の路線への就航の可否を決定しなければならないものとされている。

　このような運輸大臣の職務権限からすれば，航空会社が新機種の航空機を就航させようとする場合，運輸大臣に右認可権限を付与した航空法の趣旨にかんがみ，特定機種を就航させることが前記認可基準に照らし適当であると認められるなど，必要な行政目的があるときには，運輸大臣は，行政指導として，民間航空会社に対し特定機種の選定購入を勧奨することも許されるものと解される。したがって，特定機種の選定購入の勧奨は，一般的には，運輸大臣の航空運輸行政に関する行政指導として，その職務権限に属するものというべきである。そうすると，本件において，運輸大臣が全日空に対しＬ一〇一一型機の選定購入を勧奨する行政指導をするについて必要な行政目的があったかどうか，それを適法に行うことができたかどうかにかかわりなく，右のような勧奨は，運輸大臣の職務権限に属するものということができる。

　（二）次に，内閣総理大臣の職務権限について検討する。

内閣総理大臣は，憲法上，行政権を行使する内閣の首長として（六六条），国務大臣の任免権（六八条），内閣を代表して行政各部を指揮監督する職務権限（七二条）を有するなど，内閣を統率し，行政各部を統轄調整する地位にあるものである。そして，内閣法は，閣議は内閣総理大臣が主宰するものと定め（四条），内閣総理大臣は，閣議にかけて決定した方針に基づいて行政各部を指揮監督し（六条），行政各部の処分又は命令を中止させることができるものとしている（八条）。このように，内閣総理大臣が行政各部に対し指揮監督権を行使するためには，閣議にかけて決定した方針が存在することを要するが，閣議にかけて決定した方針が存在しない場合においても，内閣総理大臣の右のような地位及び権限に照らすと，流動的で多様な行政需要に遅滞なく対応するため，内閣総理大臣は，少なくとも，内閣の明示の意思に反しない限り，行政各部に対し，随時，その所掌事務について一定の方向で処理するよう指導，助言等の指示を与える権限を有するものと解するのが相当である。したがって，内閣総理大臣の運輸大臣に対する前記働き掛けは，一般的には，内閣総理大臣の指示として，その職務権限に属することは否定できない。

　（三）以上検討したところによれば，運輸大臣が全日空に対しＬ一〇一一型機の選定購入を勧奨する行為は，運輸大臣の職務権限に属する行為であり，内閣総理大臣が運輸大臣に対し右勧奨行為をするよう働き掛ける行為は，内閣総理大臣の運輸大臣に対する指示という職務権限に属する行為ということができるから，Ａが内閣総理大臣として運輸大臣に前記働き掛けをすることが，賄賂罪における職務行為に当たるとした原判決は，結論において正当として是認することができるというべきである。

　二　以上のとおり，被告人Ｘにつき贈賄罪の成立を肯定した原判決の結論を是認できるから，本件請託の対象とされた行為のうち，Ａが直接自ら全日空にＬ一〇一一型機の選定購入を働き掛ける行為が，Ａの内閣総理大臣としての職務権限に属するかどうかの点についての判断は示さないこととする。」

解 説

1 本件はロッキード事件として知られる事件であり，内閣総理大臣として運輸大臣に対し全日空にロッキード社の大型航空旅客機L1011型機の選定購入を勧奨するよう働き掛ける行為が，内閣総理大臣としての職務権限に属するかが問題となっている。

2 本判決は，まず，賄賂罪の保護法益について，「公務員の職務の公正とこれに対する社会一般の信頼」と解するいわゆる信頼保護説の立場に立つことを明らかにしている。学説では，職務の公正こそが真正の保護法益であり，「社会一般の信頼」は真正な保護法益ではなく，またその内容は不明確であるとして，それを除外して考える純粋性説も主張されているが，学説の多数は，判例同様，信頼保護説の立場に立っている。

こうした立場から，賄賂と職務行為とが対価関係に立つことが賄賂罪の基本的な成立要件であるという理解を前提として，本判決は，「賄賂と対価関係に立つ行為は，法令上公務員の一般的職務権限に属する行為であれば足り，公務員が具体的事情の下においてその行為を適法に行うことができたかどうかは，問うところではない」とする。「公務員が右のような行為の対価として金品を収受することは，それ自体，職務の公正に対する社会一般の信頼を害する」というのがその理由である。

ここでいう「一般的職務権限に属する行為」とは，それを行うために必要となる具体的な要件が備わっていないため適法になしえない行為であるが，それを行う具体的要件が備わればなしうる行為を意味している。従来「一般的職務権限に属する行為」として問題とされていたのは，主として，事務分担上具体的に担当していない事項に関する職務についても，その対価として賄賂の授受があれば賄賂罪が成立するかということであったが（これについては，判例 8 において解説する），本件で問題とされている「一般的職務権限に属する行為」とはそのような意味のものではないことに留意しておきたい。このような「一般的職務権限」についての理解は，要件が充たされないためになしえないはずの「職務上不正な行為」に関しても賄賂罪が成立する（197条の3参照）ことからも当然のことであるといえる。

3 本判決で問題とされているのは，「Aが内閣総理大臣として運輸大臣

に対し全日空にＬ一〇一一型機の選定購入を勧奨するよう働き掛ける行為」が，Ａの内閣総理大臣としての一般的職務権限に属する行為であるかということである。そして，それを判断するに当たり，①「運輸大臣が全日空にＬ一〇一一型機の選定購入を勧奨する行為が運輸大臣の職務権限に属」するか，②「内閣総理大臣が運輸大臣に対し右勧奨をするよう働き掛けることが内閣総理大臣の職務権限に属する」かが検討されている。両者を肯定しうる場合に，Ａの上記行為が内閣総理大臣の一般的職務権限に属する行為であることになるのである。

　まず，①「運輸大臣が全日空にＬ一〇一一型機の選定購入を勧奨する行為が運輸大臣の職務権限に属」するかであるが，本判決は，法令上の根拠を挙げた上で，「特定機種の選定購入の勧奨は，一般的には，運輸大臣の航空運輸行政に関する行政指導として，その職務権限に属する」としている。次に，②「内閣総理大臣が運輸大臣に対し右勧奨をするよう働き掛けることが内閣総理大臣の職務権限に属する」かについては，「内閣総理大臣が行政各部に対し指揮監督権を行使するためには，閣議にかけて決定した方針が存在することを要するが，閣議にかけて決定した方針が存在しない場合においても，内閣総理大臣の右のような地位及び権限に照らすと，流動的で多様な行政需要に遅滞なく対応するため，内閣総理大臣は，少なくとも，内閣の明示の意思に反しない限り，行政各部に対し，随時，その所掌事務について一定の方向で処理するよう指導，助言等の指示を与える権限を有する」とし，そこから，「内閣総理大臣の運輸大臣に対する前記働き掛けは，一般的には，内閣総理大臣の指示として，その職務権限に属する」との結論を導いている。

　本判決は，このように考えたため，「Ａが直接自ら全日空にＬ一〇一一型機の選定購入を働き掛ける行為が，Ａの内閣総理大臣としての職務権限に属するかどうか」について判断するまでもなく，賄賂罪の成立を肯定しているのである。

8 最決平成 17・3・11 刑集 59 巻 2 号 1 頁

[事　案]
決定理由参照

[決定理由]
「なお，所論にかんがみ，第 1 審判決判示第 2 の 1 の事実について，職権で判断する。

原判決及びその是認する第 1 審判決の認定によれば，被告人は，警視庁警部補として同庁調布警察署地域課に勤務し，犯罪の捜査等の職務に従事していたものであるが，公正証書原本不実記載等の事件につき同庁多摩中央警察署長に対し告発状を提出していた者から，同事件について，告発状の検討，助言，捜査情報の提供，捜査関係者への働き掛けなどの有利かつ便宜な取り計らいを受けたいとの趣旨の下に供与されるものであることを知りながら，現金の供与を受けたというのである。警察法 64 条等の関係法令によれば，同庁警察官の犯罪捜査に関する職務権限は，同庁の管轄区域である東京都の全域に及ぶと解されることなどに照らすと，被告人が，調布警察署管内の交番に勤務しており，多摩中央警察署刑事課の担当する上記事件の捜査に関与していなかったとしても，被告人の上記行為は，その職務に関し賄賂を収受したものであるというべきである。したがって，被告人につき刑法 197 条 1 項前段の収賄罪の成立を認めた原判断は，正当である。」

解　説

1　本件は，警視庁調布警察署地域課に，具体的には同署管内の交番に勤務する警察官が，同庁多摩中央警察署刑事課が担当する事件について，「告発状の検討，助言，捜査情報の提供，捜査関係者への働き掛け」等の有利かつ便宜な取り計らいを受けたいという趣旨で現金の供与を受けたという事案である。本件被告人は，勤務する警察署が違うことからも明らかなように，それらの事項を具体的に担当してはいないが，それにもかかわらず収賄罪（197 条 1 項）が成立するかが問題となっている。

2 従来，事務分担上具体的に担当していない事項に関する職務であっても，それが「一般的職務権限」に属するものであれば，それに関して賄賂の授受があると賄賂罪が成立すると解されてきた[14]。たとえば，地方事務所農地課開拓係の職員が同課農地係の分担に属する事務について賄賂を収受した事案において，農地課に勤務する被告人が日常担当しない事務であっても，同課の分掌事務に属するものである限り，上司の命を受けてこれを処理しうる一般的職務権限があるとされていたのである[15]。

本決定もこうした「一般的職務権限」の考え方を前提として，警視庁「警察官の犯罪捜査に関する職務権限は，同庁の管轄区域である東京都の全域に及ぶ」という理由で，同庁多摩中央警察署刑事課が担当する事件に関する事項であっても，被告人の職務権限に属すると解している。これは，相当幅広く一般的職務権限の範囲を考えるものであるが，「警察官の犯罪捜査に関する職務権限」という特殊な事情によりはじめて可能となるものと理解すべきであろう。

9 最決昭和 59・5・30 刑集 38 巻 7 号 2682 頁

[事　案]

決定理由参照

[決定理由]

「なお，所論にかんがみ職権で判断するに，原判決の認定によれば，被告人Xは，文部大臣の任命により同大臣の諮問に応じて大学の設置の認可等に関する事項を調査審議する大学設置審議会の委員をし，同時に歯科大学の専門課程における教員の資格等を審査する同審議会内の歯学専門委員会の委員をしていたところ，歯科大学設置の認可申請をしていた関係者らに対し，各教員予定者の適否を右専門委員会における審査基準に従つて予め判定してやり，あるいは同専門委員会の中間的審査結果をその正式通知前に知らせてやつたというのであつて，被告人Xの右各行為は，右審議会の委員であり

---

[14] 大判大正 9・12・10 刑録 26 輯 885 頁など。
[15] 最判昭和 37・5・29 刑集 16 巻 5 号 528 頁。

且つ右専門委員会の委員である者としての職務に密接な関係のある行為というべきであるから，これを収賄罪にいわゆる職務行為にあたるとした原判断は，正当である。」

裁判官谷口正孝の補足意見　「一　文部大臣の任命により同大臣の諮問に応じて大学の設置の認可等に関する事項を調査審議する大学設置審議会の委員をし，同時に歯科大学の専門課程における教員の資格等を審査する同審議会内の歯学専門委員会の委員をしていた被告人Ｘが，歯科大学設置の認可申請をしていた相被告人Ｙら関係者に対し，同大学の各教員予定者の教員としての適否を右専門委員会における審査基準に従って予め判定してやり，あるいは同専門委員会の中間的審査結果をその正式通知前に知らせてやる行為は，所論の如く被告人Ｘの私人としての行為と目すべきものではなく，同被告人の「職務ニ関ス」る行為というべきである。私としても法廷意見に賛成する。その理由は，同被告人のした右行為は同被告人の前記職務に密接な関係のある行為ということになるが，この点について私なりの説明を加えておく。

　二　賄賂罪の本質は公務の不可買収性にある。蓋し，公務員が賄賂を収受することにより公務の公正さに対する信頼が失われることになるので処罰の必要があるのである。この処罰理由に徴して考えると，賄賂は当該公務員の職務行為それ自体と対価関係に立つことは必ずしも必要ではない。職務行為と密接な関係にある行為について公務員が賄賂を収受した場合収賄罪として処罰されるべき十分な理由がある。大審院判例・最高裁判所判例が一貫して刑法一九七条の「職務ニ関シ」の意義を，職務行為及び職務に密接な関係のある行為と解してきたのは，公務員が賄賂を収受することによって公務の公正を疑わせるかどうかという点に着目して，その虞れのない公務員の私的行為との間に限界づけをしたものと思う。

　三　もっとも，判例のいう「職務に密接な行為」という概念は，論旨も指摘するように必ずしも明確なものではない。判例の集積によりその内容は固められることになるわけであるが，「職務に密接な行為」というためには，本来の職務行為として法律上の効力は認められないとしても，職務行為と関連性があり社会通念上職務行為として認められ行われているものをいうので

あつて，そのような行為として認定するためには，当該公務員の職務権限と実質的な結びつきがあるかどうか，公務を左右する性格をもつ行為かどうか，公務の公正を疑わせるかどうかの視点が基準となる。

　四　以上の観点に立つて被告人の本件行為を収賄罪として律することができるかどうかを考えてみると，被告人のした行為は，所論の如く私人としての鑑定行為に類するものとはとうてい言えないものであり，被告人が前記各委員としての地位に在ることによつて初めて可能な行為であつて，被告人の職務権限と実質的な結びつきがあり，公務を左右する性格をもつ行為であり，公務の公正を疑わせるものであることは，明らかである。被告人Ｘの原判示所為は，「職務ニ関シ」賄賂を収受したということになる。

　以上の次第であつて，私も法廷意見に賛成した。」

解　説

　1　本件は，大学設置審議会の委員であり，歯科大学の専門課程における教員の資格等を審査する同審議会内の歯学専門委員会の委員でもある被告人Ｘが，歯科大学設置の認可申請をしていた関係者Ｙらに対し，①各教員予定者の適否を同専門委員会における審査基準に従って予め判定し，②同専門委員会の中間的審査結果をその正式通知前に知らせることに関し，現金等の供与を受けたという事案である。本決定は，これらの行為は，同審議会の委員であり且つ同専門委員会の委員である者としての「職務に密接な関係のある行為」であるから，「収賄罪にいわゆる職務行為」に当たるとしている。すなわち，上記①②の各行為は，大学設置審議会委員及び歯学専門委員会委員の本来の職務ではないが，その「職務に密接な関係のある」行為であって，それに関し賄賂の授受があれば，賄賂罪が成立すると解されているのである。

　2　従来，判例は，本来の職務行為のみならず，「職務に密接な関係のある行為」，すなわち職務密接関連行為も賄賂罪の成立を基礎付ける「職務行為」の範囲に含まれると解してきた[16]。学説もこうした判例の態度を基本的

---

[16] 最決昭和31・7・13刑集10巻7号1058頁など。

に承認している。本決定もそうした流れの中に位置付けて理解することができるといえる。

　こうして，職務密接関連行為という類型が賄賂罪にいう職務行為として認められているのであるが，問題となるのは，それがどのような基準によって判断され，どの範囲にまで広がりをもつものなのかということである。本決定の法廷意見は結論を示すのみであるが，谷口裁判官の補足意見は，それは，「公務員が賄賂を収受することによって公務の公正を疑わせるかどうか」という見地から認められるものだとしながら，さらに，その判断基準について踏み込んだ考え方を示している点で注目される。すなわち，職務密接関連行為とは，「本来の職務行為として法律上の効力は認められないとしても，職務行為と関連性があり社会通念上職務行為として認められ行われているもの」をいい，そのような行為といえるかを判断する上では，「当該公務員の職務権限と実質的な結びつきがあるかどうか，公務を左右する性格をもつ行為かどうか，公務の公正を疑わせるかどうかの視点が基準となる」とするのである。これは，注目される指摘であり，こうした行為は，本来の職務行為とはいえなくとも，職務行為と同様に公正さが要求される行為だといえるであろう。学説においても，とくに，本来の職務に対する影響力に注目して職務密接関連行為を理解する見解が主張されているところである。

　3　本件事案についてみると，谷口裁判官の補足意見は，上記①②の各行為は，「被告人が前記各委員としての地位に在ることによって初めて可能な行為であって，被告人の職務権限と実質的な結びつきがあり，公務を左右する性格をもつ行為であり，公務の公正を疑わせるものである」とされる。

　上記①②の各行為は公務員としての守秘義務等に違反する行為であって，本来なしえない行為である。この意味で，これらの行為を本来の職務行為ということには疑問があるといえよう。しかしながら，これらの行為，とくに①については，大学設置審議会委員及び歯学専門委員会委員であってはじめてなしうるもの，意味のあるものともいえる行為であり，その意味では職務権限と実質的な結びつきがあるといえる。これらの行為について賄賂の授受があれば，本来の職務行為についても，その公正さに疑義が生じると考えることができよう。これらの行為により，設置申請者は，不適格とされた教員

候補者を別の候補者と差し替えるなどの措置をとること，中間的審査結果への対応をいち早くとることが可能となることにより，設置審査・教員審査という被告人の本来の職務に具体的に影響が及ぶ。それによって，被告人の本来の職務の公正さ自体にも疑義が生じることになると思われるのである。

10 最決平成 18・1・23 刑集 60 巻 1 号 67 頁

[事　案]
決定理由参照

[決定理由]
「所論にかんがみ，職権で判断する。

1　原判決及びその是認する第 1 審判決の認定によれば，本件の事実関係は次のとおりである。

(1) P 県立医科大学 (以下「P 医大」という。) は，P 県の条例に基づき設置された公立大学であり，同大学附属病院 (以下「附属病院」という。) は，その付属施設である。P 医大の各臨床医学教室と附属病院の各診療科とは，臨床医学教室での医学の教育研究と診療科での診療を通じた医療の教育研究とを同時に行うべく，1 対 1 で対応しており，人的構成上も，臨床医学教室の教授が対応する診療科の部長を務め，臨床医学教室の助教授がそれに対応する診療科の副部長を務めることとされているなど，いわば一体の組織として構成され，機能している。

(2) A は，本件当時，P 医大の救急医学教室教授であるとともに，附属病院救急科部長であり，教育公務員特例法等の規定により教育公務員とされ，地方公務員としての身分を有していたが，救急医学教室及び救急科に属する助教授以下の教員，医員及び臨床研修医等の医師を教育し，その研究を指導する職務権限を有していた。

(3) P 医大においても，他の多くの大学の医学部・附属病院と同様，臨床医学教室及び診療科に対応して，医局と呼ばれる医師の集団が存在するところ，P 医大の医局は，長たる教授のほか，助教授以下の教員，医員，臨床研修医，大学院生，専修生及び研究生等により構成されており，大学の臨床医

学教室又は附属病院の診療科に籍を置いている者が大半であるが、籍を置かない者もいる。そして、教授は、自己が長を務める医局を主宰、運営する役割を担い、当該医局の構成員を教育指導し、その人事についての権限を持っている。

（4）　Aもまた、P医大において、救急医学教室及び救急科に対応する医局に属する助教授以下の教員の採用や昇進、医員、非常勤医師及び臨床研修医の採用、専修生及び研究生の入学許可等につき、実質的な決定権を掌握していたほか、関連病院、すなわち、医局に属する医師の派遣を継続的に受けるなどして医局と一定の関係を有する外部の病院への医師派遣についても、最終的な決定権を有しており、Aにとって、自己が教育指導する医師を関連病院に派遣することは、その教育指導の上でも、また、将来の救急医学教室の教員等を養成する上でも、重要な意義を有していた。

2　以上の事実関係の下で、Aがその教育指導する医師を関連病院に派遣することは、P医大の救急医学教室教授兼附属病院救急科部長として、これらの医師を教育指導するというその職務に密接な関係のある行為というべきである。そうすると、医療法人理事長として病院を経営していた被告人が、その経営に係る関連病院に対する医師の派遣について便宜ある取り計らいを受けたことなどの謝礼等の趣旨の下に、Aに対して金員を供与した本件行為が贈賄罪に当たるとした原判断は正当である。」

解　説

1　本件は、医療法人の理事長として病院を経営していた被告人が、県立医大の救急医学教室教授兼附属病院救急科部長Aに対して、自己が経営する「関連病院」（医局に属する医師の派遣を継続的に受けるなどして医局と一定の関係を有する外部の病院）への医師派遣について便宜な取り計らいを受けたことの謝礼として金員を供与したという事案である。Aが「その教育指導する医師を関連病院に派遣すること」が、医師を教育指導するというAの職務に密接な関係のある行為として、賄賂罪が成立するかが問題となっている。本決定は、これを肯定した。

2　県立医大救急医学教室教授・付属病院救急科部長であるAは、「救急

医学教室及び救急科に属する助教授以下の教員，医員及び臨床研修医等の医師を教育し，その研究を指導する」という職務権限を有していた。また，自らが「長を務める医局を主宰，運営する役割を担い，当該医局の構成員を教育指導し，その人事についての権限」を持っており，「医局に属する助教授以下の教員の採用や昇進，医員，非常勤医師及び臨床研修医の採用，専修生及び研究生の入学許可等につき，実質的な決定権を掌握していたほか，関連病院，すなわち，医局に属する医師の派遣を継続的に受けるなどして医局と一定の関係を有する外部の病院への医師派遣についても，最終的な決定権を有して」いたのである。

このような職務権限を有するAにとって，「自己が教育指導する医師を関連病院に派遣することは，その教育指導の上でも，また，将来の救急医学教室の教員等を養成する上でも，重要な意義を有していた」といえるであろう。したがって，関連病院へ医局の医師を派遣することは，たとえAの本来の職務とまではいえないとしても，それと密接に関連するものとして行われている，いわば準職務的な行為である。そのため，これは，「職務に密接な関係のある行為」（職務密接関連行為）として，賄賂罪にいう職務行為ということができるのである。

11 最決昭和61・6・27 刑集40巻4号369頁

［事　案］

決定理由参照

［決定理由］

「なお，原判決の是認する第一審判決によると，被告人は，長崎県松浦市が発注する各種工事に関し，入札参加者の指名及び入札の執行を管理する職務権限をもつ同市市長と共謀を遂げ，近く施行される同市長選挙に立候補の決意を固めていた同市長において，再選された場合に具体的にその職務を執行することが予定されていた市庁舎の建設工事等につき，電気・管工事業者Aから入札参加者の指名，入札の執行等に便宜有利な取計いをされたい旨の請託を受けたうえ，その報酬として，同市長の職務に関し，現金三〇〇〇万

円の供与を受けたというのである。このように，市長が，任期満了の前に，現に市長としての一般的職務権限に属する事項に関し，再選された場合に担当すべき具体的職務の執行につき請託を受けて賄賂を収受したときは，受託収賄罪が成立すると解すべきであるから，被告人の本件所為について受託収賄罪の成立を認めた原判断は正当である。」

解　説

1　本件では，市長が，任期満了前，その一般的職務権限に属する市庁舎の建設工事の入札等に関し，再選された場合，その後に担当すべき職務行為に関して賄賂を収受したという事案である。このように将来の職務に関して賄賂が収受された場合でも収賄罪（197条1項）が成立するかが問題となっている。本決定は，それを肯定した。すなわち，賄賂の授受と職務行為とが対価関係に立つ以上，それがたとえ将来の職務行為であっても，賄賂罪が成立しうるというのである。

2　来るべき市長選挙で現市長が再選され，当該職務を担当する蓋然性が認められる事案であれば，将来の職務行為と賄賂の対価関係によって賄賂罪の成立を肯定することは可能であるといえよう。しかし，再選されることが確実であるとまではいえないとすれば，事前収賄罪（197条2項）または，現に担当している職務との関係で収賄罪の成立を問題とすべきではないかという疑問がありうるように思われる。もっとも，どの程度の再選の蓋然性があるかで収賄罪の成否を区別することは困難であろう。再選の可能性がある程度ある以上，どうしても一定の割り切りが必要となるものと思われる。

なお，選挙で当選し，市長に就任することが確実視されている者であっても，現に市長でない限り，本件事案のように，選挙前の時点で収賄罪の成立を肯定することはできない。この意味で，職務と賄賂との間に対価関係があるだけで賄賂罪の成立を肯定することはできないのである。それは，収賄罪・受託収賄罪（197条1項）の主体は「公務員」に限られ，「公務員になろうとする者」は含まれていないからである。このことは，公務員への就任の可能性には幅があり，本来はっきりしないものである以上，職務と賄賂の対価関係だけで賄賂罪の成否を決することには，基準の明確性の点で疑問があ

り,「公務員になろうとする者」については,事前収賄罪の要件に該当しない限り,収賄罪としての処罰を断念するという態度を採ったものとして理解することができよう。また,公務員としての義務違反という責任の観点を考慮に入れて,現に公務員であることを要求し,処罰の限定を図ったと理解することもできる。いずれにせよ,賄賂罪の規定は,事前収賄罪（197条2項）及び事後収賄罪（197条の3第3項）を除き,公務員を主体とする公務員犯罪としての身分犯という形式で限定的に規定されているのである。

12　最決昭和58・3・25 刑集 37 巻 2 号 170 頁

[事　案]
決定理由参照

[決定理由]
「なお,所論にかんがみ職権により判断するのに,贈賄罪は,公務員に対し,その職務に関し賄賂を供与することによつて成立するものであり,公務員が一般的職務権限を異にする他の職務に転じた後に前の職務に関して賄賂を供与した場合であつても,右供与の当時受供与者が公務員である以上,贈賄罪が成立するものと解すべきである（最高裁昭和二六年（あ）第二五二九号同二八年四月二五日第二小法廷決定・刑集七巻四号八八一頁,同二六年（あ）第二四五二号同二八年五月一日第二小法廷判決・刑集七巻五号九一七頁参照）。これを本件についてみると,被告人は,外一名と共謀の上,原判示 A に対し,兵庫県建築部建築振興課宅建業係長としての職務に関し現金五〇万円を供与したというのであつて,その供与の当時,右 A は兵庫県住宅供給公社に出向し,従前とは一般的職務権限を異にする同公社開発部参事兼開発課長としての職務に従事していたものであつたとしても,同人が引き続き兵庫県職員（建築部建築総務課課長補佐）としての身分を有し,また,同公社職員は地方住宅供給公社法二〇条により公務員とみなされるものである以上,被告人らの右所為につき贈賄罪が成立するものというべきであり,これと同旨の原判断は相当である。」

解 説

1 本件は、公務員が一般的職務権限を異にする他の職に転じた後、前職に関して賄賂の授受があったという事案であり、一般の賄賂罪（197条1項）が成立するのか、それとも事後収賄罪（197条の3第3項）及びそれに対応する贈賄罪（198条）が成立しうるにすぎないのかが問題となっている。

大審院判例は、転職前と転職後の職務が一般的職務権限を同一にする場合に賄賂罪の成立を肯定していた。たとえば、帝室林野管理局主事の時に賄賂を約束し、宮内省会計審査官に転じた後に前職に関して賄賂を収受した事案では、賄賂約束罪のみの成立が肯定されていた[17]。それに対し、岡山駅助役から倉敷駅長に転じた後に前職に関して賄賂を収受した事案においては、職務に異同が生じていないとして賄賂収受罪の成立が肯定されていたのである[18]。これに対して、最高裁では、本決定が引用する最決昭和28・4・25[19]及び最判昭和28・5・1[20]で判示されているように、「公務員が他の職務に転じた後、前の職務に関して賄賂を供与する場合であつても、いやしくも供与の当時において公務員である以上[21]」賄賂罪が成立すると解されることとなった。

2 本決定は、兵庫県建築部建築振興課宅建業係長から兵庫県住宅供給公社に出向し、従前とは一般的職務権限を異にする同公社開発部参事兼開発課長の職にあるAが前職に関して賄賂を収受したという事案について、賄賂罪が成立するとしたものであり、一般的職務権限を異にする別の職に転じた場合であっても、賄賂授受の当時公務員である以上、賄賂罪が成立することを明確に判示したもので、重要である。

賄賂と職務行為との間に対価関係が認められる限り、賄賂罪の成立を肯定することについて実質的には問題がないといえる。とはいえ、本決定に従っても、賄賂授受の時点で退職していれば、退職前の職務と賄賂との間に対価関係を認めることができるとしても、一般の収賄罪及びそれに対応する贈賄

---

[17] 大判大正4・7・10刑録21輯1011頁。
[18] 大判昭和11・3・16刑集15巻282頁。
[19] 最決昭和28・4・25刑集7巻4号881頁。
[20] 最判昭和28・5・1刑集7巻5号917頁。
[21] 前出注（20）最判昭和28・5・1。

罪の成立を肯定することはできない。なぜなら，一般の収賄罪の主体は「公務員」に限定されているからである。したがって，この場合には，事後収賄罪（197条の3第3項）の要件を充たす限りで，処罰されることになるにすぎないのである。判例11の解説で触れたように，賄賂授受の当時，公務員であることが必要となることは，処罰範囲の明確化，そして公務員としての義務違反という責任の見地から理由付けることが可能であるといえよう。

　なお，学説においては，転職後，前職に関して賄賂を収受した場合，転職前の職務と転職後の職務とが職務権限を同一にするときには一般の収賄罪が成立するが，そうでないときには，事後収賄罪が成立しうるにすぎないという見解が主張されている。これは，事後収賄罪が成立する場合との均衡を重視して主張されているものと思われるが，過去の職務に関して賄賂の授受があった場合に賄賂罪の成立を肯定することを認める以上，すでに述べたところから明らかなように，本決定の立場を支持することができるように思われる。

事項索引

あ
安否を憂慮する者 ………… 15

い
委託 ……………………… 153
一時使用 ………………… 72
一時流用 ………………… 164
一般的職務権限 ……… 309, 312
囲繞地 …………………… 25
威力 ……………………… 55
隠匿の意思 ……………… 162

う
運輸大臣の職務権限 …… 310

お
横領 ……………………… 162

か
価格相当の商品の提供 … 134
肩書の冒用 ……………… 274
監禁 ……………………… 13
看守 ……………………… 24
間接暴行 ………………… 289

き
機会説 …………………… 104
毀棄・隠匿の意思 ……… 75
毀棄・損壊 ……………… 216
偽計 ……………………… 56
キセル乗車 ……………… 125
偽造 ……………………… 247
強制力を行使する権力的公務
 ……………………… 53, 279
業務上横領罪の共同正犯
 …………………………… 169
虚偽公文書作成罪の間接正犯
 …………………………… 255

金銭の寄託 ……………… 158

く
熊本水俣病事件 ………… 3
クレジットカードの不正使用
 …………………………… 132

け
権限冒用 ………………… 259
権限濫用 ………………… 259
建造物 ………… 24, 214, 221
現住建造物 ……………… 221
権利行使と詐欺・恐喝 … 148

こ
公共の危険 ……………… 233
公共の危険の認識 ……… 236
公共の利害に関する事実
 …………………………… 43
強取 ……………………… 89
強盗罪の暴行・脅迫 …… 84
交付 ……………………… 116
交付行為 …………… 114, 119
公務 ……………………… 52
公務所の用に供する文書
 …………………………… 205
告知義務 ………………… 111
誤振込み ………………… 110

さ
債権者の殺害 …………… 97
財産上の損害 …………… 181
財産上の利益 … 97, 113, 118
財物 ………………… 61, 146
財物取得の意思 ………… 93
錯誤 ……………………… 110
作成者 …………………… 248
作成名義人の承諾 ……… 265
作成名義人の認識可能性

 …………………………… 245
作成名義の冒用 ………… 247
三角詐欺 ………………… 128

し
事後強盗の予備 ………… 99
自己の名義又は計算 …… 187
事実の摘示 ……………… 40
死者の占有 ……………… 65
事務処理者 ……………… 172
写真コピーの偽造 ……… 243
住居 ……………………… 24
住居権説 ………………… 28
傷害 ……………………… 12
承継的共犯 ……………… 103
焼損 ……………………… 231
将来の職務 ……………… 319
職権の濫用 …… 297, 300, 303
職務 ……………………… 279
職務行為 ………………… 314
職務に密接な関係のある行為
 ……………………… 314, 317
職務密接関連行為 ……… 314
職務を執行するに当たり
 …………………………… 285
人格の同一性 … 248, 271, 274
真実性の誤信 …………… 48
真実性の証明 …………… 43
真正身分犯 ……………… 103
親族間の犯罪に関する特例
 …………………………… 82
親族相盗例 ……………… 82
親族等の間の犯罪に関する特例 ……………………… 203
侵奪 ……………………… 80
侵入 ……………………… 28
信用 ……………………… 50
信頼保護説 ……………… 309

す
随伴する行為 …………………… 21

せ
生育可能性 …………………………… 7
生存に必要な保護 ………………… 8
性的意図 …………………………… 18
窃盗罪の保護法益 ……………… 68
窃盗の機会継続中 …………… 100
占有 …………………………… 63, 78
占有説 ……………………………… 68
占有の弛緩 …………………… 116

そ
訴訟詐欺 ………………………… 128

た
対価関係 …………………… 309, 319
代表名義の冒用 ………………… 261
他人の建造物 …………………… 211
他人のための事務 ……………… 173
第三者に取得させる意思
 ……………………………………… 164
胎児性致死傷 ……………………… 3
逮捕 ………………………………… 13

つ
追求権 ……………………… 199, 201
追求権説 ………………………… 199
通称名の使用 …………………… 271

て
邸宅 ………………………………… 24
転職後の収賄 …………………… 321

と
登記による占有 ………………… 153
搭乗券の詐取 …………………… 147
同姓同名 ………………………… 273
盗聴 ……………………………… 303
盗品等の保管 …………………… 202
独立燃焼説 ……………………… 231
図利加害目的 …………………… 175

な
内閣総理大臣の職務権限
 ……………………………………… 309

に
二重抵当 ………………………… 172

は
排除意思 ………………………… 72
背任罪と横領罪との区別
 ……………………………………… 187
反抗抑圧 ………………………… 84

ひ
非権力的な現業業務 …………… 279
人を欺く行為 ………… 110, 147
ビラ貼り ………………………… 216

ふ
複合的建造物 …………………… 225
侮辱罪の保護法益 ……………… 39
不真正身分犯 …………………… 103
不正融資の相手方と背任罪の
 共同正犯 ……………………… 185
不動産の占有 …………………… 78
不動産の二重売買
 ……………………… 153, 157, 167
不法原因給付 …………………… 160
不法領得の意思
 ……………… 55, 72, 75, 162, 164
文書 ……………………………… 245
文書の不正取得 ……… 142, 144

へ
平穏説 ……………………………… 28

ほ
包括一罪 ………………………… 90
暴行 ……………………………… 10
暴行によらない傷害 …………… 12
保護責任者 ………………………… 8
補助者の作成権限 …………… 253
補填する意思 …………………… 164
本権説 ……………………………… 68
本人のために処分する意思
 ……………………………………… 166
本人の名義又は計算 ………… 187
本犯助長性 ……………………… 199

み
身代金目的拐取罪 ……………… 15

め
名義人 …………………………… 248
名誉 ………………………………… 39
名誉感情 ………………………… 39

ゆ
誘拐 ………………………………… 15
有形偽造 ………………………… 247

よ
預金通帳の詐取 ………………… 146
預金による金銭の占有 ……… 155

ら
落書き …………………………… 216

り
略取 ………………………………… 15
利用意思 …………………… 72, 75
旅券の不正取得 ………………… 141

ろ
ロッキード事件 ………………… 309

わ
賄賂罪の保護法益 …………… 309

判例索引

大判明治 36・5・21 刑録 9 輯 874 頁 ………… 61
大判明治 42・2・19 刑録 15 輯 120 頁 ………… 53
大判明治 42・4・16 刑録 15 輯 452 頁 ……… 216
大判明治 42・6・10 刑録 15 輯 738 頁
　　　　　　　　　　　　　　　　 259, 261
大判明治 42・11・19 刑録 15 輯 1641 頁 …… 283
大判明治 43・3・4 刑録 16 輯 384 頁 ……… 231
大判明治 43・6・17 刑録 16 輯 1210 頁 … 95, 97
大判明治 43・9・30 刑録 16 輯 1572 頁 …… 245
大判明治 43・10・27 刑録 16 輯 1758 頁 …… 135
大判明治 44・2・27 刑録 17 輯 197 頁 ……… 216
大判明治 44・4・17 刑録 17 輯 601 頁 ……… 283
大判明治 44・4・24 刑録 17 輯 655 頁 ……… 234
大判明治 44・6・29 刑録 17 輯 1330 頁 ……… 21
大判明治 44・10・13 刑録 17 輯 1698 頁 …… 153
大判明治 44・12・8 刑録 17 集 2183 頁 ………… 3
大判明治 45・6・20 刑録 18 輯 896 頁 ………… 11
大判大正元・10・8 刑録 18 輯 1231 頁 ……… 154
大判大正 2・10・21 刑録 19 輯 982 頁 ……… 65
大判大正 2・12・16 刑録 19 輯 1440 頁 …… 161
大連判大正 2・12・23 刑録 19 輯 1502 頁 … 149
大判大正 2・12・24 刑録 19 輯 1517 頁 …… 222
大判大正 3・6・9 刑録 20 輯 1147 頁 ……… 224
大判大正 3・6・20 刑録 20 輯 1300 頁
　　　　　　　　　　　　　　　　 214, 221
大判大正 3・10・21 刑録 20 輯 1898 頁 ……… 65
大判大正 4・5・21 刑録 21 輯 663 頁
　　　　　　　　　　　　　　　 53, 56, 72, 75, 163
大判大正 4・5・21 刑録 21 輯 670 頁 ………… 7
大判大正 4・7・10 刑録 21 輯 1011 頁 …… 321
大判大正 5・12・18 刑録 22 輯 1909 頁 …… 50
大判大正 6・3・3 新聞 1240 号 31 頁 …… 214
大判大正 6・4・13 刑録 23 輯 312 頁 ……… 223
大判大正 6・10・15 刑録 23 輯 1113 頁 …… 153
大判大正 7・3・11 刑集 11 巻 342 頁 ……… 152
大判大正 7・3・15 刑録 24 輯 219 頁 ……… 231
大判大正 7・9・25 刑録 24 輯 1219 頁 ……… 68
大判大正 7・12・6 刑録 24 輯 1506 頁 ……… 28
大判大正 8・4・2 刑録 25 輯 375 頁 ………… 53

大判大正 8・5・13 刑録 25 輯 632 頁 ……… 214
大判大正 8・7・15 新聞 1605 号 21 頁 …… 172
大判大正 8・12・13 刑録 25 輯 1367 頁 ……… 5
大判大正 9・2・4 刑録 26 輯 26 頁 ………… 72
大判大正 9・12・10 刑録 26 輯 885 頁 …… 312
大判大正 11・3・8 刑集 1 巻 124 頁 …… 152, 156
大判大正 12・11・20 刑集 2 巻 816 頁
　　　　　　　　　　　　　　　　 115, 116
大判大正 12・12・1 刑集 2 巻 895 頁 …… 164
大判大正 13・3・28 新聞 2247 号 22 頁 …… 66
大判大正 13・6・10 刑集 3 巻 473 頁 ……… 65
大判大正 15・3・24 刑集 5 巻 117 頁 …… 32, 36
大判大正 15・4・20 刑集 5 巻 136 頁 …… 166
大判大正 15・7・5 刑集 5 巻 303 頁 …… 36, 37
大判大正 15・10・8 刑集 5 巻 440 頁 ……… 63
大判昭和 6・5・8 刑集 10 巻 205 頁 …… 95, 97
大判昭和 5・5・26 刑集 9 巻 342 頁 ……… 149
大判昭和 6・7・2 刑集 10 巻 303 頁 ……… 236
大判昭和 7・3・11 刑集 11 巻 167 頁 … 152, 156
大判昭和 7・4・21 刑集 11 巻 342 頁 …… 152
大判昭和 7・4・21 刑集 11 巻 407 頁 ……… 25
大判昭和 7・10・31 刑集 11 巻 1541 頁 …… 172
大判昭和 8・3・24 刑集 12 巻 305 頁 …… 203
大判昭和 8・4・12 刑集 12 巻 413 頁 ……… 50
大判昭和 8・4・15 刑集 12 巻 427 頁 … 10, 288
大判昭和 9・7・19 刑集 13 巻 983 頁 …… 186
大判昭和 9・12・22 刑集 13 巻 1789 頁
　　　　　　　　　　　　　　　　　 75, 216
大判昭和 11・2・14 刑集 15 巻 113 頁 …… 254
大判昭和 11・3・16 刑集 15 巻 282 頁 …… 321
大判昭和 13・10・25 刑集 17 巻 745 頁 …… 178
大判昭和 15・4・2 刑集 19 巻 181 頁 …… 254
大判昭和 18・12・2 刑集 22 巻 285 頁 …… 135
大判昭和 19・11・24 刑集 23 巻 252 頁 ……… 93
最判昭和 23・6・5 刑集 2 巻 7 号 641 頁 …… 159
最大判昭和 23・6・9 刑集 2 巻 7 号 653 頁
　　　　　　　　　　　　　　　　　　 135
最判昭和 23・7・15 刑集 2 巻 8 号 902 頁 …… 137
最判昭和 23・11・2 刑集 2 巻 12 号 1443 頁

最判昭和 23・11・4 刑集 2 巻 12 号 1446 頁
.... 135, 137
最判昭和 24・2・8 刑集 3 巻 2 号 83 頁 69
最判昭和 24・2・8 刑集 3 巻 2 号 75 頁 83
最判昭和 24・2・15 刑集 3 巻 2 号 175 頁 69
最判昭和 24・2・22 刑集 3 巻 2 号 198 頁 224
最判昭和 24・3・8 刑集 3 巻 3 号 276 頁 163
最判昭和 24・5・28 刑集 3 巻 6 号 873 頁 104
最判昭和 24・6・28 刑集 3 巻 7 号 1129 頁
.... 222
最判昭和 24・10・20 刑集 3 巻 10 号 1660 頁
.... 200
大阪高判昭和 24・12・5 判特 4 巻 3 頁 75
最判昭和 24・12・24 刑集 3 巻 12 号 2114 頁
.... 93
最判昭和 25・2・24 刑集 4 巻 2 号 251 頁 137
最判昭和 25・3・23 刑集 4 巻 3 号 382 頁 135
東京高判昭和 25・6・10 高刑集 3 巻 2 号 222 頁
.... 11
最判昭和 25・8・29 刑集 4 巻 9 号 1585 頁 60
最大判昭和 25・9・27 刑集 4 巻 9 号 1783 頁
.... 25
最判昭和 25・12・12 刑集 4 巻 12 号 2543 頁
.... 81, 82
最判昭和 25・12・14 刑集 4 巻 12 号 2548 頁
.... 221
最判昭和 26・1・30 刑集 5 巻 1 号 117 頁
.... 198, 199
最判昭和 26・3・20 刑集 5 巻 5 号 794 頁 287
最判昭和 26・5・25 刑集 5 巻 6 号 1186 頁
.... 157
最判昭和 26・7・13 刑集 5 巻 8 号 1437 頁 72
最大判昭和 26・7・18 刑集 5 巻 8 号 1491 頁
.... 53
最判昭和 26・12・14 刑集 5 巻 13 号 2518 頁
.... 115
最判昭和 27・5・20 裁集刑 64 号 575 頁 148
最判昭和 27・6・6 刑集 6 巻 6 号 795 頁 12
最決昭和 27・7・10 刑集 6 巻 7 号 876 頁
.... 198, 199
最判昭和 27・12・25 刑集 6 巻 12 号 1387 頁
.... 136, 139, 257
最判昭和 28・1・30 刑集 7 巻 1 号 128 頁 55
最決昭和 28・2・19 刑集 7 巻 2 号 280 頁 11

名古屋高判昭和 28・2・26 判特 33 号 9 頁
.... 172
最決昭和 28・4・25 刑集 7 巻 4 号 881 頁
.... 320, 321
最判昭和 28・5・1 刑集 7 巻 5 号 917 頁
.... 320, 321
東京高判昭和 28・6・18 東高刑時報 4 巻 1 号 5 頁
.... 221
最判昭和 28・12・25 刑集 7 巻 13 号 2721 頁
.... 165
最決昭和 29・6・1 刑集 8 巻 6 号 787 頁 61
最判昭和 29・8・20 刑集 8 巻 8 号 1277 頁
.... 10, 12
最判昭和 30・4・8 刑集 9 巻 4 号 827 頁 112
東京高判昭和 30・4・19 高刑集 8 巻 3 号 337 頁
.... 75
最決昭和 30・7・7 刑集 9 巻 9 号 1856 頁 ... 117
最決昭和 30・8・9 刑集 9 巻 9 号 2008 頁 61
最判昭和 30・10・14 刑集 9 巻 11 号 2173 頁
.... 148
仙台高判昭和 30・12・8 裁特 2 巻 24 号 1267 頁
.... 10
最判昭和 30・12・26 刑集 9 巻 14 号 3053 頁
.... 152, 156
最判昭和 31・6・26 刑集 10 巻 6 号 874 頁
.... 166
最決昭和 31・7・13 刑集 10 巻 7 号 1058 頁
.... 314
東京高判昭和 31・12・5 東高刑時報 7 巻 12 号 460 頁
.... 119
最判昭和 31・12・7 刑集 10 巻 12 号 1592 頁
.... 171
最判昭和 32・2・21 刑集 11 巻 2 号 877 頁 55
最判昭和 32・4・4 刑集 11 巻 4 号 1327 頁
.... 216
最判昭和 32・9・13 刑集 11 巻 9 号 2263 頁
.... 95
最判昭和 32・10・4 刑集 11 巻 10 号 2464 頁
.... 254
最判昭和 32・11・8 刑集 11 巻 12 号 3061 頁
.... 64
最判昭和 32・11・19 刑集 11 巻 12 号 3073 頁
.... 168
最決昭和 33・3・19 刑集 12 巻 4 号 636 頁 ... 12
最決昭和 33・5・1 刑集 12 巻 7 号 1286 頁

| 判例索引 | *327* |

································· 154
東京高判昭和 33・7・7 裁特 5 巻 8 号 313 頁
································· 119
最判昭和 33・10・10 刑集 12 巻 14 号 3246 頁
································· 188
最判昭和 33・11・21 刑集 12 巻 15 号 3519 頁
································· 14
最決昭和 34・2・9 刑集 13 巻 1 号 76 頁
······················· 198, 199, 200
最判昭和 34・2・13 刑集 13 巻 2 号 101 頁
································· 189
最判昭和 34・5・7 刑集 13 巻 5 号 641 頁
······························ 46, 48
最判昭和 34・7・24 刑集 13 巻 8 号 1163 頁 ···· 7
最決昭和 34・8・27 刑集 13 巻 10 号 2769 頁
································· 287
最判昭和 34・8・28 刑集 13 巻 10 号 2906 頁
································· 69
最決昭和 34・9・28 刑集 13 巻 11 号 2993 頁
································· 133
最判昭和 35・3・1 刑集 14 巻 3 号 209 頁 ····· 53
最判昭和 35・4・26 刑集 14 巻 6 号 748 頁 ···· 69
最判昭和 35・11・18 刑集 14 巻 13 号 1713 頁
························· 52, 53, 277
最判昭和 36・4・27 民集 15 巻 4 号 901 頁
································· 167
最判昭和 37・2・13 刑集 16 巻 2 号 68 頁
······················· 178, 180, 182
最判昭和 37・5・29 刑集 16 巻 5 号 528 頁
································· 312
東京高判昭和 37・8・30 高刑集 15 巻 6 号 488 頁
································· 93
最決昭和 37・11・21 刑集 16 巻 11 号 1570 頁
································· 15
東京地判昭和 37・12・3 判時 323 号 33 頁 ··· 66
最決昭和 38・3・28 刑集 17 巻 2 号 166 頁
································· 178
最決昭和 38・4・18 刑集 17 巻 3 号 248 頁 ··· 13
最決昭和 38・5・13 刑集 17 巻 4 号 279 頁
································· 304
最決昭和 38・7・9 刑集 17 巻 6 号 608 頁 ··· 173
最決昭和 38・11・8 刑集 17 巻 11 号 2357 頁
································· 203
東京高判昭和 38・11・11 公刊物未登載 ······ 185
最判昭和 38・12・24 刑集 17 巻 12 号 2485 頁

································· 205
最判昭和 39・1・28 刑集 18 巻 1 号 31 頁 ······· 9
東京高判昭和 39・6・8 高刑集 17 巻 5 号 446 頁
································· 66
最判昭和 39・11・24 刑集 18 巻 9 号 610 頁
································· 216
最判昭和 41・3・24 刑集 20 巻 3 号 129 頁
································· 288
最判昭和 41・4・8 刑集 20 巻 4 号 207 頁 ······ 65
最決昭和 41・6・10 刑集 20 巻 5 号 374 頁
································· 216
最大判昭和 41・11・30 刑集 20 巻 9 号 1076 頁
························· 52, 53, 277
新潟地判昭和 42・12・5 下刑集 9 巻 12 号 1548 頁
································· 103
大阪高判昭和 43・3・4 下刑集 10 巻 3 号 225 頁
································· 61
東京高判昭和 43・3・15 高刑集 21 巻 2 号 158 頁
································· 301
最決昭和 43・9・17 裁集刑 168 号 691 頁
······························ 72, 73
最大判昭和 44・4・2 刑集 23 巻 5 号 685 頁
································· 25
最大判昭和 44・6・25 刑集 23 巻 7 号 975 頁
······························ 43, 45
大阪高判昭和 44・8・7 刑月 1 巻 8 号 795 頁
································· 119
最判昭和 45・1・29 刑集 24 巻 1 号 1 頁 ······· 17
最判昭和 45・3・26 刑集 24 巻 3 号 55 頁 ···· 126
東京高判昭和 45・4・6 東高刑時報 21 巻 4 号 152 頁
································· 61
最決昭和 45・9・4 刑集 24 巻 10 号 1319 頁
································· 259
最大判昭和 45・10・21 民集 24 巻 11 号 1560 頁
································· 160
最判昭和 45・12・22 刑集 24 巻 13 号 1812 頁
····························· 283, 286
仙台高判昭和 46・6・21 高刑集 24 巻 2 号 418 頁
································· 75
最決昭和 46・9・22 刑集 25 巻 6 号 769 頁
································· 20
福岡高判昭和 46・10・11 刑月 3 巻 10 号 1311 頁
································· 10
東京高判昭和 48・3・26 高刑集 26 巻 1 号 85 頁
································· 93

東京高判昭和48・8・7高刑集26巻3号322頁
………………………………………………… 56
名古屋高判昭和48・11・27高刑集26巻5号
　568頁 ………………………………………… 241
最決昭和49・5・31裁集刑192号571頁 …… 28
最決昭和50・6・12刑集29巻6号365頁
………………………………………………… 202
最判昭和51・3・4刑集30巻2号79頁
……………………………………… 24, 25, 26, 28
最決昭和51・4・1刑集30巻3号425頁 …… 134
最判昭和51・4・30刑集30巻3号453頁
………………………………………………… 240
最判昭和51・5・6刑集30巻4号591頁 …… 248
最決昭和43・6・25刑集22巻6号490頁
………………………………………………… 258
大阪地判昭和51・10・25刑月8巻9＝10号
　435頁 ………………………………………… 16
札幌簡判昭和51・12・6刑月8巻11＝12号
　525頁 ………………………………………… 61
京都地判昭和51・12・17判時847号112頁
………………………………………………… 73
名古屋高判昭和52・5・10判時852号124頁
………………………………………………… 64
最判昭和52・7・14刑集314号713頁 ……… 205
東京高判昭和53・3・29高刑集31巻1号48頁
………………………………………………… 80
最判昭和53・6・29刑集32巻4号816頁
………………………………………………… 280
最判昭和53・7・28刑集32巻5号1068頁 …… 6
熊本地判昭和54・3・22刑月11巻3号168頁
………………………………………………… 3
東京高判昭和54・3・29東高刑時報30巻3号
　55頁 ………………………………………… 61
東京高判昭和54・4・12刑月11巻4号277頁
………………………………………………… 64
最決昭和54・4・13刑集33巻3号179頁
………………………………………………… 170
大阪地判昭和54・8・15刑月11巻7＝8号
　816頁 ………………………………………… 266
最決昭和54・11・19刑集33巻7号710頁
………………………………………………… 98
東京地判昭和55・2・14刑月12巻1＝2号47
　頁 …………………………………………… 73
最決昭和55・2・29刑集34巻2号56頁 …… 216
最決昭和55・10・27刑集34巻5号322頁
………………………………………………… 277
最決昭和55・10・30刑集34巻5号357頁
………………………………………………… 71
最決昭和56・4・8刑集35巻3号57頁 …… 265
最決昭和56・4・16刑集35巻3号84頁 …… 40
福井地判昭和56・8・31判時1022号114頁
………………………………………………… 126
最決昭和56・12・22刑集35巻9号953頁
………………………………………………… 272
最判昭和57・1・28刑集36巻1号1頁
……………………………………… 289, 300, 301, 302, 303
最判昭和57・6・24刑集36巻5号646頁
………………………………………………… 204
東京高判昭和57・8・6判時1083号150頁
………………………………………………… 93
福岡高判昭和57・9・6高刑集35巻2号85頁
………………………………………………… 4
福岡高判昭和58・2・28判時1083号156頁
………………………………………………… 65
最決昭和58・3・25刑集37巻2号170頁
………………………………………………… 320
仙台地判昭和58・3・28刑月15巻3号279頁
………………………………………………… 226
最判昭和58・4・8刑集37巻3号215頁
……………………………………………… 24, 26
最決昭和58・5・24刑集37巻4号437頁
………………………………………………… 176
東京高判昭和58・6・20刑月15巻4＝5＝6
　号299頁 ……………………………………… 230
最決昭和58・11・1刑集37巻9号1341頁
………………………………………………… 31
最判昭和59・2・17刑集38巻3号336頁
………………………………… 247, 263, 264, 266, 273, 274
最決昭和59・3・23刑集38巻5号2030頁
………………………………………………… 54
最決昭和59・4・12刑集38巻6号2107頁
………………………………………………… 235
最決昭和59・4・27刑集38巻6号2584頁
………………………………………………… 56
最決昭和59・5・8刑集38巻7号2621頁
………………………………………………… 276
最決昭和59・5・30刑集38巻7号2682頁
………………………………………………… 312
東京地判昭和59・6・15刑月16巻5＝6号
　459頁 ………………………………………… 73

大阪高判昭和 59・11・28 高刑集 37 巻 3 号 438 頁 ……………………………………………… 98
東京地判昭和 60・3・19 判時 1172 号 155 頁 ……………………………………………… 103
最判昭和 60・3・28 刑集 39 巻 2 号 75 頁 …… 235
最決昭和 60・7・16 刑集 39 巻 5 号 245 頁 ……………………………………… 299, 302, 303
京都地判昭和 61・5・23 判タ 608 号 137 頁 ……………………………………………… 54
最決昭和 61・6・27 刑集 40 巻 4 号 340 頁 ……………………………………………… 246
最決昭和 61・6・27 刑集 40 巻 4 号 369 頁 ……………………………………………… 318
最決昭和 61・7・18 刑集 40 巻 5 号 438 頁 ……………………………………………… 206
最決昭和 61・11・18 刑集 40 巻 7 号 523 頁 ……………………………………………… 85, 182
最決昭和 62・3・12 刑集 41 巻 2 号 140 頁 ……………………………………………… 51, 279
最決昭和 62・3・24 刑集 41 巻 2 号 173 頁 …… 14
大阪高判昭和 62・7・17 判時 1253 号 141 頁 ……………………………………………… 101
東京地判昭和 62・9・16 判時 1294 号 143 頁 ……………………………………………… 19
東京地判昭和 62・10・6 判時 1259 号 137 頁 ……………………………………………… 75
最決昭和 63・1・19 刑集 42 巻 1 号 1 頁 ……… 6
最決昭和 63・2・29 刑集 42 巻 2 号 314 頁 …… 2
大阪高判昭和 63・9・29 判時 1306 号 138 頁 ……………………………………………… 54
最決昭和 63・11・21 刑集 42 巻 9 号 1251 頁 ……………………………………………… 174
大阪高判平成元・3・3 判タ 712 号 248 頁 …… 93
最決平成元・3・10 刑集 43 巻 3 号 188 頁 … 287
最決平成元・3・14 刑集 43 巻 3 号 283 頁 … 301
最決平成元・7・7 刑集 43 巻 7 号 607 頁 …… 66
最決平成元・7・14 刑集 43 巻 7 号 641 頁 … 223
最決平成元・12・15 刑集 43 巻 13 号 879 頁 … 9
東京高判平成 3・4・1 判時 1400 号 128 頁 …… 64
東京地八王子支判平成 3・8・28 判タ 768 号 249 頁 ……………………………………… 117
東京地判平成 4・5・28 判時 1425 号 140 頁 ……………………………………………… 266
東京地判平成 4・6・19 判タ 806 号 227 頁 …… 17
最決平成 5・10・5 刑集 47 巻 8 号 7 頁 ……………………………………… 247, 263, 264, 272
最決平成 6・7・19 刑集 48 巻 5 号 190 頁 …… 83
最決平成 6・11・29 刑集 48 巻 7 号 453 頁 ……………………………………………… 266
最大判平成 7・2・22 刑集 49 巻 2 号 1 頁 … 305
最判平成 8・4・26 民集 50 巻 5 号 1267 頁 ……………………………………………… 110
広島高岡山支判平成 8・5・22 高刑集 49 巻 2 号 246 頁 ……………………………………… 246
最決平成 9・10・21 刑集 51 巻 9 号 755 頁 ……………………………………………… 219
最決平成 11・12・9 刑集 53 巻 9 号 1117 頁 ……………………………………………… 76, 153
最決平成 11・12・20 刑集 53 巻 9 号 1495 頁 ……………………………………………… 247
最決平成 12・2・17 刑集 54 巻 2 号 38 頁 …… 53
最決平成 12・3・27 刑集 54 巻 3 号 402 頁 ……………………………………………… 144
東京高判平成 12・5・5 判時 1741 号 157 頁 ……………………………………………… 76
最決平成 12・12・15 刑集 54 巻 9 号 1049 頁 ……………………………………………… 78
最決平成 13・11・5 刑集 55 巻 6 号 546 頁 ……………………………………………… 195
福岡地判平成 14・1・17 判タ 1097 号 305 頁 ……………………………………………… 226, 230
最決平成 14・2・14 刑集 56 巻 2 号 86 頁 … 101
広島地判平成 14・3・20 判タ 1116 号 297 頁 ……………………………………………… 173
最決平成 14・7・1 刑集 56 巻 6 号 265 頁 … 198
最決平成 14・9・30 刑集 56 巻 7 号 395 頁 … 53
最決平成 14・10・21 刑集 56 巻 8 号 670 頁 ……………………………………………… 146
岐阜地判平成 14・12・17 判例集未登載（警察学論集 56 巻 2 号 203 頁）……………………… 6
最決平成 15・2・18 刑集 57 巻 2 号 161 頁 ……………………………………………… 183
最判平成 15・3・11 刑集 57 巻 3 号 293 頁 ……………………………………………… 49
最決平成 15・3・12 刑集 57 巻 3 号 322 頁 ……………………………………………… 108
最決平成 15・3・18 刑集 57 巻 3 号 356 頁 ……………………………………………… 173
最決平成 15・4・14 刑集 57 巻 4 号 445 頁 ……………………………………………… 232

最決平成 15・10・6 刑集 57 巻 9 号 987 頁 …………………………………………… 262
最決平成 15・12・9 刑集 57 巻 11 号 1088 頁 …………………………………………… 129
最決平成 16・2・9 刑集 58 巻 2 号 89 頁 …… 131
最決平成 16・8・25 刑集 58 巻 6 号 515 頁 …… 62
最決平成 16・11・30 刑集 58 巻 8 号 1005 頁 …………………………………………… 73, 163
最判平成 16・12・10 刑集 58 巻 9 号 1047 頁 …………………………………………… 99
東京地八王子支判平成 16・12・16 判時 1892 号 150 頁 …………………………………………… 24
最決平成 17・3・11 刑集 59 巻 2 号 1 頁 …… 311
最決平成 17・3・29 刑集 59 巻 2 号 54 頁 …… 11
最決平成 17・7・4 刑集 59 巻 6 号 403 頁 ……… 8
最決平成 18・1・17 刑集 60 巻 1 号 29 頁 …… 215
最決平成 18・1・23 刑集 60 巻 1 号 67 頁 …… 318
最決平成 18・8・21 判タ 1227 号 184 頁 …… 144
最決平成 19・3・20 刑集 61 巻 2 号 66 頁 …………………………………………… 213, 221

最決平成 19・4・13 刑集 61 巻 3 号 340 頁 …… 69
最決平成 19・7・2 刑集 61 巻 5 号 379 頁 …… 29
最決平成 19・7・17 刑集 61 巻 5 号 521 頁 …………………………………………… 145
最決平成 20・1・22 刑集 62 巻 1 号 1 頁 ……… 19
最決平成 20・2・18 刑集 62 巻 2 号 37 頁 …… 81
東京高判平成 20・3・19 判タ 1274 号 342 頁 …………………………………………… 90
最判平成 20・4・11 刑集 62 巻 5 号 1217 頁 …………………………………………… 21
最決平成 20・5・19 刑集 62 巻 6 号 1623 頁 …………………………………………… 186
東京高判平成 21・3・12 判タ 1304 号 302 頁 …………………………………………… 54
最決平成 21・6・29 刑集 63 巻 5 号 461 頁 …… 71
最決平成 21・7・13 刑集 63 巻 6 号 590 頁 …… 26
最判平成 21・11・30 刑集 63 巻 9 号 1765 頁 …………………………………………… 29
最決平成 22・7・29 刑集 64 巻 5 号 829 頁 …………………………………………… 147

著者略歴

山口　厚（やまぐち あつし）
　1953年　生まれ
　1976年　東京大学法学部卒業
　　　　　東京大学名誉教授

主要著書

危険犯の研究（東京大学出版会，1982）
考える刑法（弘文堂，共著，1986）
問題探究　刑法総論（有斐閣，1998）
問題探究　刑法各論（有斐閣，1999）
クローズアップ刑法総論（成文堂，編著，2003）
理論刑法学の最前線Ⅰ・Ⅱ（岩波書店，共著，2001・2006）
クローズアップ刑法各論（成文堂，編著，2007）
刑法各論［第2版］（有斐閣，2010）
基本判例に学ぶ刑法総論（成文堂，2010）
判例刑法総論［第6版］（有斐閣，共著，2013）
判例刑法各論［第6版］（有斐閣，共著，2013）
刑法［第3版］（有斐閣，2015）
新判例から見た刑法［第3版］（有斐閣，2015）
刑法総論［第3版］（有斐閣，2016）

基本判例に学ぶ刑法各論

2011年10月20日　初版第1刷発行
2020年3月20日　初版第5刷発行

著　者　山　口　　厚

発行者　阿　部　成　一

〒162-0041　東京都新宿区早稲田鶴巻町514番地
発行所　株式会社　成　文　堂
電話 03(3203)9201(代)　Fax 03(3203)9206
http://www.seibundoh.co.jp

製版・印刷・製本　シナノ印刷　　　　検印省略
©2011 A. Yamaguchi　Printed in Japan
☆乱丁・落丁本はおとりかえいたします☆
ISBN978-4-7923-1917-5　C3032

定価（本体2500円＋税）